AF371249

BIBLIOTHÈQUE SCIENTIFIQUE CONTEMPORAINE

L'ARTILLERIE ACTUELLE

EN FRANCE ET A L'ÉTRANGER

Canons, Fusils, Poudres et Projectiles

L'Artillerie Actuelle

EN FRANCE ET A L'ÉTRANGER

Canons, Fusils, Poudres et Projectiles

PAR

LE COLONEL GUN

Avec 96 figures intercalées dans le texte

PARIS

LIBRAIRIE J.-B. BAILLIÈRE ET FILS

RUE HAUTEFEUILLE, 19, PRÈS DU BOULEVARD SAINT-GERMAIN

1889

Tous droits réservés

L'ARTILLERIE ACTUELLE

EN FRANCE ET A L'ÉTRANGER

Canons, Fusils et Projectiles

CHAPITRE PREMIER

MÉTAUX A CANON

FONTE ET USINAGE DES PIÈCES

A cette époque de préparatifs guerriers, il est utile que chacun, quelle que soit sa profession, ait des notions sur la fabrication de ces engins, qui, autrefois appelés *ultima ratio regum*, sont maintenant mis en jeu non plus en ultime ressort, mais pour la cause la plus futile.

Examinons tout d'abord rapidement quels sont les métaux employés dans la construction des bouches à feu.

Les métaux à canon ne sont en quelque sorte que des alliages, si nous considérons qu'en dehors d'un seul cas, où le fer forgé est employé pur, nous nous trouvons constamment en présence de composés métalliques.

La fonte d'une bouche à feu est chose compliquée, elle se fait en terre et à noyau plein.

Un arbre de bois à huit pans appelé *trousseau* est d'abord recouvert avec un toron de paille, puis, avec de l'argile mêlée à du crottin de cheval ; ce rudiment de moule est fixé sur un tour, où il reçoit un mouvement de rotation pendant qu'on ajoute des couches successives d'argile de plus en plus fines jusqu'à ce qu'on arrive au modèle représenté par un gabarit ayant la forme extérieure du canon (fig. 1).

Le modèle est ensuite complété par l'adjonction des anses qui sont faites en cire et des tourillons qui sont confectionnés en plâtre, puis recouverts de cendre pour empêcher l'adhérence à la *chemise* qu'il s'agit d'établir.

On y arrive en recouvrant le modèle de couches de terre jusqu'à une épaisseur de 15 à 20 centimètres. Ces couches sont consolidées avec un treillage en bandes de fer (fig. 2).

Il s'agit ensuite de démolir le modèle intérieur, ce à quoi on parvient en relevant d'abord le trousseau, puis la paille, puis l'argile que l'on fait crevasser en la chauffant. La chemise est alors placée verticalement dans une fosse qu'on remplit de métal en coulant à la remonte.

Une *masselotte* considérable surgit au bout de la pièce coulée pleine et a pour objet d'empêcher les altérations que le bronze subit en se solidifiant. Autrefois, on coulait les pièces la culasse en bas ; maintenant que cette culasse est ouverte, on les coule la culasse en l'air. Les pièces sont ensuite usinées comme nous le verrons plus loin.

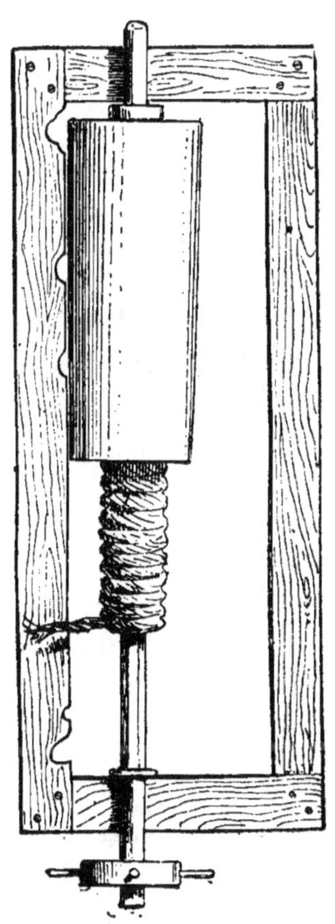

Fig. 1. — Gabarit ayant la forme extérieure du canon.

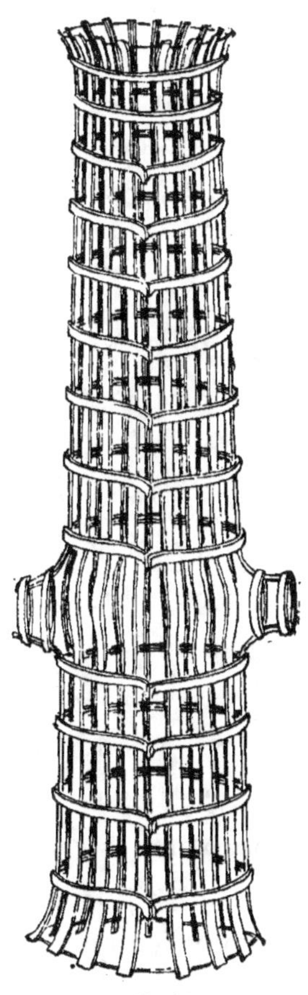

Fig. 2. — Treillage en bandes de fer.

La résistance d'une bouche à feu à la pression du gaz vient : 1° du métal ou des métaux dont elle est formée, et 2° de ses dimensions.

Un bon métal à canon doit présenter les qualités suivantes :

1° La *ténacité*, pour résister à la tension des gaz ;

2° L'*élasticité*, pour que les molécules du métal puissent revenir à leur place après avoir été déplacées :

3° La *dureté*, pour ne pas être endommagé par le frottement du projectile ;

4° L'*inaltérabilité chimique*, pour ne pas être attaqué par les gaz à température élevée, et par les résidus de la combustion.

La *limite de ténacité* est la tension par unité de surface qu'on ne saurait dépasser sans danger de rupture.

La *limite d'élasticité* est la limite qu'on ne doit pas dépasser, si on ne veut pas que le métal soit frappé de déformation permanente, et pour les canons actuels, dans lesquels le projectile s'ajuste avec une grande précision, c'est cette dernière limite qu'il faut imposer à l'effort produit, tandis que dans les pièces se chargeant par la bouche, on peut la dépasser et se rapprocher davantage de la limite de ténacité. C'est pour cette raison que les anciens métaux à canon ne peuvent convenir aux nouvelles pièces. Les principaux métaux ou alliages dont on se sert pour fabriquer les canons sont : le bronze. la fonte. l'acier fondu et le fer forgé.

La composition du bronze à canon est de 100 parties de cuivre pour 11 parties d'étain, avec tolérance de 1 pour ce dernier métal.

Les trois autres métaux résultent de l'association

en partie plus ou moins grande du fer pur avec le carbone.

Du bronze, qu'on tend à délaisser, nous ne dirons que peu de chose. Il réunit assez assez bien les qualités énoncées ci-dessus, sans en présenter aucune à un degré élevé. Sous les pressions actuelles si considérables, le bronze se montre trop mou et pas assez élastique. De plus, il n'est pas homogène. Il se rompt sous une pression de 2400 kilogrammes par centimètre carré, et sa limite d'élasticité ne lui permet pas de réagir sur une pression de 1000 kilogrammes par centimètre carré, ce qui est insuffisant

On a cherché à atténuer ces défauts par divers alliages connus sous les noms de *métal Stéro, bronze d'aluminium* et *bronze phosphoreux*, et plus récemment encore en améliorant les procédés de coulée, ce qui a donné le *bronze Lavrof* et le *bronze Uchatius*.

Le bronze Stéro a été essayé en Autriche ; il est plus dur et plus élastique, mais moins tenace que le bronze.

Le bronze d'aluminium est plus dur et plus tenace, mais moins homogène que le bronze.

Les quelques centièmes de phosphore ajoutés dans le bronze phosphoreux, le rendent supérieur au bronze comme dureté, résistance et homogénéité, mais compliquent sa fabrication à cause d'un dosage difficile.

Le bronze Lavrof et Uchatius, essayés respectivement en Russie et en Autriche, puis dans les établis-

sements français (Bourges), diffèrent du bronze ordinaire d'abord par leur moulage en coquille (moule
métallique), qui donne une figure invariable, puis
un prompt refroidissement qui augmente la qualité
du métal, et enfin par le travail mécanique auquel ils
sont soumis. L'âme, en effet, est forée à un diamètre
inférieur à celui qu'elle doit avoir et on l'agrandit en
la mandrinant à la presse hydraulique. Pendant cette
opération, la pièce est maintenue encastrée dans une
enveloppe d'acier pour éviter les déformations. On
obtient ainsi un agrandissement de 5 à 6 pour 100 du
diamètre de l'âme. Ce mode d'opérer augmente éton-
namment la dureté du métal et met les couches extérieures dans un tel état de compression et les couches
extérieures dans un tel état de tension qu'il se produit un véritable effet de frettage.

La fonte est plus dure que le bronze, mais
moins tenace et moins élastique que cet alliage ;
aussi pour parer à l'éclatement, est-on obligé de donner aux pièces des épaisseurs de paroi exagérées ou
de les fretter en acier. Ces pièces massives ne con-
viennent pas à un service mobile. L'Amérique
(canon Parrott), la Suède et le Danemark, qui possèdent des fontes exceptionnelles comme qualité, font
seuls usage de bouches à feu de campagne en fonte ;
encore ces pays tendent-ils à quitter la fonte pour
l'acier.

Acier. — On se sert généralement d'acier fondu,
c'est celui qui présente au plus haut degré ces qualités

de dureté, de ténacité et d'élasticité. Cet acier Krupp est de l'acier puddlé (fonte décarburée).

Le procédé employé en Angleterre (Witworth) consiste à presser l'acier liquide au moyen de la presse hydraulique pour en expulser les bulles d'air et le rendre plus homogène. Au Creuzot, on décarbure un bain de fonte par des additions sucessives de fer (procédé Martin-Siemens) et ce bain à une température très haute est sans cesse traversé par un courant de gaz enflammés, ce qui évite la formation de bulles dans la masse. Le fer forgé est employé en Angleterre; on lui donne une structure fibreuse en l'étirant et en le martelant. Les barres ainsi obtenues sont enroulées en hélice à chaud, puis les spires sont soudées au marteau-pilon. Ce métal est plus dur que le bronze, mais moins que la fonte et que l'acier fondu. Aussi, depuis 1868 ne fait-on plus en fer forgé que l'enveloppe extérieure des pièces dont on fait l'âme en acier.

Si nous comparons entre eux ces quatre métaux, nous verrons que la sécurité pour l'éclatement, ce qui est bien quelque chose pour les servants, est plus grande avec le bronze qui n'éclate pas, mais se distend et s'écrouit, et présente seulement des agrandissements permanents et des altérations moléculaires. On peut en dire autant du fer forgé. La fonte n'offre plus les mêmes garanties de sécurité si elle n'est pas frettée. L'acier donnait autrefois de nombreux éclatements, mais ils sont devenus bien plus rares. On n'en a constaté que deux dans la guerre de 1870, pendant laquelle les Allemands ont tiré plus de 100 000 coups de canon. La vérité est que l'acier n'est pas plus dangereux que le bronze, surtout l'acier doux. Au point de vue des qualités de l'âme, le bronze manque de dureté et d'homogénéité. Certains points de la pièce présentent des accumulations d'étain et des taches de ce même métal à la surface de l'âme, fondant sous l'action de la chaleur des gaz et laissant des piqûres. Le général autrichien Uchatius a réussi à localiser ces taches dans l'axe du lingot, elles disparaissent ensuite dans le forage de la pièce.

Le bronze trop mou et peu élastique force à employer une charge moins considérable, et des projectiles moins lourds que ceux qui sont obligatoires de nos jours. Somme toute, le bronze est inférieur aux autres métaux. On dit en sa faveur qu'il est moins oxydable que le fer et l'acier quand les soins manquent, mais il est facile de parer à cet inconvénient par le bronzage (oxyde magnétique), et, de la sorte, l'acier se conserve aussi bien que le bronze. D'ailleurs, depuis le temps que le fer et l'acier entrent dans l'armement en fusils de toutes les nations, s'est-on jamais plaint que les armes aient été dégradées par l'oxydation? Les raisons qui militent en faveur du bronze sont : le prix de revient de ce métal, sa facilité de main-d'œuvre et la possibilité de se servir du vieux bronze. Cette dernière qualité est précieuse dans les changements de matériel si souvent imposés aux nations par les progrès de la science, mais, somme toute. c'est une bien petite économie sur la quantité de numéraire qu'absorbe l'organisation militaire d'un pays.

L'acier seul possède toutes les qualités requises, et ces qualités sont augmentées par la *trempe* qui agit sur la dureté, la *ténacité* et l'élasticité.

L'action de la trempe est d'autant plus grande que le métal contient plus de carbone. Elle peut être forte ou faible, et ces deux sortes de trempes s'obtiennent par la différence de température à laquelle elles sont faites, ou mieux encore par le mode de refroidissement. On peut faire varier la température de la trempe du rouge-cerise au rouge rose. mais l'opération est difficile, car ces deux colorations se succèdent très rapidement, et au rouge rose, l'acier perd son carbone. Il vaut donc mieux agir sur la trempe par le refroidissement. On sait qu'un objet plongé dans l'eau ordinaire acquiert une trempe ordinaire. Cette trempe sera forte dans l'eau salée et plus faible dans l'eau distillée ou mieux encore dans l'huile liquide qui conduit mal la chaleur. Une trempe au mercure est au contraire une trempe très forte.

La ténacité augmente avec une trempe faible (les cuirasses sont trempées à l'huile). A partir de cette trempe faible, la ténacité diminue rapidement à mesure que la trempe devient de plus en plus forte et elle finit par devenir presque nulle. L'élasticité augmente jusqu'à un certain degré de trempe plus fort que le maximum de ténacité, puis décroît rapidement.

La dureté augmente indéfiniment avec le degré de la trempe (fig. 3).

La figure, ci-jointe représente d'une manière qui n'a pourtant rien de scientifiquement exact, mais qui

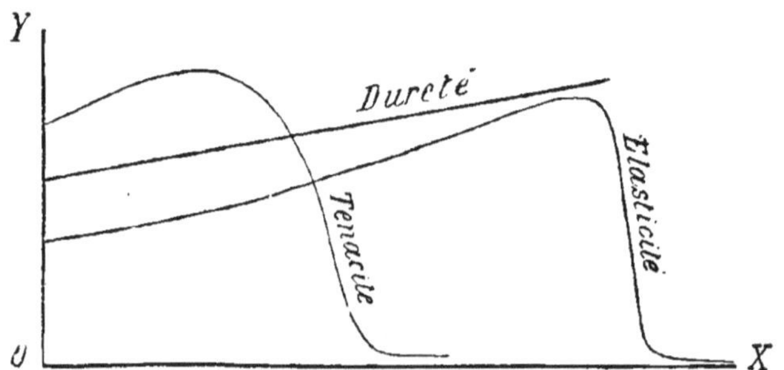

Fig. 3. — Différentes phases de ténacité, d'élasticité et de dureté d'un métal en fonction de la trempe.

donne une idée assez juste, les différentes phases de la ténacité, de l'élasticité et de la dureté pour un métal dont on augmenterait peu à peu la trempe.

FORMES A DONNER AUX PIÈCES

Nous avons vu quelles étaient les conditions à remplir par un bon métal à canon ; voyons maintenant les lois qui régissent les formes à donner aux pièces.

Les gaz développés par la déflagration de la poudre ne produisent pas seulement un effet utile sur le projectile, mais ils transmettent encore cette pression à la pièce, à l'affût et au sol par l'intermédiaire des roues. Il faut donc donner une résistance suffisante à chacune de ces parties.

Les pressions agissent par tranches dans l'intérieur de la pièce et la tranche qui est la plus près de la culasse supporte la pression plus longtemps que les autres, puis la pression augmente et diminue ensuite peu à peu. Il faut donc donner à la culasse une épaisseur plus considérable. On obtient par le calcul les courbes des épaisseurs et on les remplace dans la pratique par des lignes droites. La première de .ces lignes est parallèle à l'axe de la pièce, correspond à l'espace occupé par la charge et par le projectile et porte le nom de *premier renfort*.

La deuxième de ces lignes, plus rapprochée de l'âme, est inclinée sur son axe ou lui est parallèle et se nomme *deuxième renfort*; la troisième enfin, plus inclinée sur l'axe de l'âme que la précédente, s'étend du deuxième renfort à la bouche de la pièce et se nomme *volée*. Ces lignes se suivent et sont reliées par des moulures qu'on tend à rendre de plus en plus simples. Nous devons remarquer que le

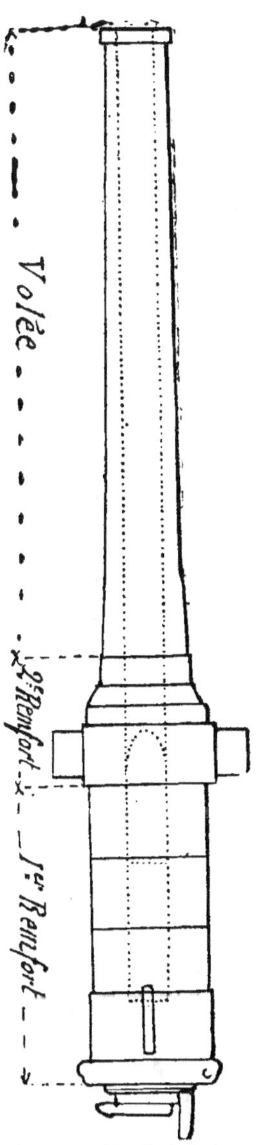

Fig. 4. — Profil théorique d'une pièce de canon.

profil ainsi tracé est extérieur au profil théorique, surtout à la bouche de la pièce où le profil théorique
donne si peu d'épaisseur que la bouche risquerait
d'être détériorée par les chocs extérieurs.

Une autre considération porte à exagérer le profil
théorique ; il faut en effet veiller à la conservation de
l'affût. La pièce ne peut reculer sans entraîner son
affût, et le partage de ce mouvement se fait proportionnellement à la masse de la pièce, et à celle de l'affût ;
ce dernier souffrira d'autant plus que la pièce sera
plus légère. Il y a donc avantage à augmenter le poids
de la pièce pour conserver l'affût.

Il ne faut pas croire cependant qu'en augmentant
le poids de la pièce, on augmente indéfiniment la résistance. Des lois ont été posées à ce sujet ; ce sont les
suivantes qui portent le nom de lois de Barlow :

1° Dans un cylindre creux homogène soumis à
des pressions intérieures, les efforts de distension
supportés par chaque couche concentrique du métal
dans une même section normale à l'axe sont en raison inverse du carré des distances à l'axe (fig. 5).

Si dans la figure 5, AB $=$ 2 AO et que A sup-
porte une pression P, B supportera une pression $\frac{P}{4}$;
on voit donc que l'effort supporté par les couches extérieures diminue très rapidement.

2° Il n'y a pas d'augmentation d'épaisseur quelconque qui puisse rendre un cylindre creux homogène capable de résister sans déformation permanente
à une pression intérieure, dont l'effort par unité de

surface est supérieur à l'effort maximum que peut supporter, sans que la limite d'élasticité soit dépassée, une barre de même matière que le cylindre, barre ayant l'unité de surface comme base.

Cette dernière loi suffit pour faire ressortir l'inconvénient des bouches à feu formées d'un seul bloc homogène.

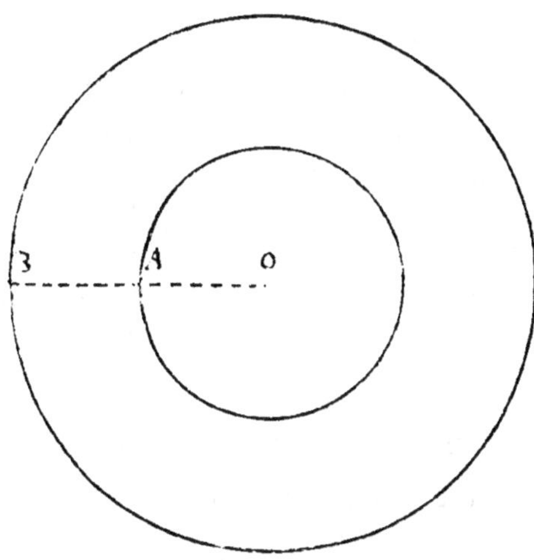

Fig. 5. — Figure schématique.

Voyons maintenant quel est le mode de rupture, suivant qu'on se sert d'un métal mou ou d'un métal dur.

Rupture avec un métal malléable. — Si la pression développée arrive à la limite de rupture de la couche intérieure, il y a agrandissement permanent dans l'âme, et la couche supérieure se trouvant alors dans un état de tension, les couches intermédiaires sont obligées de réagir. Si un nouvel agrandissement se

produit, il en sera de même de proche en proche, et
ainsi jusqu'à la rupture des couches supérieures qui
éclateront les premières. C'est pour cela que les pièces
de bronze présentent des fissures à la surface avant
d'éclater.

Rupture avec un métal dur. — Ces métaux sont peu
élastiques ; les couches intérieures se déforment d'a-
bord et reprennent leur forme dès que la pression a
cessé. Mais si la couche intérieure subit une pression
trop forte, elle se brisera, et la fissure produite ira
jusqu'aux couches intermédiaires capables de résister.
Il n'y a donc plus de signes extérieurs apparents de la
dégradation survenue et, en continuant, la déchirure
ira en augmentant de l'intérieur à l'extérieur jusqu'à
l'éclatement.

Entre ces deux modes de destruction, il y a place
pour des métaux jouissant de propriétés intermédiaires, tels que le fer aciéreux et l'acier doux qui donnent des ruptures mixtes.

La difficulté est donc grande. Il faut un métal dur,
tenace, élastique pour éviter les dégradations et agrandissements de l'âme ; malléable et ductile pour ne pas
éclater quand la limite d'élasticité est atteinte. Nous
ne parlons pas des difficultés relatives à la fabrication.
Dans ces conditions, en est amené à renoncer à faire
les bouches à feu actuelles d'un seul bloc.

D'après la loi de Barlow, citée plus haut, la difficulté du problème provient de ce que les couches
intérieures supportent un effort qui peut devenir su-

périeur à celui qui correspond à leur limite d'élasticité
où de rupture, tandis que les couches suivantes supportant des efforts de plus en plus réduits, ne réagis-
sent que faiblement sur elles et ne contribuent pas
efficacement à la résistance de la pièce. Le but sur
lequel on doit tendre est donc la répartition la
plus favorable de l'effort dans toute l'épaisseur des
parois.

Pour obtenir ce résultat, il faut qu'aucune couche
ne puisse prendre son extrême limite sans que la couche supérieure soit obligée d'atteindre en même
temps sa limite d'élasticité. De la sorte il ne pourra y
avoir déformation par extension ou rupture de l'âme,
sans que la bouche à feu subisse une augmentation
permanente du diamètre dans toute son épaisseur.

On peut satisfaire à cette *condition* par les deux procédés suivants :

1° *Principes des tensions initiales*. Former le canon
d'un certain nombre de cylindres concentriques superposés les uns aux autres, et exerçant l'un sur l'autre par suite du serrage initial une réaction telle, que
tous les manchons atteignent en même temps leur
limite d'élasticité.

2° *Principe des élasticités variables*. Former la
bouche à feu d'une série de couches concentriques à
l'état d'équilibre moléculaire, c'est-à-dire, n'exerçant
aucun serrage les unes sur les autres, mais composées de métaux d'élasticité décroissante de l'intérieur
à l'extérieur; ranger ces cylindres suivant une loi, et

dans un ordre tel, que toutes ces couches atteignent leur limite d'élasticité en même temps sous l'influence des efforts transmis au moment du tir.

C'est sur le premier de ces principes que repose en France, l'emploi des *frettes*.

Ces frettes sont fabriquées en acier puddlé et par la méthode d'enroulement. Cette méthode est la suivante :

On étire les lopins d'acier de manière à en former les bandes que l'on enroule ensuite à chaud autour d'un mandrin pour former une espèce de cylindre. La frette ainsi obtenue est rechauffée, puis portée sous un marteau-pilon dont l'enclume présente à sa partie supérieure une cavité cylindrique ayant les dimensions qu'on veut donner extérieurement à la frette. La frappe de ce marteau est munie à sa partie inférieure d'un tenon cylindrique, dont les dimensions sont celles que l'on veut donner intérieurement à la frette. La frette est placée à chaud dans la cavité que présente l'enclume et on la soumet pendant quelque temps à l'action du marteau-pilon, en sorte que les différentes spires se soudent les unes aux autres.

Pour placer les frettes, comme elles ont un diamètre intérieur légèrement inférieur au diamètre extérieur du tube, afin de donner le serrage convenable, on commence par les chauffer ; puis, lorsque la frette est suffisamment dilatée, on l'enfile, ou on la visse autour du tube qu'on a soin le refroidir par un filet d'eau froide qui passe à l'intérieur. En se refroidissant la

frette reprend ses dimensions primitives et par conséquent exerce un fort serrage sur le tube.

On devra toujours veiller à ce que le serrage ne
donne pas au tube une compression supérieure à la
limite de compression relative au métal considéré, car
il y aurait danger d'écrasement.

Les Anglais (Withworth) emploient un autre procédé qui consiste à tourner la surface extérieure du
tube et la surface intérieure des frettes avec une légère
conicité. On engage la frette sur le canon et, avec une
puissante presse hydraulique on la force à s'avancer
d'une quantité égale à cent fois l'agrandissement que
doit prendre son diamètre.

Tout dernièrement, le colonel de Bange a employé
pour son canon de 340 millimètres des frettes présentant deux conicités différentes opposées par le
sommet. Il obtint ainsi un serrage diamétral et un
serrage longitudinal s'opposant à ce que le tube
glisse dans les frettes pendant le tir. L'efficacité de
ce procédé est des plus discutables ; que la frette soit
mise en place par un procédé où par un autre, l'effet
est le même. Toutes les couches situées en dedans du
joint se trouveront dans un état de compression qui
ira en augmentant jusqu'au joint ; et, les couches
extérieures, au contraire, dans un état de tension qui
ira en diminuant jusqu'à la surface extérieure. Lorsqu'on tirera, les tensions de celles-ci seront augmentées et les compressions des premières seront changées
en tensions. On pourra ainsi faire participer toutes

les couches à la résistance et augmenter la pression limite que pourra supporter le tube.

Après avoir vu les principaux métaux à canons, constaté les lois qui régissent les épaisseurs convenables, nous allons passer rapidement en revue le mode de fabrication des bouches à feu.

L'acier est le meilleur des métaux; commençons par lui :

Avant d'employer un acier il faut l'essayer. Le meilleur des essais consisterait assurément dans un tir répété; mais cela reviendrait trop cher, et il faut se contenter d'essais indirects du métal. Ces essais donneront des résultats qui permettront de comparer l'acier éprouvé à l'acier que l'on croit être le meilleur. Ils sont de plusieurs sortes.

L'analyse chimique ne peut guère s'employer que pour le bronze, l'acier étant constamment modifié dans sa structure par les travaux qu'on lui fait subir. On est donc obligé pour le métal qui nous occupe de l'essayer par voie mécanique et de constater ainsi sa résistance à la traction, à la flexion, à la torsion, au choc, etc.

Les aciers à canon sont fournis au service de la guerre par l'industrie privée; et on comprendra facilement les raisons qui ont guidé l'État dans cette convention.

L'acier demande un matériel spécial de production; cet outillage, fort coûteux, doit être sans cesse renouvelé à cause des progrès incessants de la métallurgie.

D'un autre côté l'État ne pourrait pas réemployer les aciers reconnus impropres à la fabrication des bouches à feu, et cela serait autant de perdu.

Les établissements récepteurs où les bouches à feu arrivent directement des établissements producteurs sont : *Bourges*, *Tarbes* et *Puteaux*. Nous y suivrons pas à pas le travail du bloc métallurgique et l'usinage de la pièce. Firminy, Fives-Lille, Saint-Chamond, Commentry, le Creuzot, fournissent les aciers aux fonderies dont nous venons de parler et livrent des tubes en acier doux, fondus, forgés, forés, trempés à l'huile et recuits. Le gros œuvre est donc fait.

L'État, pour ne pas léser les usines productrices qui ont un grand intérêt à se faire concurrence et à produire bon, n'a pas voulu leur imposer de méthodes spéciales de production de l'acier. Ce métal peut donc être obtenu, soit au convertisseur Bessemer, soit au four Martin-Siemens, soit par toute autre méthode. Pour donner plus d'homogénéité à l'acier, il est souvent coulé, puis pressé à la presse hydraulique.

Le lingot qui deviendra une bouche à feu doit avoir une section quatre fois plus considérable que celle que la pièce brute de forge doit présenter, et on doit pouvoir retrancher plus de la moitié de la longueur du lingot, cet excédent formant *masselotte*. Pour donner une idée du poids considérable que le lingot doit avoir, il suffira de dire que la pièce de 90 millimètres de campagne, du poids minimun de 530 kilogrammes, exige un lingot de 3300 kilogrammes.

L'acier revient alors à 3 fr. 50 ou 4 francs le kilogramme.

Le lingot sortant de la fonte est porté sous le marteau-pilon, fortement battu et étiré jusqu'à ce qu'il ait pris la forme d'un prisme à huit pans. Après quoi, il est privé de sa masselotte. Cette opération de martelage a pour but de rendre le métal encore plus homogène et de faire disparaître les soufflures.

C'est à cet instant de la fabrication que, sous le contrôle d'un capitaine d'artillerie, détaché pour surveiller, on enlève en volée et en culasse des rondelles dans lesquelles on découpe des barreaux envoyés de suite à l'établissement qui devra usiner la pièce, afin d'y être soumise à des épreuves mécaniques. Ces essais, avons-nous dit, sont de plusieurs sortes : traction, torsion et choc.

Le premier de ces essais se fait au moyen de machines analogues à la machine du colonel Maillard, dont nous donnons ici le dessin (fig. 6).

Des barreaux d'essai, formés de types cylindriques de 20 centimètres de longueur et de 14 milimètres de diamètre, sont marqués de deux traits de repère et renforcés à leur extrémité par deux consoles pouvant être pincées dans de solides *mordaches*, qui terminent la tige de deux pistons actionnés dans leurs cylindres par de l'eau que comprime une pompe mue, soit par deux hommes, soit par un dynamo.

La pression est donnée, elle monte graduellement et se lit sur le tube du manomètre gradué en kilogram-

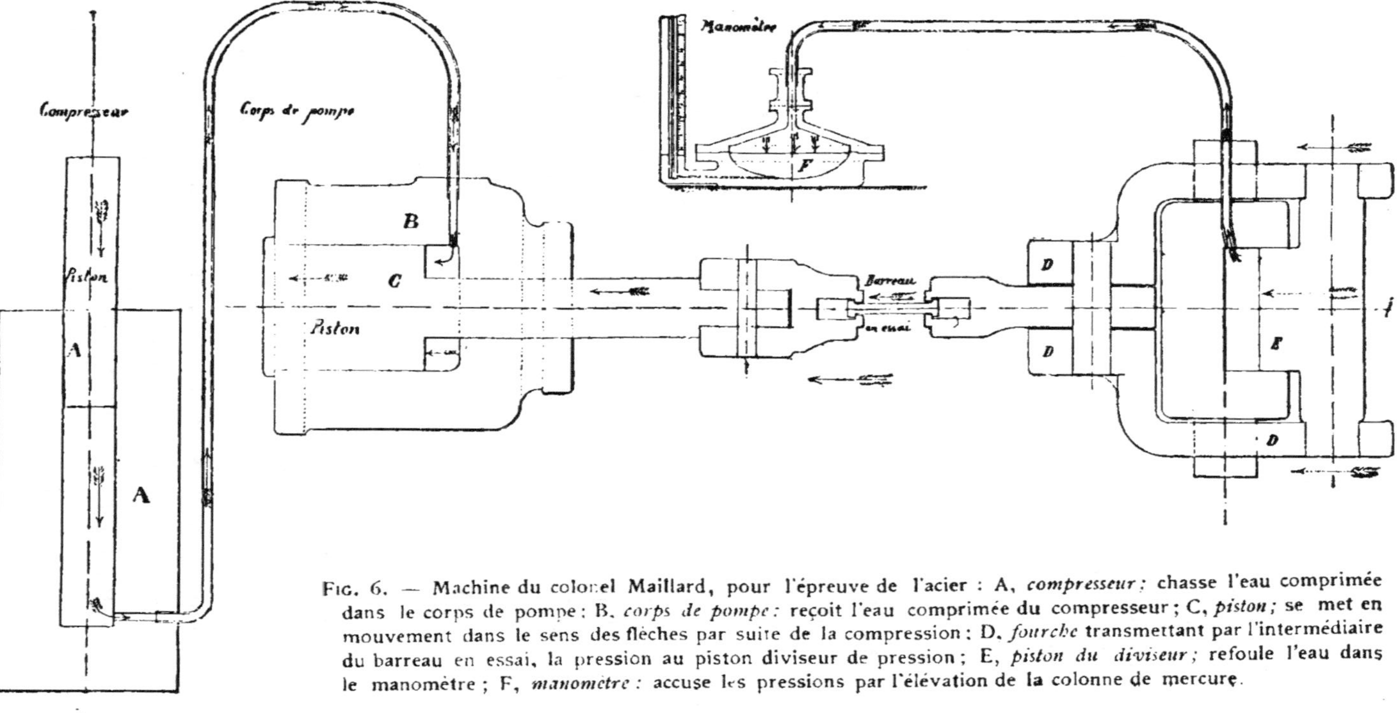

Fig. 6. — Machine du colonel Maillard, pour l'épreuve de l'acier : A, *compresseur :* chasse l'eau comprimée dans le corps de pompe : B, *corps de pompe :* reçoit l'eau comprimée du compresseur ; C, *piston ;* se met en mouvement dans le sens des flèches par suite de la compression : D, *fourche* transmettant par l'intermédiaire du barreau en essai, la pression au piston diviseur de pression ; E, *piston du diviseur ;* refoule l'eau dans le manomètre ; F, *manomètre :* accuse les pressions par l'élévation de la colonne de mercure.

mes ; un barème donne les pressions supportées par ces barreaux par centimètre carré.

Les allongements croissent d'abord proportionnellement aux efforts de traction et la pression monte graduellement. La limite d'élasticité n'est pas dépassée, et, la pression étant supprimée, les repères reviennent à la même distance qu'avant, les molécules de l'acier reprenant leur position d'équilibre. La traction étant reprise et la limite d'élasticité dépassée, le barreau s'allonge encore, mais la pression tombe dans le manomètre et le barreau ne tarde pas à se rompre avec un bruit sec analogue à un coup de fouet. La forme et le grain de la cassure sont constatés ainsi que le diamètre du barreau en cet endroit.

Les essais portent ordinairement, avons-nous dit, sur des barreaux de 14 millimètres, mais, à l'étranger, à l'usine Krupp, par exemple, les barreaux d'essai sont beaucoup plus gros.

L'epreuve de résistance au choc se fait en plaçant le barreau d'acier sur des couteaux et en laissant tomber dessus un boulet ou un mouton de 10 kilogrammes de hauteurs croissantes. La flèche prise par le barreau est mesurée à chaque choc.

Les essais de résistance à la torsion se font avec une machine pourvue d'un cadran sur lequel une aiguille enregistre l'effort supporté. Les cassures se font toujours suivant une section perpendiculaire à l'axe.

Suivant les résultats de ces essais, l'établissement usineur envoie l'ordre d'achever la fabrication des tubes où de la suspendre. Si l'ordre est favorable, l'usine productrice dégrossit sur le tour les pièces brutes de forge. Puis les tubes sont forés au foret annulaire ou *russe*. Cet outil agit sur le côté de la pièce de telle sorte, qu'au lieu de perdre du temps à enlever l'axe de la pièce, il enlève une longue bague de métal, en réservant au milieu de l'âme une tige pleine qui peut recevoir un usage quelconque. Dans ce forage, comme pour l'alésage, le tube tourne lentement sur un moteur, tandis que l'outil avance peu à peu, mû par un chariot porte-outil.

L'usine productrice trempe ensuite les tubes à l'huile et les recuit pour leur rendre la ténacité que le temps aurait pu leur faire perdre. Après de nouveaux essais, le tube est définitivement refusé ou admis par l'établissement usineur, où il est transporté dans ce dernier cas.

Les usines de l'industrie privée fournissent aussi les frettes en acier puddlé, meilleur que l'acier fondu pour cette fabrication spéciale. Les lames employées sont roulées autour d'un mandrin et soudées au marteau-pilon. La limite de soudabilité est la limite pour la dureté du métal à employer. Les frettes sont ensuite laminées au laminoir circulaire, puis passées au tour.

L'établissement usineur commence alors ses opérations faites à froid avec des machines-outils de la plus grande précision, travaillant le plus souvent au 5/100 de millimètre avec des outils d'acier.

Il va sans dire que les surfaces frottantes sont sans cesse lubrifiées à l'huile ou même à l'eau de savon.

Le tube, monté sur un tour à forer, tourne et subit plusieurs forages succesifs jusqu'à ce qu'on soit arrivé au diamètre voulu pour l'âme et les chambres; puis avec d'autres outils, le tube et la chambre sont alésés. On procède ensuite au creusement des rayures. Cette fois-ci le tube ne tourne pas. Il est fixé sur un banc à rayer, tandis que l'outil porté sur un charriot s'avance jusqu'au fond de l'âme, au bout de la tige porte-outil. Reculant alors avec cette tige, il en sort mécaniquement et commence à creuser la rayure, guidé dans sa marche hélicoïdale par une directrice placée sur le côté, directrice ayant le développement de la rayure progressive qui est employée pour nos pièces.

Les passes de l'outil sont nombreuses, et, à chaque passe, il n'enlève que 5/100 de millimètre. On voit que le creusage des soixante-dix-huit rayures progressives d'un canon de 24 demande un certain temps, l'outil devant être souvent changé et rafraîchi. A chaque rayure, la pièce reçoit un mouvement angulaire automatique, permettant à l'outil de passer à la rayure suivante. Le tube est ensuite tourné extérieurement, et l'emplacement des frettes est tourné de manière à compenser leurs inégalités de courbure.

Le tube est alors amené sur un wagonet, soit auprès d'un four à réchauffer pour les petits calibres, soit auprès d'une sorte de plate-forme pour les gros calibres. Sur cette plate-forme repose la frette posée par une grue sur trois cales et entourée d'une vingtaine de chalumeaux à gaz et air comprimé.

Les frettes ainsi chauffées sont mises en place sur le tube placé verticalement ou horizontalement. Dilatées par la chaleur, elles entrent parfaitement à leur place; quand elles y sont arrivées, elles sont refroidies par des jets nombreux d'eau froide, qui a pour action de faire opérer à la frette un serrage énergique sur le tube.

Les canons en fonte de 19 et 27 de côte reçoivent en plus des frettes un tube intérieur d'acier qui se pose avant le frettage. Pour cela, ce tube d'acier est tourné plus gros que son logement dans la pièce et il est fileté sur trois tours d'un filet de vis rectangulaire, apte à entrer dans un pas de vis semblable, creusé dans la culasse de la pièce. Celle-ci est placée debout dans une fosse et chauffée assez fortement pour que, grâce à la dilatation, le tube puisse être entré et vissé dans son logement. En se refroidissant, la pièce comprime le tube diamétralement et longitudinalement.

Après ces opérations, la pièce est terminée par un tournage extérieur définitif et reçoit ses accessoires : guidon, fourreau de la hausse, gâche, fermeture de culasse, etc., etc.

Nous n'entrerons pas dans les détails de fabrication de ces différentes pièces, qui toutes sont faites par d'admirables machines-outils et sont trempées, soit à l'eau, soit à l'huile, suivant leurs usages respectifs. Toutes ces pièces sont interchangeables.

Les pièces sont ensuite vérifiées avec soin et soumises à des tirs d'épreuve. Notons que tous ces déplacements de masses énormes sont faits avec la plus grande régularité par des grues puissantes, pouvant parcourir les ateliers en tous sens, et dont les derniers modèles sont actionnés par des dynamos *Gramme*, engrenant par friction et développant de 20 à 25 chevaux.

L'usinage des pièces en fonte est sensiblement le même que celui des pièces en acier. Nous avons déjà signalé leur tubage en acier et parlé de la façon dont elles sont coulées à noyau.

Le procédé de coulage des bouche à feu en bronze est en bloc plein dans un moule métallique. L'usinage est le même que celui de l'acier.

Il convient cependant de signaler l'usinage des pièces de bronze mandriné. Cette fabrication, abandonnée dans ce moment-ci par la fonderie de Bourges, qui l'avait entreprise il y a quelques années, a pourtant donné de bons résultats. La pièce à mandriner était, nous l'avons déjà vu, forée à un calibre inférieur à son calibre définitif, puis placée dans une sorte d'étui très résistant en acier, chargé de comprimer les couches extérieures. Une puissante presse hydraulique, desservie par des accumulateurs Armstrong, actionnait alors une tige enfoncée dans la pièce à mandriner, tige terminée par une masse de suif chargée de répartir uniformément la pression.

Au point de vue de la durée des métaux employés, on peut considérer la durée des pièces en acier comme indéfinie, sauf les cas de fissures ou d'arrachements.

La durée des pièces en fonte varie avec le calibre. Elle est de 1100 coups pour les canons de 19 centimètres et de 400 coups seulement pour ceux de 27.

Les canons de bronze peuvent tirer environ 1500 coups. C'est donc pour ces derniers un travail total de 15 secondes, en admettant que la pièce travaille un centième de seconde par coup. Convenons que la machine est coûteuse pour un si court service; mais, en guerre, on ne regarde pas aux dépenses.

CHAPITRE II

MATÉRIEL EN SERVICE

Les pièces qui sont en service en France depuis la guerre franco-allemande sont des pièces se chargeant par la culasse. La fermeture est dans les pièces de 5 et de 7 du système Treuille de Beaulieu. Le mode de fermeture repose sur ce thème général : Un cylindre de métal s'engage dans la pièce suivant sa longueur et forme par sa tranche antérieure le fond de la culasse. L'intérieur de la pièce porte des filets de vis en saillie qui s'engagent dans des filets de même forme placés sur les parois du cylindre. Les filets du cylindre doivent être suffisamment forts et nombreux pour résister à l'arrachement ; ils doivent de plus être inclinés de telle sorte qu'il n'y ait pas de danger que la pression des gaz puisse causer le dévirage de la culasse ; plus, d'ailleurs, ces filets de vis seront inclinés sur la génératrice, moins le dévirage sera facile. Afin d'augmenter la rapidité du chargement, au lieu de

laisser toutes les spires entières, on a coupé les filets
de vis sur trois secteurs égaux, ce qui a donné trois
secteurs *filetés* et trois secteurs *lisses* sur le cylindre,
mais le logement de la vis a été coupé de la même façon, de sorte qu'un secteur fileté de la vis correspondant à un secteur lisse de son logement, il suffit de
donner un sixième de tour pour fermer la culasse. Dans
les pièces du système Reffye (5, 7, 138), la tranche
de la culasse est disposée à droite pour recevoir une
lunette en acier dite *volet*, mobile sur charnière ; à
gauche la tranche de la culasse porte une cavité
garnie d'acier : c'est la crapaudine qui reçoit le verrou
et complète la fermeture. Si nous examinons maintenant l'intérieur de la pièce, nous trouvons tout d'abord
le logement du volet qui est légèrement tronconique,
puis en avant l'écrou de culasse, logement de la vis
de culasse.

Le logement est en acier et vissé dans l'intérieur de
la pièce où il est maintenu par deux *prisonniers*. En
avant de cette bague se trouve une partie rétrécie où
vient s'appuyer les parties antérieures de la vis de
culasse. Puis viennent deux logements cylindriques
raccordés par des parties légèrement tronconiques : ce
sont les logements de la gargousse et du projectile. Le
reste de la pièce porte quatorze rayures hélicoïdales.
Quant à la fermeture de la culasse, elle consiste essentiellement dans le volet réuni à la vis de la fermeture.
Cette lunette du volet a pour but de soutenir la vis
quand la culasse est ouverte et aussi pendant le mou-

vement d'arrière en avant quand on commence la fermeture.

Vis de culasse. — La vis de culasse, avons-nous dit, porte trois secteurs filetés, et trois secteurs lisses. Sur chacun des secteurs lisses se trouve une rainure coudée dont une partie est parallèle à l'âme et dont le coude est parallèle aux filets de la vis. Les rainures ont pour but de permettre à trois *vis-guide* de glisser et de diriger le mouvement longitudinal et le mouvement de rotation. Ces vis-guide traversent le volet dans lequel leur tête est noyée.

Sur le côté gauche de la vis et sur un secteur lisse se trouve un trou (gâche du verrou) qui se trouve à l'extrémité d'une rampe diminuant de profondeur peu à peu, le trou étant plus profond que l'extrémité de la rampe. Sur ce même secteur lisse se trouve une autre rampe augmentant également de profondeur et dont l'extrémité s'appelle le repos du verrou. La rainure perpendiculaire à l'axe traverse la coulisse-guide d'un des secteurs lisses.

Sur la tranche antérieure de la vis de culasse se trouve le godet destiné à saisir le culot de la gargousse et à le retirer en arrière après le feu, et à cet effet le godet porte trois entailles dans lesquelles se moulent les culots des gargousses. A la partie postérieure se trouve le chapeau qui sert d'appui au volet et l'empêche de s'ouvrir.

Cette partie postérieure porte encore un tenon. C'est sur ce tenon qu'est placée la manivelle. Cette manivelle est à toc, c'est-à-dire qu'elle présente un peu de jeu pour faciliter l'ouverture. A l'extrémité du tenon se trouve une poignée en bronze fixée sur le tenon par une goupille et servant à maintenir la manivelle. La poignée porte un petit *appendice* nommé pare-étoupille, qui sert à empêcher les éclats d'étoupille d'être projetés en arrière.

Le canal de lumière part de ce point et débouche au milieu du godet-volet. Le volet a sa face extérieure légèrement tronconique, il porte à droite une charnière, et à gauche une *proéminence* qui se nomme le nez du volet et qui sert de logement au verrou. Sur la tranche postérieure se trouve un petit rempart couvre-lumière servant à empêcher l'introduction de l'étoupille et par là même la mise de feu avant que la culasse soit complètement fermée, car ce rempart bouche la lumière si on n'a pas donné entièrement 1/6 de tour de fermeture.

On remarque encore le tenon d'arrêt de la manivelle qui empêche de donner plus de rotation qu'il ne faut. Dans l'intérieur du volet sont trois parties plus épaisses et trois parties moins épaisses taillées à la demande des secteurs lisses et des secteurs filetés.

Verrou. — Le verrou est une tige en acier ; l'une des extrémités de cette tige est dite la tête du verrou. l'autre extrémité se nomme le *pêne*. Vers le milieu du verrou se trouve un épaulement qui donne appui à un ressort à boudin. Ce ressort à boudin s'appuie d'autre part contre la vis-bouchon, vis qui ferme le logement du verrou et est percée d'un trou central pour laisser passer la tête du verrou. Sur le corps du verrou, après l'épaulement vient un alvéole dans lequel s'engage une des extrémités d'un levier coudé appelé *cliquet*, qui peut tourner autour d'un axe vertical; l'autre bras du cliquet se termine par un bec débordant un peu le pourtour du volet.

Voyons maintenant quel est le fonctionnement du mécanisme, et, pour cela, supposons qu'un coup vient d'être tiré.

Les filets de la vis sont engagés dans leur écrou; en donnant 1/6 de tour de droite à gauche, les filets se dégagent de l'écrou et viennent se placer vis-à-vis des parties lisses du logement de la vis. Si on tire à ce moment en arrière, la culasse vient. Pendant ce temps, qu'a fait le verrou? Il était au repos et le ressort était débandé, mais il a monté la rampe et fait saillie, la tête du verrou relie alors le volet à la pièce par la crapaudine. La vis peut donc aller en arrière, mais pas le volet. En tirant la culasse en arrière, quand la vis sera arrivée à son point extrême, le pêne sera obligé d'entrer dans le trou de la gâche, et alors, la tête du verrou sortant de la crapaudine, le volet s'ouvrira en tournant autour de son pivot.

Le cliquet fonctionne quand on pousse la culasse; comme la grande branche du cliquet dépasse le nez du volet, l'extrémité de cette grande branche vient frapper l'extrémité de la culasse, la branche coudée vient alors vers la gauche et force le verrou à sortir de la gâche. Ces dispositions sont celles des pièces de 5, de 7 et de 138.

Dans ce fonctionnement, il peut survenir des embarras de manœuvre, pouvant provenir du trop de serrage, quand on a fermé la culasse et engagé les filets. Alors la vis de culasse est arrêtée par le frottement du godet contre la tranche postérieure du tube, et, de plus, le mouvement est encore arrêté par le tenon. Si, dans ces conditions, on donne un mouvement brusque et que la masse de la culasse soit considérable, il se produira un serrage tel entre le godet et le canon que l'ouverture sera des plus difficiles. Pour parer à cet inconvénient, il faut limer légèrement la tranche.

Quand, au contraire, il n'y a pas assez de serrage, il arrive que le culot de la gargousse, ne s'apppliquant pas assez exactement sur le godet, se déchire et donne lieu à des fuites de gaz. Il faut alors donner un léger serrage et, pour ce faire, on lime un peu le tenon d'arrêt de la manivelle, afin d'avoir un mouvement de rotation plus considérable, en ayant soin de limer aussi un peu l'extrémité des vis-guide, les positions de ces vis et celle du tenon d'arrêt étant corrélatives.

Un autre inconvénient est le dévirage. Le *dévirage* ne peut pas se produire par suite de la pression des gaz sur le godet de la vis-bouchon quand les filets sont assez inclinés, mais il peut provenir d'une autre cause. Les pièces sont rayées (le 5) de droite à gauche. Lorsque le projectile part, il tourne sur lui-même ; il y a alors réaction du projectile sur la pièce, et celle-ci tend à tourner en sens inverses de celui-là. Le mouvement se communique aux filets de vis, et la vis pourrait continuer le mouvement et s'ouvrir. Dans les pièces tirant une gargousse à culot métallique, cet inconvénient n'existe pas ; le culot s'applique avec trop de force contre le godet et contre les parois de la pièce pour permettre à la vis de tourner.

Il y a enfin le danger de déculassement. Le danger provient de ce que la pièce étant divisée en deux parties, l'une logement de la vis, l'autre logement de la gargousse, partie qui supporte toute la pression des gaz. il y a tendance au déchirement entre ces deux parties, d'autant plus que celle qui constitue le logement de la vis ne peut pas suivre les mouvements de dilatation de sa voisine, retenue qu'elle est par les filets de la vis dans leur écrou.

Deux procédés sont employés pour parer au déculassement :

1° Rapprocher autant que possible le premier filet de la vis de la partie non déformée, c'est-à-dire de l'éloigner autant que possible de l'obturateur. Il y a alors entre le premier filet et la tranche de la chambre une partie lisse appelée le fossé ;

2° Augmenter la largeur du logement de la vis, en ayant alors une vis plus grosse que le diamètre de l'âme, parce que la dilatation dans les couches cylindriques successives est d'autant moindre que le rayon est plus grand.

Dans les pièces de 80 et de 90, la vis est petite et on évite le déculassement par un petit fossé.

Augmenter la grosseur de la vis est un inconvénient; une vis plus lourde est, en effet, plus difficile à manœuvrer et, de plus, son moment d'inertie étant plus considérable, son dévirage est plus facile. Enfin, une surface plus grande transmettant une pression plus grande aux filets, il y a tendance à l'arrachement.

De l'obturation. — L'obturation a pour but de fermer toute issue aux gaz. A ce point de vue, l'obturation était meilleure dans les pièces se chargeant par la bouche, puisque la seule perte qui peut se faire avait lieu par le canal de la lumière. Ce canal de lumière a une action qui varie suivant la place qu'il occupe, sur la façon d'agir des gaz dans l'intérieur de l'âme. On peut le placer, soit en avant, soit au milieu, soit en arrière de la charge de poudre, soit enfin postérieurement à celle-ci et dans son axe. La position n° 1 est défavorable, la position 2 est avantageuse, à cause de la rapidité plus grande de combustion, ainsi que la position 4 dans le 5 et le 7 avec la poudre en rondelles. Les positions 3 et 4 ont l'avantage que l'inflammation postérieure fait disparaître tous les débris et résidus de la gargousse qui sont en avant. La position de la lumière qui a été reconnue la meilleure est celle qui est un peu en arrière du milieu de la charge (fig. 7).

Un moyen d'empêcher la fuite du gaz par le canal

de lumière, c'est de le rétrécir, mais on ne peut pas le rétrécir indéfiniment, car il faut pouvoir y introduire un dégorgeoir. Le chiffre adopté en France, en Angleterre et en Italie comme largeur du diamètre du canal de lumière est de $5^{mm},6$. En Autriche, il est de 6 millimètres; en Allemagne, $6^{mm},57$, et en Suisse, $5^{mm},4$.

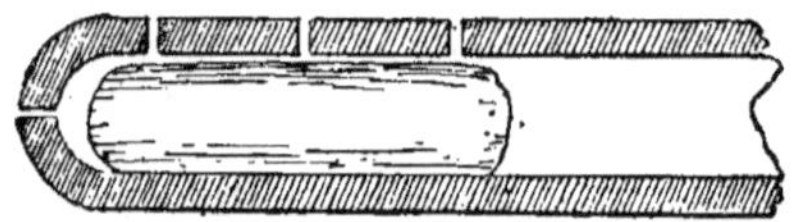

Fig 7. — Diverses positions de la lumière.

Obturation par la gargousse. — La gargousse se compose d'une douille et d'un culot.

La douille se fait au moyen de quatre révolutions de papier avec un rectangle de fer-blanc dont les deux bords ne se rejoignent pas tout à fait; l'intervalle de joint est couvert par un couvre-joint en fer-blanc. Cette deuxième enveloppe métallique est recouverte de trois révolutions de papier, puis le tout est revêtu de papier bleu. La douille se trouve ainsi constituée; elle est terminée inférieurement par un bord dentelé qui permet de la placer dans le culot; celui-ci est en laiton et porte quatre évents inclinés de l'extérieur vers l'intérieur; il porte, en outre, en son centre un rivet paillette. Dans le vide central du culot, on place un second petit culot portant en son centre le trou de prise de feu.

L'intervalle vide entre la douille et le centre du

culot est rempli de carton pâte, au-dessus duquel sont placées les *rondelles de poudre*. Au-dessus des rondelles de poudre, qui sont au nombre de cinq, se trouve une rondelle de graisse ou de paraffine et d'huile de pétrole. Enfin, le tout est fermé par une rondelle de carton et du papier bleu.

Voici comment cette gargousse s'utilise.

La prise de feu étant vis-à-vis du canal de lumière, le feu passe par cette prise de feu, et de là, par les évents, va enflammer la poudre. Les rondelles brûlent par leur intérieur et les parois de la douille et le culot sont collés contre les parois et la culasse de la pièce, ce qui a lieu pour la douille par la distension de la feuille de fer-blanc dont le couvre-joint raccorde les bords. Il n'y a donc pas perte de gaz de ce côté. Il n'y en a pas non plus du côté du culot, car le rivet-paillette sous la pression des gaz *s'applique sur la prise de feu* et la bouche hermétiquement.

Canons de campagne de 80 et de 90 millimètres. — Le mode de fermeture des canons de campagne de 80 et de 90 millimètres a plusieurs parties communes avec la fermeture des canons système de Reffye, mais elle en diffère dans plusieurs de ses dispositions.

Le 80 et le 90 sont en acier et ne sont dissemblables que par les dimensions de leur âme, leur longueur étant la même.

Les pièces se composent d'un tube en acier fondu trempé à l'huile dont la partie postérieure correspondant au logement de la gargousse et du projectile est *renforcée par des frettes.*

Les frettes. — La pièce se compose d'une partie renforcée par une plate-bande, puis vient la volée qui est tronconique; puis enfin une partie cylindrique qui va de la volée jusqu'à l'extrémité arrière du tube et qui s'appelle le tonnerre. C'est sur cette partie cylindrique que sont placées six frettes. La première se nomme frette de calage; la deuxième est dite frette-tourillon, et n'a pas de serrage pour qu'elle puisse supporter le recul. Puis viennent trois frettes ordinaires, puis enfin la frette de culasse; elle a le même diamètre que les autres frettes et elle se termine à l'arrière par deux surfaces tronconiques arrondies à leur extrémité; elle dépasse le tube en arrière, ce qui a pour but de protéger le mécanisme de fermeture.

Les frettes sont en acier *puddlé trempé à l'eau.* Le canon de 90 millimètres a 28 rayures et le canon de 80 millimètres en a 24. *Ces rayures sont progressives.*

Faisant suite à la partie rayée vient un tronc de cône de *raccordement* contre lequel vient s'appuyer la ceinture du projectile. Puis viennent successivement le logement cylindrique de la gargousse, une partie tronconique pour l'*obturateur* et une partie cylindrique pour la vis de fermeture. On peut remarquer, entre le premier filet de la vis et le logement de l'obturateur, le *fossé*, précaution prise dans le système de Bange contre le déculassement.

Les rayures sont numérotées de 4 en 4 sur la tranche de la bouche et la rayure n° 1 est celle qui part de la partie inférieure de la culasse ; les cloisons sont également numérotées et la cloison n° 4 est celle qui se trouve entre la rayure n° 1 et la rayure n° 2.

La *frette de calage* s'appuie sur un *ressaut ;* faute de ce ressaut, le tube tendrait, quand les gaz s'échappent, à avancer dans les frettes à cause de la pression considérable que supporte la vis de culasse. La *frette tourillon,* d'un diamètre plus considérable que les autres, porte deux *tourillons* venus de fonte avec elle ; les deux tourillons portent une embase pour que la pièce puisse s'appuyer et être maintenue sur les flasques.

Le tourillon droit porte le logement du guidon qui y est maintenu par une goupille. Ce guidon est le guidon Broca ; il se compose de deux pointes vis-à-vis l'une de l'autre, d'un bloc évidé et d'un espace libre entre les deux pointes ; ce guidon permet un pointage plus rapide, en ce sens qu'on peut apercevoir le but entre les pointes, but qui est caché par le guidon quand on opère avec un guidon ordinaire.

Sur la tranche du tourillon gauche est inscrit le numéro de la pièce, numéro qui se retrouve sur toutes les parties séparables du canon.

Sur la tranche du tourillon droit, le poids de la pièce est inscrit en kilogrammes.

Les trois frettes suivantes n'ont rien de particulier. La frette de culasse présente deux méplats qui permettent de pointer avec le *niveau de pointage*. La partie postérieure présente une gorge circulaire pour passer un cordage suivant le besoin.

Le côté droit de la frette porte un logement pour la hausse dans lequel se place un fourreau en bronze destiné à préserver la hausse de frottements trop rudes. Dans les pièces de 5 et de 7. la hausse étant quadrangulaire, la vis de serrage n'agit que sur la face qui lui est opposée, dont elle assure la fixité, tandis que dans le cas d'une hausse triangulaire tout le dièdre opposé à la vis de pression se trouve serré contre les parois du logement et la stabilité est beaucoup plus grande que dans le cas précédent.

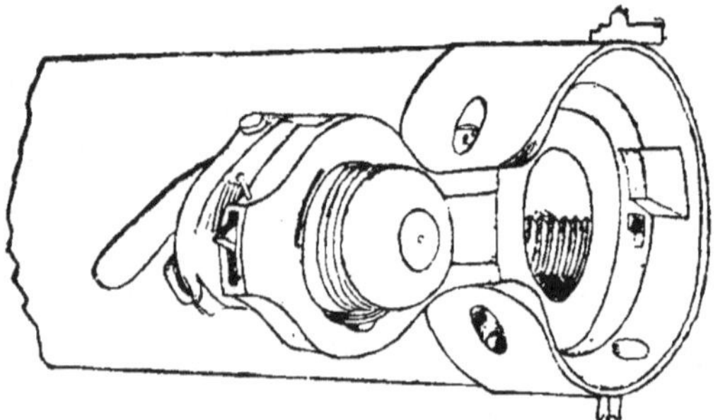

Fig. 8. — Culasse ouverte de 90 millimétres.

Le côté gauche de la frette porte deux mortaises servant à recevoir les deux tenons du volet.

Intérieurement, la frette de culasse présente d'abord une partie cylindrique qui est le logement du volet, puis, du côté droit, une rampe et un trou qu'on appelle la gâche du loquet. La partie inférieure de la frette porte une petite cavité destinée à recevoir l'extrémité du levier-poignée.

Mécanisme de fermeture. — Le mécanisme de fermeture comprend la vis de culasse, qui est petite et d'une dimension très peu supérieure au calibre du tube (on sait que dans les pièces de Bange on ne compte que sur le fossé pour parer au déculassement). La tranche antérieure de la vis ne porte pas de godet, elle est plane et son pourtour porte trois secteurs filetés et trois secteurs lisses. Le premier filet de la vis se trouve à une certaine distance de la tranche antérieure pour former le fossé. Le mécanisme ne comporte pas de vis-guide ; la vis est guidée dans le volet par les extrémités des parties pleines de celui-ci qu'on nomme glissières, et la sortie de la vis du volet est empêchée au moyen d'une clef. La vis présente sur le côté droit deux rainures semblables à celles des pièces de 5 et de 7. La tranche postérieure de la vis est munie d'une poignée recourbée à gauche pour laisser passer l'extrémité postérieure de la tête mobile. A la partie supérieure de la vis se trouvent deux proéminences nommées oreilles, entre lesquelles est le le levier-poignée. Le levier-poignée est une tige en acier terminée supérieurement par une partie excentrique ; ce levier-poignée a plusieurs fonctions.

Quand la culasse est fermée, le levier est vertical et sa partie excentrique est dans la cavité du volet. Pour ouvrir la culasse, il faut lever le levier, le placer horizontalement ; la partie excentrique devient verticale et liberté est donnée à la vis de culasse.

Le levier-poignée, en se plaçant par son extrémité

dans la cavité réservée *ad hoc* dans le volet quand la culasse est fermée, empêche le dévirage, qui était empêché dans le 5 et le 7 par la gargousse.

Enfin, le levier-poignée sert à commencer le mouvement de recul de la vis de culasse; en effet, en le rabattant contre la tranche postérieure de la vis, la partie excentrique appuie contre la tranche postérieure du volet et force la vis à prendre un léger mouvement de recul.

Volet. — Ce qui différencie le volet des pièces de 80 et de 90 du volet des pièces de 5 et de 7, c'est qu'il a sa charnière à gauche et deux tenons à la partie supérieure de la tranche postérieure du volet; il y a, en outre, une mortaise dans laquelle s'engage la partie excentrique du levier-poignée, la culasse étant fermée.

Le côté droit du volet présente une partie proéminente servant de logement au loquet, pièce qui remplace le verrou du 5 et du 7.

La partie supérieure du loquet est plane; il présente un bec supérieur, un bec inférieur et un talon. Ce talon fait fonction du pêne du verrou du 5 et du 7. Le loquet est mobile autour de son axe et maintenu en place par un ressort à deux branches. Voici quel est le fonctionnement du loquet. Quand on ouvre la pièce en tournant la vis de culasse, le talon du loquet remonte la rampe dans laquelle il se trouve, et, le loquet tournant autour de son axe, entraîne ses deux becs.

Le bec inférieur sert à fixer le volet en pénétrant dans la cavité de la frette de culasse. Quand la vis de culasse est tirée tout à fait en arrière, le talon se trouve alors en face d'un trou pratiqué dans la vis et y pénètre sous l'action du ressort à deux branches qui sollicite le loquet de haut en bas. Le volet cesse alors de tenir à la culasse et, faisant corps ainsi avec la vis de culasse, peut s'ouvrir avant elle

Le bec supérieur sert à la fermeture et remplace le cliquet du 5 et du 7. Quand, en effet, on referme le volet, le bec supérieur remonte la rainure de la frette de culasse et s'y engage, le loquet tourne alors autour de son axe, le talon sort de son logement et la vis de culasse devenue indépendante du volet peut être poussée en avant.

Obturation. — L'obturation, qui se faisait par la gargousse dans le 5 et 7, se fait dans les pièces de 80 et de 90 millimètres par une *pièce spéciale* fixée à la vis-culasse et nommée tête mobile.

Cette tête mobile se compose d'un champignon, d'une partie tronconique, d'un épaulement, d'une partie cylindrique de la place de la bague et de deux entailles destinées à la tige du rugueux de l'étoupille. La tête mobile est percée d'un canal longitudinal pour l'introduction de l'étoupille ; ce canal est terminé antérieurement par un *grain de lumière* en cuivre rouge vissé dans le champignon. On avait constaté avant l'emploi de ce grain une détérioration rapide de l'orifice du canal qui entraînait la mise au rebut

Fig. 9. — Le canon de

rès une photographie).

de toute la tête mobile, tandis qu'il n'y a plus maintenant qu'à remplacer le grain qui aurait été dégradé par l'action des gaz.

Un épaulement empêche la tête mobile d'être projetée en arrière de la pièce en cas de rupture au collet, car alors le ressaut vient butter contre la bague.

Une bague, formée de deux demi-bagues réunies par un anneau brisé, empêche la tête mobile de tomber dans l'intérieur de la pièce.

Autour de la partie renflée de la tête mobile se trouve l'obturateur proprement dit.

L'*obturateur de Bange* se compose de 65 parties d'amiante et de 35 parties de suif de mouton enveloppées de toile; il est contenu dans deux coupelles d'étain qui le découvrent sur les deux tiers de sa hauteur. Comme l'étain n'est pas élastique et qu'il pourrait, sous la violence du coup, se loger dans les joints que l'obturateur doit boucher, l'obturateur est enveloppé sur les bords par trois bagues brisées en laiton. Quand l'obturateur est comprimé par le champignon, les bagues brisées se dilatent et entraînent avec elles en revenant l'étain qui aurait pénétré dans les joints.

Sans entrer dans de plus amples détails au point de vue du matériel en service en France, nous aimons mieux renvoyer le lecteur aux tableaux suivants qui feront saisir d'un seul coup d'œil les différences existant entre les différentes pièces en usage, tant pour le matériel de campagne que pour celui de siège et de place

Nous donnerons ici comme spécimen de ce qui a été tenté pour avoir une pièce légère et de grande puissance en employant le frettage biconique deux figures représentant l'une le canon de 340 millimètres du colonel de Bange dont les journaux ont mené grand bruit au moment de son apparition (fig. 9, p. 44-45), l'autre donnant une idée de ce qu'est le frettage biconique dont nous discuterons plus loin la valeur (fig. 10, p. 52).

La pièce n'a pas tenu ce qu'on attendait d'elle ; à cause de la défectuosité de ce mode de frettage, elle a éclaté au neuvième coup à charge entière.

Citons encore dans un autre ordre d'idée ce qui vient d'être fait en Amérique pour augmenter la vitesse initiale des pièces de gros calibre. Les Améri-cains, qui ont été longtemps nos maîtres en ce qui concerne la fabrication des armes et que nous avions atteints et même dépassés, vont-ils redevenir nos pro-fesseurs ? On pourrait le croire, vu la multiplicité de leurs récentes inventions dans ce domaine de la science.

Leurs bouches à feu à charge successives s'enflam-mant au fur et à mesure que le projectile parcourt l'âme de la pièce, de manière à lui communiquer sans cesse une nouvelle impulsion, sont bien une preuve du génie inventif du peuple *yankee* (fig. 11, p. 53). Par cette méthode les vitesses initiales les plus fantastiques sont atteintes. On ne parlait pas de moins

ARTILLERIE DE MONTAGNE ET DE CAMPAGNE

BOUCHES A FEU DÉSIGNATION	POIDS	CHARGE DE TIR	PROJECTILES			FUSÉES	AFFUTS	PORTÉE			POIDS DE LA PIÈCE AVEC AFFUTS ET AVANT-TRAIN CHARGÉ	PRIX APPROXIMATIF		
			ESPÈCES	POIDS	CHARGE INTÉRIEURE			PERMIS PAR LA HAUSSE	MAXIMA EN ENTERRANT LA CROSSE	VITESSE INITIALE		CANON	PROJECTILE VIDE	GARGOUSSE
ACIER — Canon de 90mm	530	1 kg. 900 poud. C 1	Obus à mitraille Boîte à balle Obus à mélinite	8,170 7,860	Galettes en fonte et balles 100 gr. poudre 123 b.	à double effet mod. 85 »	en tôle d'acier 680 kg	5.800	7000	m 455	2000	3,850	fr 2,80 5	fr 3,40
Canon de 80mm	425	1 kg. 500 poud. C 1	Obus à mitraille Boîte à	6,280 5,500	Galettes et balles 80 gr. de poud. 85 balles	à double effet mod. 85	en tôle d'acier 530 kg.	6,000	7000	490	1600	3400	2,50 4,00	2,50

ACIER	Canon de 80mm de montagne	105	o kg. 10 poud. C 1	Comme le 80mm de campagne			de siège et de montagne de 25mm	175 kg se décompose en deux parties	3,100	4300	257	280 sans avant-train	1700		0,80 4,00
BRONZE, MODÈLES ANCIENS	Canon de 7	650	1 kg. 120 poudre MC 30	Obus ordinaire Obus à double paroi Obus à balles Boîte à mitraille	7,105 7,870 7.480	350 gr. poudre MC 30 200 gr. poudre MC 30 50 balles 129	Budin Budin	tôle de fer 635	5.000	6200	390	2080	2600		2,70 2,10 2,90 5,00
	Canon de 4 de campagne	330	o kg. 550 poudre MC 30	Obus ordinaire Obus à balles Boîte à mitraille	4,00 4,520 4,725	200 gr. 85 gr. de poudre 50 balles 41 balles	Desmarest à 2 durées Desmarest à 4 durées	en bois 428 kg	3,200	3600	343	1350	1220		1,35 0,65 1,10

ARTILLERIE DE SIÈGE ET DE PLACE

BOUCHES A FEU DÉSIGNATION	POIDS	CHARGE MAXIMUM DE T.R	OBUS ORDINAIRE		AFFUT	VITESSE INITIALE	PORTÉE		PRIX APPROXIMATIF		
			POIDS CHARGÉ	CHARGE INTÉRIEURE			PERMISE PAR GRADUATION DE LA HAUSSE	MAXIMA	DU CANON	DE L'OBUS ORDINAIRE VIDE	DE LA GARGOUSSE
	kg		kg	kg		m	m	m	fr	fr	fr
Canon de 120mm	1 200	4 kg 500 de poudre SP	18.300	0.800	1570 kg. métallique	484	7 300	10 000	8 000	6,20	6,50
Canon de 155mm long	2 530	9 kg. de poudre SP	40,000	1.406	3250 kg. métallique	470	9 000	10 000	17 800	12,35	14.30
Canon de 155mm court	1 020	2 kg 800 de poudre C 1	40,000	1.400	1120 kg. métallique	470	9 000	10 000	7 300	12 33	14,30
Canon de 240mm	14 000	28 kg. de poudre SP	155,000	5.600	métallique				73 000	55,00	55,00
Mortier de 220mm	2 130	6 kg. 350 de poudre SP	98.000	6.500	2170 kg. métallique	200	5 200	5 200		19,50	10,00
Canon de 19cm mod. 1878	7 350	16 kg. de poud. SP 2	75.000	4.000	4000 kg. métallique	432	10 500	11 000	13 863	22,00	24.00
Canon de 24cm mod. 1876	16 200	28 kg. de poud. SP 2	120.000	6,600	2000 kg. métallique	474	10 500	11 000	28 700	40,00	39,00
Canon de 27cm	23 200	43 k. de poud.	180 000	11.300	—	490	10 000	12 000	28 900	40,00	39,00

BRONZE	Canon de 138mm syst. de Reffye	1 940	3 kg. 500 de poud. MC 30	24,000	1,700	1200 kg. de siège. 1900 kg. mét. à soulève-ment	380	7 200	7 800	7 509	7,10	3,60
	Canon de 24 de place	2 700	3 kg. de poud. MC 30	24,000	1,000	800 kg. de place en bois approprié	340	4 600	5 900	9 400	6,00	3,24
	Canon de 24 de siège	2 060	2 kg. 500 de poud. MC 30	24 000	1.99	1130 kg. métallique	290	5 150	5 150	7 100	6.00	2,20
BRONZE ET ACIER	Canon à balles	340	Chaque boîte de 25 cartouches pèse 2 kg. 650, chaque cartouche pèse 87 gr., la balle 54 gr. et la poudre 12 gr. 6.			536 kg.	480	3 000	3 400			
FONTE ET ACIER	Canon revolver mod. 1879 à cinq canons de pas différents	530	Chaque cartouche pèse 1 kg. 100 et contient 90 gr. de poudre et 24 balles en plomb durci pesant chacune 32 gr.			680 kg.				4 150		
BRONZE	Mortier de 32cm	1 300	5 k. 500 de poud MD 31	75 kg	3 kg.	1400 kg. en fonte.		3 000	3 000	4 700	19.00	5.70
	Mortier de 15cm	70	0 kg. 140	7 kg. 500	0 k. 300	65 kg. semelles en bois, flasque en fonte.		600	600	350	1,75	0,20

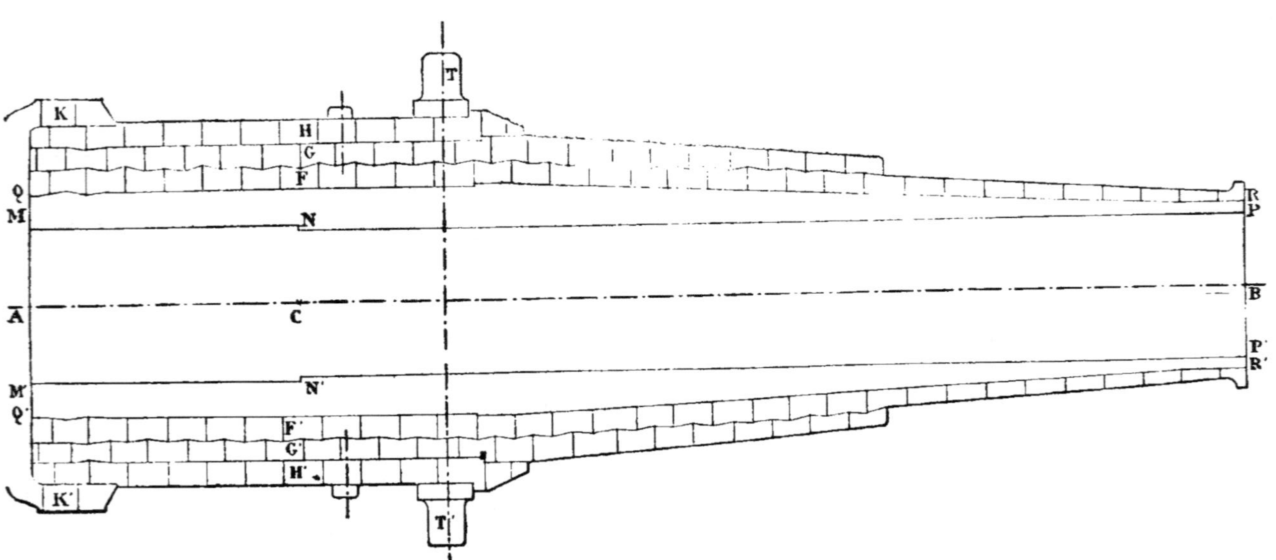

Fig. 10. — Disposition du système de frettes : M N M′ N′, coupe de la chambre à poudre ; N P N′ P′ ; ame du canon ; Q R M N P, Q′ R′ M′ N′ P′, tube intérieur ; F F′, premier rang de frettes biconiques ; G G′, second rang de frettes ; H H′, troisième rang de frettes ; K K′, quatrième rang de frettes ; T T′, tourillons. *(L'échelle en longueur est de 12 millimètres par mètre, celle en largeur de 40 millimètres par mètre.)*

de 1000 mètres parcourus pendant la première seconde
par le projectile. Le chiffre a été un peu augmenté en
passant par les cent voix de la Renommée et se réduit
à 580, ce qui est déjà respectable. Il n'en est pas
moins vrai que l'idée est belle et applicable, sinon aux

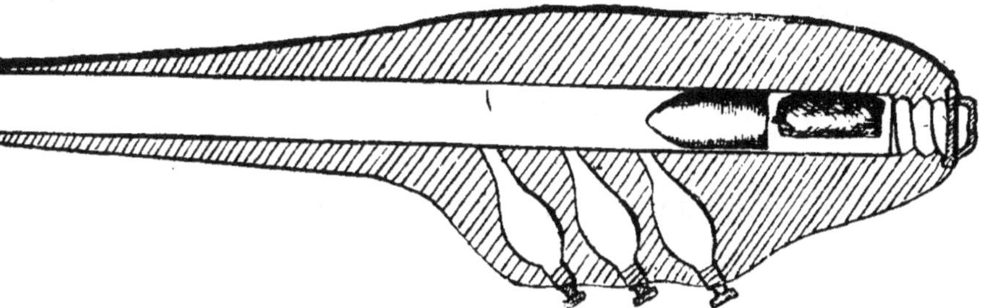

FIG. 11. — Canon à charges multiples.

pièces de campagne, au moins aux pièces de siège,
dont le mécanisme peut être compliqué et le poids
augmenté sans trop d'inconvénients. Ces nouvelles
pièces sont connues sous le nom de canons *Lyman-
Haskell*.

DES AFFUTS

Faire un canon est d'après tout ce qu'on a vu assez
difficile, mais construire un affût pour ce canon est
chose plus difficile encore.

On ne doit donc pas s'étonner qu'à chaque canon
corresponde un affût différent eu égard aux conditions
qui varient d'une pièce à l'autre. La vitesse du recul
de la pièce au départ du projectile augmente avec le
poids du projectile et avec le poids de la charge, d'où il

suit que pour une même vitesse les poudres lentes demanderont une charge plus forte et donneront un recul plus considérable en imposant une plus grande fatigue à l'affût.

D'un autre côté la force vive du canon diminue à mesure que le poids du canon augmente, et on voit par le calcul que plus le canon est lourd, moins l'affût fatigue, de même que si le poids du canon reste le même et que celui de l'affût varie, la fatigue de l'affût sera d'autant moins grande qu'il sera plus léger par rapport au canon.

Le recul, suivant l'angle de tir, se produit de deux façons : ou bien la pièce recule sans que l'affut se soulève ; ou bien, sous un angle faible, l'affût recule par bonds, les roues et la crosse quittant le sol à tour de rôle.

Conditions générales des affûts. — Les affûts doivent être stables et pour cela être d'autant plus larges que le centre de gravité de tout le système sera plus élevé. Ils doivent de plus être assez longs pour ne pas se soulever sur la crosse au moment de tir et se *cabrer* jusqu'au renversement.

L'affût doit en outre permettre un pointage rapide et simple qui ne puisse se déranger une fois établi.

Enfin, et chose la plus importante, l'affût doit présenter une grande solidité qui dépend surtout de la matière qui le compose, bois, fonte, fer ou acier.

Les anciens affûts étaient presque tous en bois, renforcé il est vrai dans quelques-unes de leurs parties par des bandes de fer. Mais de semblables affûts présentaient de graves défauts; sans cesse à repeindre pour préserver le bois d'une pourriture qui détruisait rapidement les affûts en bois plus coûteux ainsi en paix qu'en guerre, ces affûts présentaient des inégalités de dilatation entre le bois et le fer et de plus demandaient des approvisionnements très grands de bois sec pour leur réfection.

Malgré tant de défauts, ça n'est qu'en 1846 qu'on adopta pour la première fois la fonte pour les affûts, en limitant son emploi aux affûts de côté, avec raison d'ailleurs, puisque très cassante et peu facilement réparable la fonte ne peut convenir aux affûts soumis à de longs trajets et aux heurts de toutes sortes inhérents aux hasards d'une campagne.

Aussi en vint-on au fer qui se prête à tous les modèles et permet de déterminer d'une façon sûre les formes et le poids des différentes pièces d'un affût eu égard aux efforts que ces pièces devront supporter. Toutefois, pour diverses raisons et entre autres à cause du prix double de celui du bois (5 francs au lieu de 3 francs le kilo), le fer ne fut pas adopté de suite pour les affûts, et c'est la Prusse qui la première s'en servit en 1849 pour ses affûts de côte. Ce n'est qu'en 1869 qu'on voit pour la première fois des affûts de campagne en fer en Suisse, première puissance qui les ait adoptés.

Inutile de dire que maintenant leur procès est gagné

et que partout les affûts sont non seulement en fer, mais bien en tôle d'acier, métal qui présente tous les avantages du fer avec une résistance beaucoup plus considérable.

Les parties de l'affût qui supportent tout l'effort sont les deux *flasques*, longues pièces de tôle, formant les joues de l'affût supportant les tourillons, et reposant d'un côté sur l'essieu et de l'autre sur le sol. Aussi emploie-t-on pour faire les flasques de la tôle d'acier à bords repliés, chose qui ne peut s'exécuter sans cassures qu'avec de la tôle excellente. Les flasques sont ainsi rendus très résistants sous un poids minimum. Pour plus de solidité la tôle des flasques est doublée là où les efforts sont plus grands, sous les tourillons par exemple, et de plus ils sont réunis par des entretoises et même souvent par des plaques de tôle et des boulons.

Affûts de campagne. — Ce qui nous frappe tout d'abord, c'est que la culasse du canon doit pouvoir passer entre les flasques afin de donner un grand angle à la pièce quand besoin est, mais d'un autre côté le bout de la crosse ne doit pas être trop large, parce que le tournant de la voiture serait diminué ; aussi pour satisfaire à ces conditions il a fallu maintenir d'abord les flasques parallèles et ensuite le rapprocher jusqu'à se toucher jusqu'au point d'attelage de la pièce sur son avant-train.

Chez nous les flasques sont assez écartés pour que nous puissions pointer sous un angle de 25°, tandis que les Allemands ne peuvent donner que 16° d'inclinaison à leurs pièces, d'où une portée moindre.

La largeur de la voie est aussi, on le comprendra, sans peine, chose essentielle pour des voitures destinées à rouler à travers champ, aussi n'est elle pas moindre de 1^m,43 et elle va jusqu'à 1^m,54. Pour cette même raison de stabilité on n'a pas trop élevé les tourillons au-dessus du sol : 1^m,20 est un maximum atteint dans le canon de 90 centimètres.

Enfin il est une condition à laquelle il est malheureusement difficile de satisfaire : c'est la légèreté. Le fer et surtout l'acier auraient permis d'obtenir ce desideratum, si la nécessité d'atteindre des vitesses initiales de plus en plus considérables n'avait pas accru d'autant la fatigue des affûts ; aussi sera-t-on obligé sous peu à prendre le dispositif anglais du canon de 12 livres à frein à glycérine, ou des dispositions analogues à celles des canons russes et italiens qui sont munis de tampons élastiques en liège bouilli.

Ce dernier mode de construction a permis de faire reculer l'affût sur son essieu et de placer au bout de l'affût une *bêche ou charrue* de crosse qui, s'enfonçant en terre sous l'action du recul, en a bien vite raison.

L'affût anglais, comme les similaires, répond à ce principe : faire porter la pièce par des bielles mobiles autour de l'essieu, puis fixer la culasse au piston d'un corps de pompe également mobile autour de l'essieu, en ajoutant à cela un dispositif destiné à ramener la pièce en batterie après le recul. Ce genre d'affût ainsi que les affûts Clavarino, Hotsckiss, Nordenfeldt, dérivent de l'affût Albini.

Un canon de campagne *tirant attelé*, a été proposé par le capitaine de cavalerie de Place.

Cet officier s'est dit avec juste raison que si on pouvait recueillir à la sortie de la pièce les gaz de la poudre en pleine vitesse et leur imposer un travail de sens contraire à celui du recul, on utiliserait ainsi une force qu'il est plus sage d'employer que de combattre directement, et que ce frein d'un nouveau genre, loin d'imposer une fatigue nouvelle à l'affût, comme le font tous les freins connus, permettrait au contraire d'employer des affûts très légers.

Des expériences faites sous le ministère du général Boulanger et par les soins du ministère de la marine avec l'appareil du capitaine de Place monté sur un canon de 80 n'ont laissé aucun doute à cet égard.

Voici en quelques mots le principe de cet appareil nouveau et les résultats qu'il a donnés.

La vitesse des gaz par la bouche du canon est beaucoup plus rapide que celle du projectile et leur écoulement, en faisant mouvoir le boulet dans un milieu plus rapide que lui, augmente sa vitesse d'une dizaine de mètres, mais cet effet utile est hors de proportion avec l'effet destructeur qu'il produit sur l'affût.

Si on empêchait cet écoulement on diminuerait la vitesse maximum du recul et on réduirait la fatigue de l'affût, mais si on obligeait les gaz à retourner vers l'arrière le calcul démontre que la vitesse maximum et la fatigue de l'affût seraient les mêmes que dans le cas précédent, mais que la vitesse finale serait beaucoup moindre.

L'auteur est donc arrivé à obtenir une diminution du recul à l'aide d'un appareil spécial, placé à la bouche du canon, appareil ne pouvant ni réduire la résistance de la pièce, ni modifier les conditions du mouvement du projectile dans l'âme.

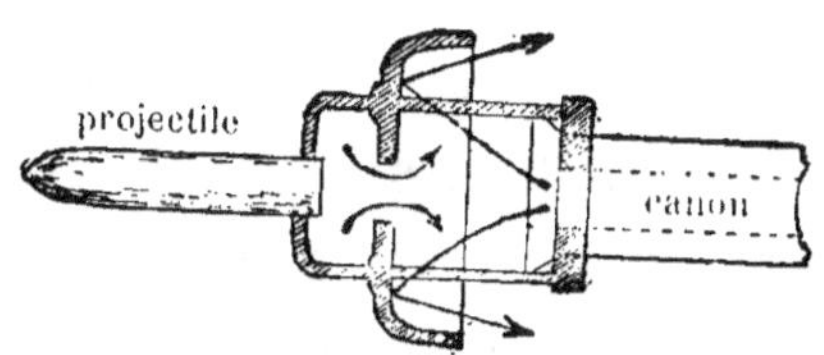

Fig. 12. — Schéma du frein à gaz.

Cet appareil consiste en une surface métallique placée à quelques centimètres de la bouche de la pièce et percée en son centre d'une ouverture au calibre de la pièce, ouverture destinée au passage du projectile.

Une chambre de compression ajoutée vers l'avant permet aux gaz qui ont devancé le boulet de s'y comprimer et de s'opposer ainsi au passage de la colonne gazeuse qui suit la route du projectile. Cette chambre est d'ailleurs de peu d'effet ; la colonne de gaz faisant de suite expansion au sortir de la bouche, il ne sort qu'une très petite quantité de gaz pour l'ouverture de sortie du projectile. Aussi l'a-t-on supprimé aux dernières expériences.

La figure 12 donne une idée du fonctionnement

de l'appareil muni de la chambre de compression.

Soustraire l'affût à l'action exercée d'avant en arrière par les gaz lorsqu'ils s'écoulent par la bouche du canon après le départ du projectile et contre-balancer en modifiant la direction de ces gaz une partie de la vitesse communiquée à l'affût pendant le trajet du projectile dans l'âme : tel est le but de l'appareil de Place.

Si on ne considère que le second de ces effets, l'appareil peut être comparé aux freins à vis, à frottement, funiculaires, pneumatiques ou hydrauliques ; il est moins puissant peut-être que quelques-uns d'entre eux, mais il est certainement plus simple et plus rustique ; c'est le seul qui ne demande ni entretien ni réglage.

Si on considère le premier effet, l'appareil est supérieur à tous les freins connus. Le frein ordinaire diminue l'étendue du recul en augmentant les résistances passives, d'où nécessité pour l'affût de résister à la fois à l'action du tir et à celle du frein. Le frein à gaz supprime une portion de l'action du tir, son emploi entraîne donc pour l'affût une fatigue inférieure, non seulement à celle qui lui serait imposée par le frein le plus doux, mais même à celle qu'il éprouverait dans le recul libre ; il permet, soit d'employer des canons plus légers sur les affûts existants, soit d'augmenter la puissance des canons sans modifier ces affûts, soit enfin d'amoindrir assez le recul pour pouvoir dans un moment critique tirer sans séparer les pièces de leur avant-train. On pourra pratiquer par exemple le tir en retraite avec la plus grande efficacité sans danger de perdre ses pièces qui, attelées, échapperont aisément à l'ennemi le plus entreprenant et changeront leurs positions de tir avec la plus grande facilité.

Le regretté général Treuïlle de Beaulieu avait, il y a déjà longtemps, pratiqué dans la volée d'une pièce des trous cylindriques inclinés sur l'axe du canon, de telle sorte que les gaz sortant par ces orifices prenaient une vitesse dirigée de l'avant vers l'arrière et exerçaient par suite une réaction vers l'avant qui avait pour conséquence une diminution de la vitesse du recul, mais aussi une diminution de vitesse initiale et par là même de portée.

L'appareil de Place du canon de 80 millimètres, affectant la disposition générale d'un parasol ou d'un champignon est constitué par une pièce en tôle d'acier de 8 millimètres d'épaisseur ayant la forme d'une calotte sphérique prolongée vers l'arrière par une partie cylindrique de $0^m,40$ de diamètre. Elle est reliée par trois forts boutons à un collier en fer forgé fixé sur l'avant de la volée du canon de 80 millimètres, en arrière du bourrelet. Ce collier embrasse deux demi-bagues entourant la volée, et sur lesquelles il est fixé à chaud. La distance de la calotte à la bouche est de 128 millimètres.

Cette calotte est percée en son centre d'un trou circulaire de 90 millimètres de diamètre, destiné à donner passage au projectile.

Tant que le projectile est dans l'âme du canon, la loi du développement de la vitesse du recul est la même que si l'appareil n'existait pas ; le projectile après sa sortie continue son mouvement en avant et traverse le trou ménagé dans le champignon.

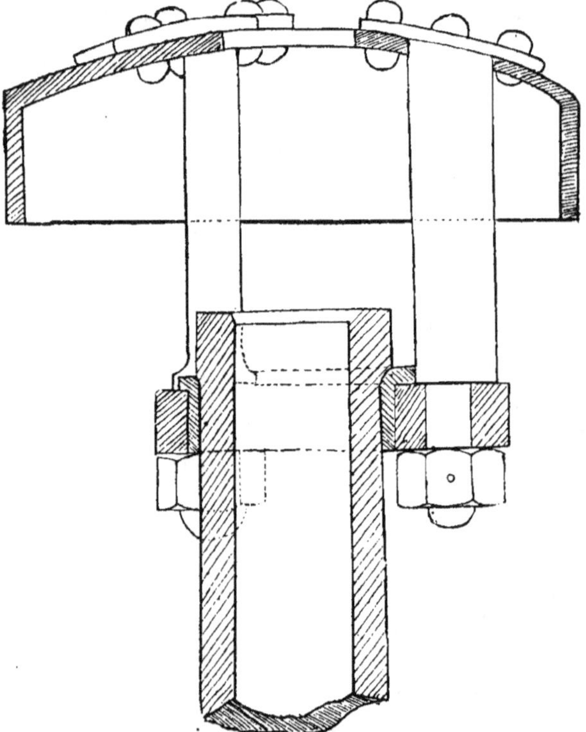

Fig. 13. — Coupe horizontale de l'appareil de 80 millimètres.

Les gaz de la poudre, dès la sortie de la bouche, constituent une veine qui prend une expansion latérale considérable. La partie centrale de la veine traverse le trou du champignon ; mais la partie latérale est arrêtée par ce dernier et les gaz sont réfléchis vers l'arrière avec une grande vitesse. Ils exercent ainsi une réaction sur le champignon et tendent à l'entraîner vers l'avant, ce qui produit une diminution notable dans la grandeur de la vitesse du recul.

La mesure des vitesses du recul prises au véloci-

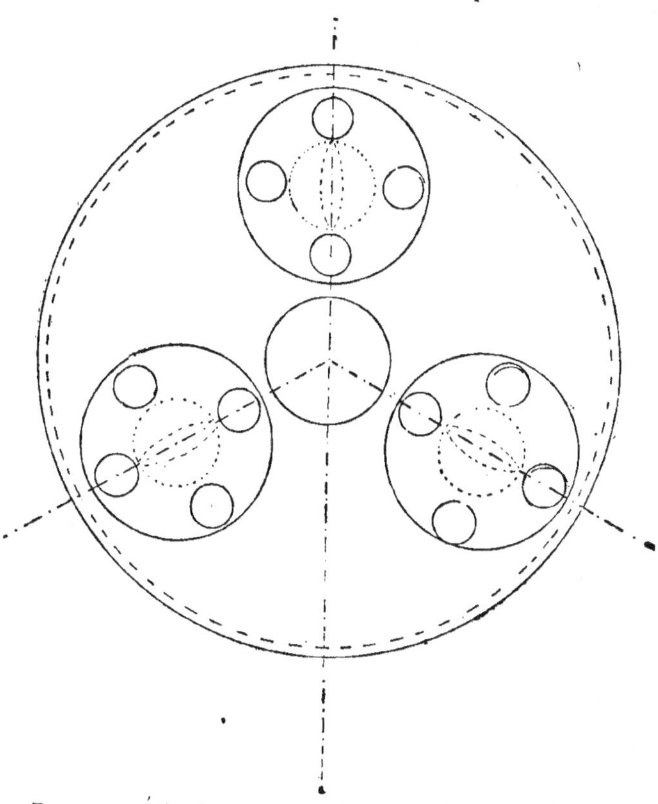

FIG. 14. — Élévation antérieure de l'appareil de 80 millimètres.

mètre à diapason ont montré que la vitesse du canon éprouvait pendant le recul une suite d'oscillations présentant un certain caractère d'isochronisme. Ces alternatives de croissance et de décroissance sont dues aux réactions élastiques des affûts de campagne.

Abstraction faite de ces oscillations, on a constaté

au télocimètre que sans l'appareil de bouche la vitesse se montre croissante jusqu'à un certain maximum qui se produit bien après que le projectile est sorti du canon. Ce maximum est de $4^m,10$ environ et est atteint après 40 millièmes de seconde.

Mais quand le frein à gaz est en place, on constate au vélocimètre que la vitesse se montre d'abord croissante, qu'elle atteint un certain maximum au moment où le projectile passe à la bouche de la pièce et qu'elle se montre de suite décroissante. Dans le cas qui nous occupe, ce maximum a été de $3^m,45$ environ et a été atteint après un temps inférieur à 10 millièmes de seconde. La vitesse du recul n'était plus que 2 mètres environ vers 30 ou 40 millièmes de seconde après la sortie du projectile.

On a tenu également à constater l'influence qu'exerce l'appareil sur les vitesses qui ont été en moyenne de 476 mètres sans l'appareil et de 481 mètres avec l'appareil, ce qui indique une augmentation de vitesse due probablement à l'action du gaz sur le culot du projectile au moment où il passe dans l'ouverture du frein à gaz.

La justesse ne peut également qu'être augmentée, le projectile se trouvant soustrait par le frein à gaz à l'action perturbatrice de la masse tourbillonnaire des gaz qui le dépasse quand l'appareil n'est pas en place.

L'effet des gaz ramenés en arrière est désagréable pour les servants ; on y remédiera facilement par un appareil à bords plus longs et plus rabattus qui rétré-

cira le cône des gaz en les rabattant sur la volée. Un
très léger parasouffle, formant en même temps para-
balle, sera placé vers la culasse, et ces diverses précautions rendront le service de la pièce très supportable
aux servants.

Cette disposition, appliquée aux canons à tir rapide,
permettra de tirer à l'épaule contre les torpilleurs des
canons d'un calibre supérieur à celui employé jusqu'à
présent.

Somme toute, les résultats moyens obtenus aux
essais plaident en faveur de pièces munies de l'appareil de Place, et l'affût de campagne tirant attelé proposé par cet officier deviendra tôt ou tard, lui ou un
similaire, le véritable affût de campagne.

Le recul d'une pièce de 80, munie de ses sabots
d'enrayage mais sans le frein à gaz, a été en moyenne
de $1^m,54$, tandis qu'avec le frein à gaz en place le recul
moyen n'a plus été que $0^m,40$; recul bien facile à laisser
passer sur une flèche d'attelage spéciale.

Appareils de pointage. — Dans les affûts il existe une
partie des plus importantes, c'est l'appareil de pointage,
mécanisme permettant de diriger la pièce suivant un
angle tel qu'on atteigne le but. Ces appareils sont multiples : presque tous ils dérivent de la vis simple ou
double, ou mobile remontant et descendant dans un
écrou, ou fixe entraînant son écrou vers le bas ou vers
le haut, ledit écrou étant relié à la culasse de la pièce.

Souvent aussi, surtout dans les pièces de siège, on

trouve un arc denté fixé par un frein pour la stabilité dans la position de tir.

Dans le cas des pièces de siège on recherche surtout un appareil qui amène rapidement la pièce à la position du chargement qui est l'horizontalité parfaite, étant donné le poids considérable du projectile à introduire dans la chambre.

Les affûts des mortiers, qui doivent donner le tir sous de grands angles, doivent être très solidement construits parce que les réactions ou percussions qu'ils supportent sont d'autant plus violentes que les mortiers sont très légers, et tirent sous un angle très ouvert des projectiles d'un poids considérable.

Les affûts des mortiers lisses sont d'une extrême simplicité, mais les affûts des mortiers rayés présentent certaines dispositions plus compliquées permettant de soulever et rouler l'affût et de charger la pièce plus facilement. Les affûts des mortiers français et celui du canon de 155 court sont en *col de cygne*, ce qui permet de diminuer le poids des flasques en supprimant une grande quantité de matière tout, en leur donnant une élasticité relative. Ces affûts travaillent donc par flexion, au contraire des affûts qui travaillent par compression. Leur principe est défectueux en ce sens qu'on enlève du métal à l'affût justement où il lui en faudrait le plus. En outre, ces affûts sont encombrants.

Le système de pointage des mortiers doit être, on

le comprend, des plus solides et doit permettre de plus le passage rapide d'un pointage à un autre.

Les mortiers étrangers ont, ou des vis, ou des arcs dentés. En France, on a trouvé mieux en supprimant absolument tout système de pointage. La pièce est en équilibre sur ses tourillons, on l'amène avec les mains soit à la position de tir, soit à la position de chargement, et on l'y fixe par le serrage d'une vis de pression traversant les sus-bandes et fixant les tourillons.

Les affûts destinés aux très lourdes pièces qui arment les places fortes et les côtes sont quelquefois sur roues, mais le plus souvent à *châssis*.

Le 155 et le 120, qui munissent nos forts de l'Est, sont montés sur roues et reposent sur de hauts affûts dont le recul est limité par des freins à glycérine.

Les pièces de *côte*, au contraire, très lourdes et très élevées, ne pourraient pas être tirées sur roues, aussi leur a-t-on conservé l'ancien affût à châssis. Le châssis est une sorte de cadre métallique pivotant autour d'un point fixe situé au centre ou à l'avant, et supportant l'affût proprement dit. Cet affût est d'ailleurs fort simple, analogue la plupart du temps aux affûts de mortier, très souvent en fer, allégé par des évidements.

L'affût repose par des roulettes sur les deux poutres parallèles en fer spécial, en U ou en T, qui compose le châssis. Ces poutres sont inclinées d'arrière en avant pour limiter le recul et faciliter la remise en batterie de la pièce.

La position du pivot autour duquel tourne le châssis n'est pas indifférente. Le pivot antérieur rapproche la pièce de l'épaulement, mais restreint son champ de tir qui n'est plus guère que de 90°, tandis que le pivot central assure à la pièce un champ de tir considérable et lui permet de commander tous les points de l'horizon. La pièce est moins bien couverte, à moins qu'on ne brise l'épaulement ou qu'on ne lui donne une forme circulaire.

Les affûts dont nous venons de parler sont tous munis de marchepieds pour que les hommes puissent faire le service, et de grues pour amener les projectiles à leur position de chargement.

Les chocs pendant le tir et au retour en batterie sont évités par des ressorts et des tampons élastiques, par des ressorts Belleville, par exemple, faits de coupelles d'acier accolées.

Il nous reste à dire quelques mots des affûts spéciaux nécessités par certains tirs, comme le tir dans les casemates. On comprend, en effet, que la volée de la pièce étant souvent très relevée dans le tir sous les grands angles, il faudrait, avec des affûts ordinaires, donner une hauteur très considérable à l'embrasure pour permettre le recul. Cette hauteur de l'embrasure constituerait une faiblesse pour l'ouvrage et permettrait trop facilement, avec le tir actuel si précis, de faire des coups d'embrasure.

Certains affûts remédient à cet inconvénient en rapprochant les tourillons du mur de la casemate, d'autres en abaissant la volée à mesure que la pièce recule, d'autres enfin en soutenant les tourillons par des tiges de presses hydrauliques pour le placer à diverses hauteurs suivant l'angle de tir.

Nos affûts de tourelle sont dits affûts *a minima* et remplissent les conditions imposées à un bon affût de casemate; on fait pour cela supporter leurs tourillons par des pistons hydrauliques et tourillonner leur volée autour d'une axe fictif situé près de l'embrasure.

Nous signalerons aussi les affûts articulés des systèmes Albini et Krupp, qui sont en usage à l'étranger, et l'affût articulé du canon de 120 dû au très savant commandant Locard, directeur de la fonderie de Bourges. Ces affûts, que nous ne voulons pas décrire techniquement, comportent tous soit un, soit deux freins hydrauliques; absorbant les efforts dus au tir; les efforts horizontaux restants sont annulés par le pivot de la plate-forme ou du châssis.

Il convient de signaler encore une tentative faite par Krupp qui a essayé de solidariser la pièce et la muraille de la casemate. Cet inventeur a muni la volée d'un canon d'une sphère percée pour livrer passage au boulet et prise dans la muraille comme le genou d'un support à coquille. Le recul est nul et le pointage de la pièce se fait à travers l'âme. Les essais faits il y a déjà longtemps ont fourni, paraît-il, des résultats satisfaisants sans que pourtant on semble avoir donné suite à ce projet.

Il est juste de réclamer la priorité de cette disposi-

tion pour un de nos compatriotes, le lieutenant de
vaisseau de Montgery, qui la préconisait dès 1823
pour l'armement d'un bateau submersible de son in-
vention. La figure 15 donne l'idée exacte du mode de
construction employé par Montgery.

Nil novum sub sole ; ce neuvième verset de *l'Ecclé-
siaste* s'applique aussi aux fabricants de canons.

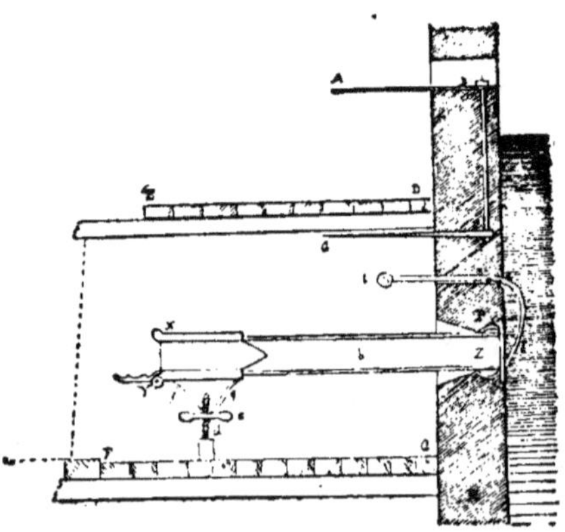

F.G. 15. — Mode de construction employé par Montgery : *b*, est le
canon pris par sa volée dans une sphère Z logée dans une sphère
creuse P encastrée dans la paroi du navire. Une vis de pointage *d*
permet de pointer le canon en hauteur; cette vis est supportée par
une roulette qui donne le pointage en direction et permet de donner
à la pièce toutes les positions indiquées par une tige CG solidaire
du viseur A B, au moyen d'une tige B *c* noyée dans la paroi.

Les *affûts à éclipses* viennent terminer cette rapide revue des affûts spéciaux. Ces affûts consistent
à diriger le recul de la pièce et de la faire descendre le
long de son affût de manière qu'elle vienne occuper
une position assez basse pour être chargée, étant
complètement soustraite aux vues de l'ennemi.

On peut utiliser ce recul soit en lui faisant soulever un énorme contre-poids qui plus tard ramènera la pièce en batterie par sa descente, soit en lui faisant comprimer de l'air ou des ressorts qui en se détendant reconduiront encore la pièce à sa position de tir.

Ces affûts sont excellents, protègent admirablement le matériel, et remplacent avantageusement les casemates. Nous en parlerons en détail plus loin.

On cite le fait d'une pièce égyptienne montée sur affût à éclipse, qui seule est restée intacte pendant le bombardement d'Alexandrie par la flotte anglaise.

Frein. — Ne quittons pas cette question des affûts sans dire un mot des freins employés pour limiter le recul et par là même faciliter le service de la pièce en lui permettant d'occuper un bien moindre espace sur les banquettes réservées à l'artillerie dans les forts.

Il est bien évident qu'on ne peut pas agir de la même façon quand on possède un point fixe pour y fixer le frein, que lorsqu'on n'en possède pas. Les difficultés sont considérables dans le second cas.

Quand on dispose d'un point fixe comme dans les plates-formes à pivot, on se sert de ce point pour annuler la composante horizontale produite par le frottement de l'affût sur le châssis, et bien qu'on ait incliné celui-ci pour limiter le recul, il a fallu augmenter l'action de cette pente à remonter par l'emploi de freins à mâchoires, à lames ou hydrauliques.

Le *frein à mâchoire* n'a pas une grande puissance, il

est formé de deux mâchoires portées par l'affût et serrée sur le chassis par une vis de pression.

Le *frein à lames* est composé d'une série de lames métalliques parallèles à l'axe de la pièce et placées sous l'affût; ces lames s'encastrent dans d'autres lames portées par le châssis, et toutes ces lames frottant les unes contre les autres au moment du recul, le diminuent d'autant plus qu'on les a serrées d'avance les unes contre les autres au moyen d'une vis de pression.

Ce frein peut être rendu automatique et se serrer de lui-même au départ du coup. On lui reproche son inégalité et souvent sa brutalité d'action à cause de son réglage qui est délicat ; il ralentit aussi sensiblement le service de la pièce.

Le *frein hydraulique* ou *frein Montgolfier* tend à se généraliser et à remplacer tous les autres eu égard à ses excellentes qualités, à sa régularité et à sa puissance d'action.

Ce frein est fondé sur la résistance considérable qu'offre un liquide quand on veut le faire passer à *grande vitesse* par un orifice étroit.

Ces orifices sont des trous pratiqués dans le piston ou des rainures d'inégales longueurs creusées dans les parois des cylindres.

Tantôt c'est la tige du piston qui est fixée à l'affût tandis que le cylindre est rattaché à la plate-forme, tantôt l'inverse a lieu. Le calcul des orifices d'écoulement permet de graduer d'une façon précise la résis-

tance de ce frein. Le retour en batterie se fait avec la
plus grande facilité, la glycérine qui remplit le cylindre repassant sans difficulté *à petite vitesse* par les
orifices d'écoulement.

Dans les affûts de campagne on ne possède pas de
point fixe pour y rattacher le frein et on comprend
très bien que la résistance au recul varie sans cesse
avec le terrain si variable dont elle est fonction.

Les principaux freins employés sont les *enrayures*,
les *sabots d'enrayage*, les *freins à patin*. les *freins à
moyeu*, et comme dérivés de ceux-ci les *freins funiculaires*, dont l'emploi tend à se généraliser.

Les *enrayures* qui ralentissent la manœuvre à cause
du décrochage à opérer pour remettre la pièce en batterie, ne sont plus guère employées que pour les pièces
de montagne, à cause de leur faible poids et de l'énergie de leur action. Elles consistent en deux cordes ac-
crochées d'une part à l'affût et d'autre part aux
jantes des roues.

Les *sabots d'enrayage* sont les freins qui étaient employés en France et auxquels on va substituer le *frein
Lemoine* décrit plus loin.

Les sabots, que tout le monde connaît, donnent une
résistance très énergique, mais ils sont longs à disposer,
imposent une énorme fatigue au matériel, sont très
lourds et leur réaction sur la crosse fait que celle-ci
s'enfonce et rend le pointage en direction difficile.

Les *freins à patin* sont analogues aux freins dits
mécanique dont sont pourvues toutes les voitures.

Ce frein est un peu énergique et nécessite un continuel desserrage pour remettre en batterie. C'est le frein employé à l'étranger.

Les *freins à moyeu* s'appliquent aux moyeux des roues, ainsi que leur nom l'indique. Ils ont l'inconvénient de tordre les rais, mais sont énergiques et de peu de poids. Notre affût de montagne a un frein de moyeu des plus simples, consistant en un écrou muni d'une oreille. Cette oreille permet de serrer et de caler le moyeu de la roue.

Ce frein serait insuffisant pour l'artillerie de campagne et de plus donnerait des serrages intempestifs : aussi l'artillerie française vient-elle d'adopter, pour enrayer ses pièces en route et en diminuer le recul pendant le tir, un *frein funiculaire* dû à M. le commandant Lemoine.

Ce frein, employé également par les omnibus à trois chevaux de Paris, n'est pas nouveau comme principe, et antérieurement on avait essayé d'enrayer les véhicules au moyen d'une corde entourant le moyeu. Ce qui fait le mérite du nouveau frein, c'est le parfait agencement de ses pièces, l'adjonction d'un frein à patin solidaire du frein funiculaire, et, aussi, une très heureuse application de l'inertie qui rend l'action du frein automatique pendant le tir, et le serre avec d'autant plus d'énergie que le recul est plus violent.

Le frein se compose d'une corde conique de 15 millimètres de diamètre au petit bout et de 35 millimètres

au gros bout (fig 16). Cette corde est enroulée trois
fois autour du moyeu. Le gros bout est fixé au coude
d'une pièce de fer.

Cette pièce fait tirant et est reliée par un boulon
à des tiges formant *volet*, pouvant pivoter et ayant

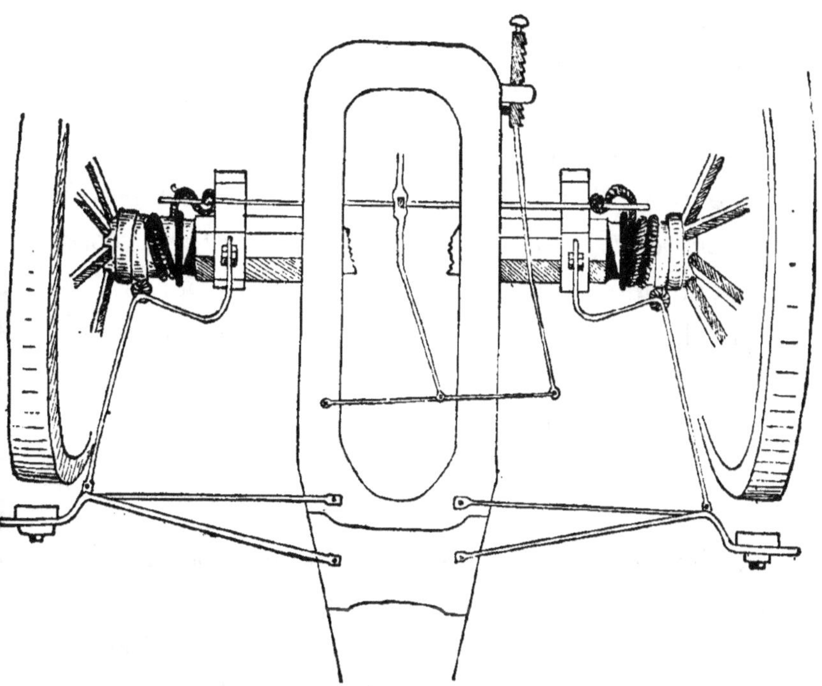

FIG. 16. — Frein funiculaire du commandant Lemoine.

tendance à s'écarter de la jante, les deux points
de pivotement n'étant pas sur une même perpendiculaire.

Le volet coudé supporte le patin applicable sur la
jante.

La branche de la pièce de fer se recourbe de manière
à entrer dans une boîte, où sa position est réglée

par deux écrous, serrés de telle sorte que la position du patin soit fixée à 2 ou 3 centimètres de la bande de la roue.

Le petit bout de la corde est relié à un ressort plat. Ce bout passe dans les trois trous percés dans l'extrémité du ressort et le brin libre repassant dans la seconde boucle se trouve fortement serré. Ce mode de liaison assure la rapidité dans l'attache de la corde au ressort et aussi un serrage invariable.

Voyons maintenant quel est le fonctionnement de ce frein, en tenant compte de ce principe que, la corde étant enroulée autour du moyeu, celui-ci tourne librement dans ses spires, et que le frein n'agit pas ; et que, si la corde est *serrée* autour du moyeu, même avec un faible effort, appliqué au petit bout, le moyeu continuant à tourner, entraîne la corde qui agit sur le tirant et serre le patin contre la roue.

Si les dents de la crémaillère sont en arrière de la boîte, le système amène le ressort plat vers l'arrière, la corde n'est pas serrée sur le moyeu et le frein est *désarmé*. Si les dents sont dans la boîte, le ressort plat R tire sur le petit bout de la corde et le frein est *armé*.

Au moment du tir le *frein étant armé* le mouvement de recul fait tourner la roue et le patin s'applique progressivement contre la bande pour arrêter le mouvement.

Le desserrage se fait seul au moment où les servants, portant la pièce en avant après le recul, impriment au moyeu une rotation inverse qui déroule la corde.

Le frein peut ne pas être armé avant le tir et cependant, dans ce cas, le serrage se fait automatiquement. Au moment du tir, en effet, la pièce recule, et la crémaillère, en vertu de son inertie, se porte brusquement en avant; le ressort à boudin l'applique contre les dents intérieures de la boîte et l'empêche de se déclancher; le frein est donc armé.

Dans le modèle adopté pour les omnibus, le contact entre le moyeu et la corde n'est pas direct, mais a lieu par l'intermédiaire de petites pièces de bois dur enfilées sur la corde dont l'usure est ainsi évitée. Il se produit en effet, au serrage, une chaleur assez considérable pour mettre rapidement la corde hors de service quand elle porte directement sur le moyeu.

Un couvre-corde en cuir protège la corde contre la pluie et la boue.

Ce frein est extrêmement solide et ne peut être dérangé par les chocs les plus violents. Il est intéressant, tant par ses effets que par une très heureuse et très élégante application de l'inertie.

Nous compléterons cette étude du matériel roulant par la description des coffres de munitions.

Coffres de munitions. — On appelle coffres de munitions les caisses rectangulaires qui contiennent les projectiles, et caissons les voitures qui portent ces coffres.

Ces coffres doivent présenter comme construction assez de solidité pour ne pas se déformer sous les pressions intérieures et extérieures qu'ils peuvent avoir à subir ; ils doivent avoir une assez grande légèreté pour ne pas introduire trop de poids mort dans les voitures et doivent présenter en même temps toutes les garanties désirables contre l'humidité.

Au point de vue du service, les coffres doivent réunir les conditions suivantes : être d'un placement facile sur les caissons, permettre de prendre et de replacer facilement les projectiles qu'ils contiennent et en empêcher le ballottement dans les cahots de la route ; toutes conditions primordiales, on le comprend sans peine.

Si nous nous plaçons à un autre point de vue, les coffres doivent pouvoir servir à transporter les sacs des servants et les servants eux-mêmes, et c'est une chose assez importante à laquelle la rapidité du mouvement de l'artillerie est subordonnée.

Avant 1859, le transport du personnel servant la batterie était assuré par la batterie elle-même qui avait trente voitures et pouvait de la sorte transporter 136 hommes en en mettant trois sur chaque coffre. Or, à cette époque, il n'y avait que 120 hommes à pied par batterie.

Quand on a adopté le canon rayé, il y eut une réduction dans la composition de la batterie. Cette réduction porta sur le personnel monté, mais il y eut moins de place sur les coffres qui ne pouvaient plus transporter que quatre-vingt-seize hommes ; or, l'effectif à pied était de cent quatre hommes. Cela venait de ce qu'on avait allongé les voitures et diminué la longueur des coffres. Malheureusement, en campagne, ce qui diminue dans une notable proportion, ce sont les attelages, tandis que les hommes à placer sur les voitures augmentent en nombre.

Après 1867, la batterie n'eut plus que dix-huit voitures et il n'y eut plus moyen de placer les hommes sur les coffres. Le personnel combattant pouvait cependant être transporté, car il y avait six pièces et six caissons sur le champ de bataille, mais la réserve comptait alors un grand nombre d'hommes à pied, elle se retrouvait forcément retardée et par suite séparée de la portion centrale.

Après 1870, avec les canons d'une grande justesse et d'une grande portée, la batterie de combat n'eut plus que huit voitures, les autres restant abritées.

Dans ces conditions, les six pièces et les deux caissons pouvaient encore transporter cinq servants par pièce, chaque coffre étant de l'ancien modèle à trois places. Depuis, on emprunta aux Prussiens et aux Anglais la disposition consistant à placer deux coffrets-sièges entre la pièce et ses roues, ce qui fut fait pour les pièces de 5 et de 7. La batterie put donc transporter cinq servants par pièce. Avec cette disposition, on avait l'avantage de pouvoir amener dans une position quelconque, pour peu de temps, les pièces seules sur leur avant-train. Les chefs de pièces faisaient alors l'office de sixième servant.

La solution semblait donc trouvée quand tout fut remis en question par l'adoption du matériel en acier.

Il fallut en effet augmenter la force des affûts, et on ne pouvait pas y laisser subsister les deux coffrets-sièges sans augmenter beaucoup le poids de l'affût. La suppression des coffrets laissa donc douze servants à pied, ce qui entraîna l'adoption d'un troisième caisson pour la batterie de combat. De cette façon, on eut six servants par pièce.

La question du transport des sacs et des servants sur les coffres est une question très controversée.

En admettant le transport des sacs, la seule raison à donner de l'utilité de ce transport est qu'elle soulage les hommes et qu'au moment du service de la pièce, on les trouve plus libres et plus dispos. Aujourd'hui, la batterie a neuf caissons et, de cette manière, elle peut porter les sacs de ses servants sur six caissons; les trois autres caissons, libres de toute charge sur leur couvercle, suivent les six pièces sur le champ de bataille. Cela est fort beau pour les premiers moments de la bataille; mais quand ces caissons seront épuisés ils seront remplacés par trois caissons qu'on devra débarrasser de leurs sacs. Où placera-t-on alors ces sacs? Sur les caissons vides, mais ceux-ci vont à la réserve s'approvisionner, et il y a grande chance pour que les sacs soient perdus dans tous ces changements.

Ce qui est réglementaire, c'est que les servants prennent le sac au dos au moment de servir la pièce, ou le laissent à leurs pieds pour le reprendre au moment du départ. Il faut admettre que de cette manière, dans le trouble qui résulte d'une action un peu vive, il y aura encore des sacs perdus.

Certains officiers pensent qu'il vaudrait mieux que les hommes portassent le sac comme dans l'infanterie, quitte à les faire monter de temps en temps sur les coffres.

Enfin un coffre s'ouvrant par derrière, longtemps à l'étude, a été adopté. De cette façon, les sacs restent bien sur les coffres, mais les caissons étant tantôt à un endroit, tantôt à l'autre, il pourra se faire que les hommes n'aient pas leurs sacs le soir.

En Belgique, le sous-verge est disposé de manière à être monté et par conséquent à recevoir un paquetage. Cette disposition a l'avantage de ne donner qu'une espèce d'hommes dans la batterie, de sorte que tous les hommes recevant la même instruction, sont aptes à se suppléer.

Une autre solution consisterait à se servir des chevaux de selle comme chevaux de trait. Les chefs de pièce et de caisson tireraient de la sorte et régleraient bien mieux l'allure qu'ils ne peuvent le faire, montés qu'ils sont sur des chevaux qui ne tirent pas.

Il existe un caisson nouveau modèle, de 90 millimètres, contenant 25 coups à obus par coffre, et pesant 2100 kilogrammes. Le caisson de 80 millimètres pèse 1700 kilogrammes, pour transporter 1720 kilogrammes de munition.

Coffre des pièces de 90. — Le coffre de 90 est le coffre modèle 1840 allongé. Il contient 28 coups.

C'est une caisse rectangulaire plus longue que large. Ce qui empêche d'augmenter la longueur du coffre, c'est la largeur de la voie. Ce qui empêche d'augmenter sa hauteur, c'est qu'il aurait *tendance au renversement.* La largeur non plus ne peut être augmentée, car le coffre doit se tenir en équilibre sur l'essieu, et cet équilibre serait rompu si on augmentait la largeur soit en avant, soit en arrière. En avant, le timon tendrait à s'abaisser sur le sol; en arrière, le coffre recouvrirait trop la cheville ouvrière et rendrait l'accrochage de la pièce difficile.

Organisation intérieure. — L'intérieur du coffre de 90 est séparé en trois cases transversales au moyen de deux cloisons.

La *case du milieu* contient 28 gargousses enveloppées chacune dans un morceau de papier dur, pour pouvoir les retirer et les replacer plus facilement, le papier glissant mieux sur le papier que la toile sur la toile. Elles sont debout sur le fond du coffre qui est muni de tasseaux formant logement pour le culot de chaque gargousse, qui de plus repose sur une rondelle de feutre formant amortissement aux cahots de la route. Au-dessus des gargousses vient s'appliquer une planche de pression recouverte de *basane,* sous laquelle on peut introduire de l'étoupe pour donner le serrage voulu.

Les *cases de droite et de gauche* contiennent les projectiles. Il y en a 14 de chaque côté, et ils sont disposés sur deux couches. La couche inférieure est formée de 11 obus sur le culot, reposant sur le fond du casier muni de tasseaux, qui forment logement pour chaque projectile. Au-dessus se trouve un couvre-obus, planche qui porte en dessous onze trous tronconiques emboîtant les fusées des obus. La partie supérieure du couvre-obus est munie de demi-tasseaux entre lesquels reposent les trois obus de la couche supérieure. Le couvercle du coffre porte des demi-tasseaux semblables à ceux du couvre-obus, tasseaux qui achèvent d'emboîter les projectiles.

Le *coffre d'avant-train* d'affût a dans son chargement une petite modification. Le projectile du milieu de la couche supérieure est remplacé par une *boîte à mitraille* appuyée le long du derrière du coffre.

Dans la *case aux projectiles* se trouvent contre le derrière du coffre les râteliers à outils formés par deux petites planches.

Les *râteliers d'outils* du coffre d'avant-train d'affût contiennent, celui de gauche :

Un couteau, une clef à fusée, un repoussoir en bronze, un chasse-goupille, un marteau ;

Celui de droite : une clef universelle, une lime barette, un manche de lime, un dégorgeoir, une hausse.

Les râteliers d'outils du coffre d'avant-train de caisson contiennent :

Celui de gauche : une clef à fusée ;

Celui de droite : un dégorgeoir, une hausse.

Il n'y a pas de râteliers d'outils dans les coffres d'arrière-train de caisson.

La clef à fusée est en acier doux; elle sert à dévisser et à revisser les fusées des projectiles.

Le repoussoir sert à repousser les pivots; il est en bronze pour ne pas mutiler les pièces sur lesquelles on l'emploie.

Le chasse-goupille est en acier trempé et recuit; il présente une pointe d'environ 3 millimètres de diamètre et une partie hexagonale d'environ 12 millimètres.

La clef universelle sert à dévisser les écrous, de quelque grosseur qu'ils soient.

Dégorgeoirs. — Il y a quatre sortes de dégorgeoirs. Le dégorgeoir ordinaire, lame de 3 millim. 1/2 de diamètre, en acier trempé recuit; il a à l'une de ses extrémités une pointe et à l'autre une soie.

Le dégorgeoir à vrille est semblable au précédent, mais dans l'une des extrémités présente une vrille.

Le dégorgeoir simple, c'est le dégorgeoir ordinaire sans manche, l'un des bouts recourbé en boucle en tient lieu.

Le dégorgeoir à pince, qui a la forme d'une pince de treillageur, et sert pour les fusées S.

Dans la case aux charges se trouve aussi une sorte de râteliers d'outils; c'est la case aux étoupes, elle est placée sur le devant du coffre. On peut y placer 500 grammes d'étoupes. Au-dessus, est placée une petite boîte contenant quatre paquets de dix étoupilles et dix lanières, servant à maintenir les esses des roues.

Dans le coffre d'avant-train d'affût, tout l'espace est rempli par une caisse mobile pouvant contenir 150 grammes d'étoupes. Au-dessus, un compartiment doublé de cuir contient un obturateur de rechange.

Enfin, à la partie supérieure, les quatre paquets de dix étoupilles et les dix lanières.

Coffres des pièces de 80 millimètres. — Les coffres sont du modèle 1858 allongé. Ils contiennent trois cases comme ceux de 90. La case du milieu contient 32 gargousses, ce qui peut sembler étonnant puisqu'il n'y a que 30 projectiles. Cela vient de ce que le coffre a été adopté avant que le matériel tout entier le fût, et à un moment donné les affûts portaient dans une cavité spéciale deux boîtes à mitraille qui sont sur les essieux maintenant.

Les *cases à projectiles* contiennent chacune 15 projectiles et leur organisation est différente de celle des coffres de 90. Les projectiles sont encore sur deux couches, mais l'inférieure est composée de quatre projectiles couchés dans le sens de la longueur du coffre ; ils sont alternés comme sens et reposent sur des demi-tasseaux évidés. Au-dessus de cette couche, un porte-obus ; il se compose d'une planche, qui, portant les demi-tasseaux à sa partie inférieure, emboîte les quatre projectiles de la couche de dessous, elle porte sur sa partie supérieure des tasseaux formant logement pour les onze projectiles de la couche supérieure. Les râteliers d'outils sont garnis de la même façon que ceux des coffres de 90 millimètres. La hausse de rechange est dans la case aux étoupes de la case aux charges.

Distributions des munitions. — Quand il s'agit de se servir des munitions, on commence par les gargousses du milieu.

Pour les projectiles on prend successivement à droite et à gauche, et on ne doit jamais se remettre en mouvement après avoir tiré sans que la case supérieure soit suffisamment chargée pour empêcher le ballottement des projectiles de la couche inférieure. Cette règle fait que dans les coffres de 90, on est obligé au bout de très peu de temps de prendre en dessous des projectiles pour charger la base supérieure, ce qui est un inconvénient.

Dans les coffres de 80, on prend dans la case supérieure de gauche, jusqu'à ce qu'il n'y ait plus que quatre projectiles des coins, puis on passe à la case supérieure de droite qu'on épuise tout entière, ainsi que la case inférieure, avant de revenir à la case supérieure de gauche. Les coffres de 80 sont d'un usage plus commode que ceux de 90.

On vient enfin d'adopter pour les pièces de 90 un coffre dit *coffre à tiroir*, qui présente sur les anciens coffres l'avantage d'un service plus rapide et aussi permet de placer les sacs des servants sur le coffre sans être obligé de les déranger pendant le tir.

Dans les coffres à tiroir le panneau arrière du caisson se rabat et laisse à découvert les différents compartiments renfermant les charges et les projectiles.

Nous ferons seulement remarquer que suivant une organisation très récente un des porte-charge (celui qui est un plus à gauche) est supprimé et remplacé par trois obus à mélinite qui, ayant comme on le sait 7 calibres de longueur, ont besoin pour se loger de toute la hauteur du coffre.

Pour en finir avec les voitures de campagne, disons qu'il serait à désirer qu'on interposât entre les coffres et les essieux des ressorts diminuant la fatigue au passage des fossés et assurant une meilleure conservation du matériel. Dans l'espèce, les ressorts en caoutchouc sous forme de rondelle ou de boudin, semblent être les plus convenables. Les Russes seuls jusqu'à présent se sont servis de ces ressorts pour l'artillerie de campagne. Les Italiens ont essayé des accrochages élastiques de la pièce au caisson ; dans d'autres puissances on a placés des rondelles élastiques sous les sièges des servants. La chose est importante, car par ces procédés on peut arriver à alléger les coffres, et il est bon de se rappeler qu'un allégement de 10 kilogrammes apporté à un caisson fait gagner un coup à la pièce.

Il est enfin très utile de réduire autant que possible le poids mort pour ne pas fatiguer les attelages et surtout pour ne pas être obligé d'augmenter indéfiniment le nombre des chevaux dans le collier. On sait en effet que *proportionnellement* un attelage de quatre chevaux traîne plus de poids qu'un attelage de six ou de huit chevaux.

CHAPITRE III

PROJECTILES ACTUELS

Aujourd'hui que partout le service militaire personnel est devenu obligatoire, il est du devoir de chacun de connaître les projectiles en usage. C'est dans cette pensée que nous donnons ici quelques renseignements sur les projectiles lancés par les bouches à feu actuelles.

Si nous partons de ce principe vrai que plus un projectile est lourd, mieux il conserve sa vitesse dans l'air, nous verrons de suite que l'ancien boulet sphérique a été abandonné, parce qu'on ne pouvait lui conserver sa vitesse qu'à la condition de l'alourdir, c'est-à-dire d'augmenter son diamètre, ce qui aurait conduit à des bouches à feu dignes de cette *Columbiad* légendaire de l'amusant *Voyage à la Lune*.

Deux règles président à la fabrication des projectiles et à la forme qu'il convient de leur donner :

1° Il faut qu'ils aient une forme qui les place dans

les meilleures conditions possibles, tant dans l'âme de
la pièce que dans l'air;

2° Il faut élever autant que possible leur puissance
d'action contre les obstacles à détruire.

Le projectile allongé, contrairement au projectile
rond, à le grand avantage de pouvoir être augmenté
de poids sans augmenter de diamètre, le poids se
répartissant sur l'allongement; mais il faut d'un autre
côté parer à cet inconvénient qu'il a de se renverser
sur sa trajectoire, et d'offrir ainsi une surface donnant
trop de prise à la résistance de l'air. On comprendra
facilement cet effet, si on se rappelle quel sifflement
intense une pierre oblongue fait entendre, quand,
lancée d'une main vigoureuse, elle chemine en culbu-
tant dans l'air. On allait renoncer à employer, à cause
de ce défaut, le projectile allongé, quand le général
Treuille de Baulieu eut l'idée de pratiquer dans l'âme
de la pièce des rainures, nommées *rayures*, qui, donnant au projectile un mouvement de rotation autour
de son axe, le force à se tenir couché sur sa trajectoire.

Le premier système employé fut celui des *ailettes*
(fig. 17). Les pièces se chargeaient alors par la bouche, et il fallait engager les ailettes dans les rayures.
On comprend sans peine qu'il fallait laisser un certain
jeu ou *vent* entre le projectile et la pièce, sous peine
de ne pouvoir enfoncer le premier au fond de la
seconde; mais ce défaut était en partie atténué par
une disposition spéciale des rayures dont les deux
flancs n'avaient pas le même profil. De plus une des

rayures, celle du bas, dite *rayure n° 1*, forçait par une taille spéciale de son extrémité dans l'âme de la pièce, forçait, disons-nous, le projectile à se centrer dans le tube d'une manière exacte. De cette façon, au moment de la déflagration des gaz de la poudre, aucun heurt

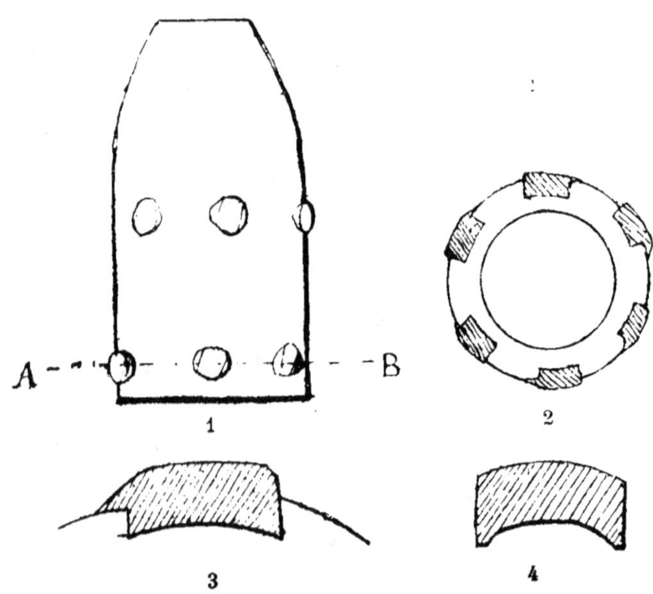

Fig. 17. — 1, Obus à ailettes. 2, Coupe d'un obus à ailettes. 3, Ailette avant la pose. 4, Ailette posée.

du projectile ne pouvait se produire sur les parois de la pièce, qui eussent été promptement dégradées dans le cas de chocs répétés.

Ce sont ces projectiles qui ont fait la campagne d'Italie, *virtute duce, comite fortuna*. Nous les avions encore en 1870, sans doute avec le même courage, mais la fortune ne nous suivait plus.

Le chargement par la bouche abandonné, on lui

substitua le chargement par la culasse, et le projectile dut se conformer à la transformation. Plus ne fut besoin de *vent*, et comme il était nuisible. on chercha à le supprimer en garnissant le projectile d'une *chemise*

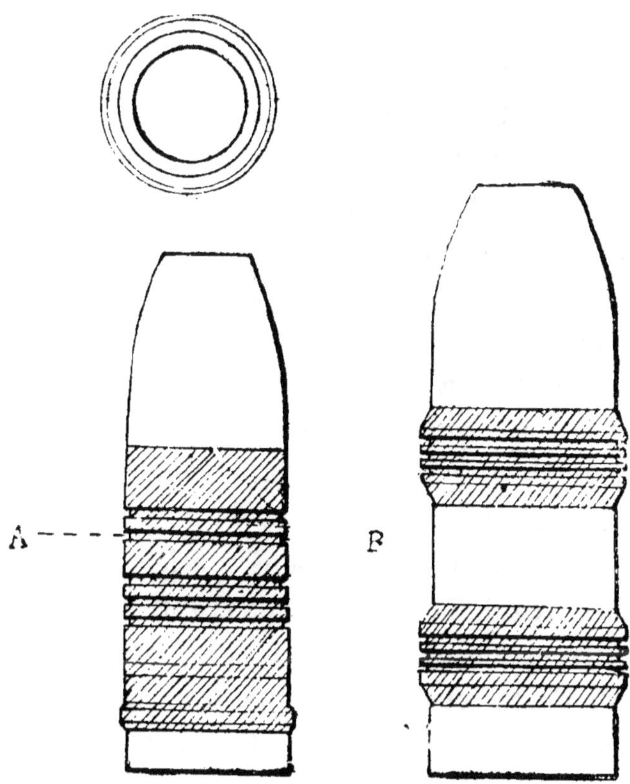

Fig. 18. — Obus en planche de Reffye.

de plomb, tantôt d'une manière continue comme dans les projectiles des *canons de 5* du colonel DE REFFYE. tantôt d'une manière discontinue sous forme de deux ceintures, comme dans les projectiles de la *pièce de 7* du même colonel (fig. 18).

Cette chemise, pénétrant dans les rayures, force

l'obus à tourner et pour ainsi dire à se visser dans l'air. Malheureusement les pièces qui tirent ces projectiles sont en bronze, sauf quelques-unes usinées pendant la guerre, qui sont revêtues à l'intérieur d'un tube en acier.

Le bronze étant peu dur, le plomb devenait obligatoire pour la confection des chemises, et il en résultait que ces enveloppes fort molles s'usaient rapidement dans l'âme par le frottement, et que, si l'obturation était complète au commencement de la course du projectile, il y avait déjà du jeu vers le milieu de la pièce. Pour parer à cet inconvénient, on a employé des *rayures cunéiformes*, qui vont se rétrécissant du fond de l'âme à la volée de la pièce.

Les chemises de plomb, outre l'inconvénient signalé, ont le défaut d'*emplomber* les rayures, de présenter à la surface de la chemise des sillons considérables qui nuisent à la régularité du trajet dans l'air. Joignez à cela que les chemises sont sujettes à l'arrachement pendant le tir. Si cet accident a lieu dans l'âme de la pièce, le projectile est retardé, ce qui donne lieu à des *éclatements prématurés*, chose fâcheuse et désastreuse pour les troupes amies sur les côtés et en avant des pièces, détestable contre-partie du *sic non vobis* du poète de Mantoue.

Avec les pièces en acier actuellement en usage, on se sert du cuivre rouge, métal très homogène, huit fois plus tenace que le plomb et s'usant très régulièrement.

On munit d'abord les projectiles de deux ceintures,
l'une à l'avant, l'autre à l'arrière ; mais on ne tarda
pas à s'apercevoir qu'avec une seule on avait un mouvement de rotation identique. La ceinture d'avant

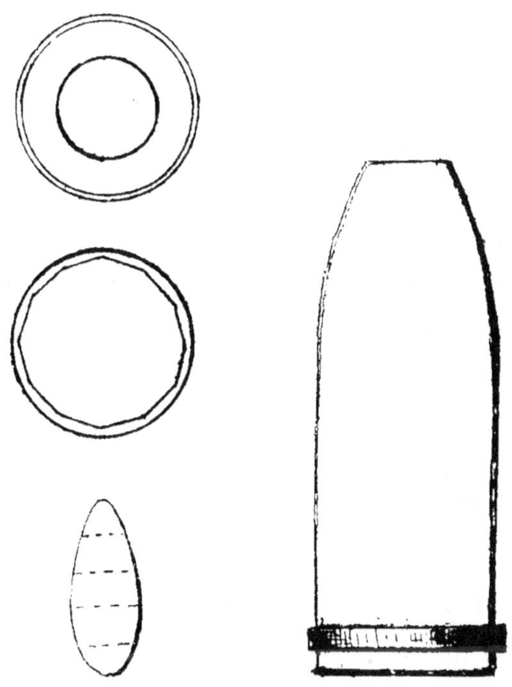

FIG. 19. — Obus de 80 millimètres. Coupe. Ceinture de forcement.
Projectile pisciforme.

devient alors un simple renflement venu de fonte,
qui sert de ceinture d'appui à la partie antérieure du
projectile pour empêcher les battements dans l'âme,
et la ceinture d'arrière sert seule au forcement (fig. 9).

Cette disposition permet d'employer la *rayure progressive*. C'est une rayure hélicoïdale dont le pas
n'est pas constant ; il diminue de la culas e à la tran-

che de la bouche. On comprendra aisément l'avantage de cette disposition, en réfléchissant que le projectile suit tout d'abord une hélice à spire allongée, que par conséquent, il part sans presque tourner et tourne ensuite de plus en plus. Ce départ fatigue bien moins les pièces, les gaz n'ayant à combattre que l'inertie du projectile, tandis qu'auparavant, ils avaient en outre à vaincre brusquement la résistance des rayures. Inutile de dire que la rayure progressive ne pouvait être employée avec le système à ailettes; une des couronnes d'ailette aurait en effet été arrachée, puisque celle d'avant aurait tourné plus vite que celle d'arrière.

Le *forcement* (fig. 19) résulte de la différence qui existe entre le diamètre de la ceinture et le diamètre de la pièce: cette différence très faible varie, suivant les pièces, de 4 à 6 dixièmes de millimètre. Quant à la position de la ceinture de forcement, elle doit être telle qu'il y ait assez d'épaisseur de métal entre elle et le culot pour qu'elle ait un bon appui, et que cependant cette distance soit aussi faible que possible pour que les gaz ne viennent pas agir obliquement du culot à la ceinture, et donner lieu à des battements pendant la marche du projectile dans l'âme. C'est expérimentalement, en faisant varier la position de la ceinture arrière, qu'on est arrivé à fixer sa position pour chaque pièce, et ce n'est pas indifférent puisque une distance maximum donne une augmentation de 200 à 500 mètres de portée, et une réduction d'écart dans les coups de 1/3 et même 1/2.

Il est nécessaire, on le pense bien, que cette ceinture soit reliée d'une manière invariable au projectile, de telle sorte qu'elle ne puisse ni s'arracher, ni tourner. On y arrive en débitant la ceinture dans un tube de cuivre dont la section extérieure est un cercle et la section intérieure un polygone de douze côtés (fig. 19). Ainsi débitée, la ceinture est placée à hauteur convenable dans le moule de sable destiné à la fonte du projectile, de manière à dépasser dans l'intérieur du moule. De cette façon la ceinture pénétrant dans le métal, il ne peut pas y avoir d'arrachement, et à cause de sa forme intérieure polygonale, elle ne peut pas tourner.

Signalons pour terminer ce qui est relatif au forcement quelques systèmes préconisés et essayés par divers inventeurs.

Les deux plus importants sont le système de *forcement à chemise expansive* et de *forcement à ceinture expansive*.

Dans le premier de ces systèmes le projectile se termine à l'arrière par une partie tronconique d'abord et cylindrique ensuite qui s'adapte dans un faux culot creux en fonte. La partie tronconique est tangente à une chemise de plomb, la partie cylindrique n'est pas enfoncée à fond dans le faux culot; de telle sorte qu'au départ du coup le faux culot vient coller contre le culot de l'obus en refoulant la chemise de plomb dans les rayures et produire ainsi le forcement.

Dans le deuxième système une ceinture en U placée au culot du projectile agit comme le cuir embouti de Bramah dans une presse hydraulique et vient coller contre les parois de l'âme sous l'action du gaz en obturant ainsi tout espèce de vent.

Ne voulant pas entraîner le lecteur dans des considérations trop techniques qui sortiraient du cadre de cette étude, nous rappellerons pour mémoire que les conditions qui ont présidé à la fabrication et à l'adoption des projectiles actuellement en usage, ont été relatives : 1° à la régularité du départ; 2° à la conservation de la vitesse; 3° à la stabilité de l'axe du projectile dans l'air.

La régularité du départ dépend beaucoup des détails de fabrication, cette régularité étant influencée par l'excentricité du centre de gravité du projectile, excentricité causée par les soufflures dans les projectiles pleins et à l'inégalité des parois dans les projectiles creux.

La conservation de la vitesse tient au bon raccordement des surfaces externes, qui ne doivent pas présenter de ressaut, et aussi à l'allongement de la tête ogivale du projectile. Disons, à ce propos, que la forme *théorique* de l'obus serait celle de la double ogive, projectile dit *pisciforme* (fig. 19). On a renoncé à ces projectiles qui avaient pour but de supprimer les *remous* de l'air derrière le culot. Le culot plat, en effet, facilite la fabrication, le transport, l'emmagasinage, enfin les gaz y produisent leur action suivant le sens du mouvement, ce qui n'aurait pas lieu s'ils agissaient sur une surface ogivale.

Pour conserver la vitesse, il faut aussi augmenter $\frac{P}{\pi R^2}$. Pour augmenter ce rapport, il faut augmenter le poids P et, pour cela, il vient naturellement à l'idée de se servir d'une matière première très lourde comme le plomb dont la densité est de 11.79. Malheureusement ce métal n'est pas assez dur et le choc du départ le détériorerait, aussi a-t-on pris la fonte dont la densité varie entre 7,032 et 7,22 ; le métal pénètre dans des obstacles résistants et présente assez de facilité à l'éclatement, de plus son prix de revient est peu considérable, condition importante. eu égard à la consommation considérable que l'on fait de projectiles tant en guerre qu'en paix pour le service des écoles à feu.

Le rapport du poids P, à la section droite πR^2, sera d'autant plus grand que le projectile sera plus long. On devra donc l'allonger, mais en cela, il faut considérer aussi la stabilité des projectiles dans l'air et la fatigue de la pièce, car il faudra augmenter la pression pour ne pas perdre la vitesse initiale. Aujourd'hui, les projectiles ont 3 calibres de longueur. En 1859, le rapport $\frac{P}{\pi R^2}$ était deux fois plus grand qu'avant, mais on n'était pas arrivé à conserver la vitesse initiale de 500 mètres. Comme autrefois avec le projecjectile sphérique, on n'avait plus qu'une vitesse de 343 mètres ; mais actuellement bien que $\frac{P}{\pi R^2}$ soit devenu *triple*, on a regagné cette vitesse initiale de

500 mètres et on l'a même dépassée, aussi a-t-il fallu abandonner le bronze pour les pièces et le bois pour les affûts. La stabilité de l'axe dans l'air dépend essentiellement de la position *du centre de gravité du projectile*, et c'est par des recherches expérimentales qu'on est arrivé au placement le plus avantageux de ce centre. La stabilité dépend encore de l'allongement du projectile et de la vitesse de rotation. Quant à l'épaisseur des parois, il y aurait évidemment intérêt à l'augmenter pour plus de stabilité, mais d'un autre côté, on cherche à avoir le vide intérieur le plus considérable pour y loger la charge de rupture.

L'organisation intérieure du projectile varie suivant qu'elle doit agir sur des obstacles ou sur des troupes. Sur des troupes, l'action doit être étendue, efficace et prompte, sans demander une grande force, l'obus est donc supérieur au boulet ; l'explosion multiplie ses effets destructeurs et le bruit de son éclatement produit un grand effet moral sur les troupes auxquelles il est destiné.

Toute bouche à feu doit être à même d'agir contre des troupes, mais surtout les bouches à feu en campagne.

Celles-ci doivent en outre pouvoir détruire les obstacles de faible consistance que l'on rencontre en rase campagne, murs, maisons, ouvrages de campagne, etc.

C'est dans ce but que ces pièces avaient été munies de plusieurs sortes de projectiles, savoir : *l'obus or-*

dinaire, l'*obus à balles* et la *boîte à mitraille*, mais dernièrement on a substitué aux deux premiers obus un obus spécial en tôle d'acier dit *obus à mitraille*.

1° *Obus ordinaire*. — L'enveloppe de l'obus ordinaire doit être assez résistante pour ne pas être brisée par le choc du départ et les parties les plus diminuées ne doivent pas être inférieures à 1/6 du calibre de la pièce. Le *culot* est maintenu plus *épais*, et comme il faut que l'obus résiste également au choc d'arrivée l'ogive est beaucoup plus épaisse. Autrefois les ogives étaient tenues trop fortes. Avec les projectiles munis d'une *ceinture arrière*, il faut une *surépaisseur* à hauteur de la ceinture avant. Pour réglementer le nombre et la grosseur des éclats, on a eu l'idée de les déterminer d'avance par des méridiens et des parallèles formant deux séries de ligne de moindre résistance. On a renoncé à disposer ces lignes extérieurement, où elles formaient des sillons nuisibles à la marche normale de l'obus; on les dispose soit sur la surface intérieure, soit sur une surface intermédiaire, soit sur les deux à la fois. Dans le premier cas, c'est une suite de petits carrés qui deviennent des trapèzes dans l'ogive. Dans le deuxième cas, le projectile se compose de deux projectiles emboîtés : le projectile intérieur présente des pyramides saillantes sur la surface externe et le projectile extérieur présente des cavités correspondantes sur sa surface interne.

La construction de ces projectiles entraîne pour eux une cause de faiblesse. En effet, le projectile intérieur coulé comme d'ordinaire sert, une fois refroidi, de noyau définitif à l'autre, et il y a là deux inconvénients : 1° le projectile extérieur se trouvant à la fonte en contact avec une surface métallique froide, refroidit plus rapidement intérieurement, ce qui donne naissance sur la paroi interne à une fonte blanche dont le retrait n'est pas le même que celui de la fonte qui constitue la paroi externe; 2° en se refroidissant, le projectile extérieur tend à se *rétrécir*, et le noyau ne cède pas, d'où proviennent des fendillements pouvant produire des éclatements prématurés.

Dans le troisième cas, des lignes de moindre résistance sont tracées suivant des parallèles sur la surface intérieure, et d'autres lignes de moindre résistance sont tracées suivant des méridiens sur la surface extérieure de la paroi intermédiaire. C'est l'obus à couronne, et cette disposition se trouve dans les obus à balles. On a constaté que la rupture suivant les méridiens se faisait plus facilement. Dans les obus à balles, système Voillard, les balles sont rasées aux deux extrémités d'un même diamètre pour qu'elles occupent le moins de place possible.

On peut encore citer les obus à parois multiples, obus système Gronier, à couronnes doubles de balles, qui seront employés pour les pièces de gros calibre.

Les obus sont peints à la plombagine; ceux de 80 pèsent $7^{kg},500$, ceux de 90, 8 kilogrammes.

La charge d'éclatement est faite de poudre ayant la même composition que la poudre à canon, mais plus fine et plus vive. Son poids est de un vingtième ou un trentième du poids du projectile. La poudre ordinaire ne convient pas tout à fait, parce qu'elle se détériore au contact du fer, aussi l'intérieur de l'obus est-il recouvert à la *poix* ou au *vernis*. De plus, la poudre ordinaire *s'enroche* facilement, et elle devient tellement dure qu'elle ne peut plus être enlevée qu'au ciseau. Cette poudre enrochée est très dangereuse à enflammer; on a essayé comme charge intérieure le coton-poudre et la dynamite, mais ces poudres brisantes ont fourni des éclats trop petits; la poudre au picrate de potasse a donné de meilleurs résultats.

Nous avons actuellement des obus chargés de mélinite que nous ne voulons pas décrire, on comprendra facilement pourquoi. Nous consacrons plus loin un paragraphe spécial aux obus-torpilles.

2° *Obus à balles*. — Les obus à balles sont appelés aussi *shrapnels*, du nom d'un officier anglais qui les inventa. Ces obus sont chargés de couronnes de balles sphériques dont les deux calottes sont enlevées. L'enveloppe est réduite au minimum d'épaisseur pour laisser le plus de place possible aux balles. La forme irrégulière des éclats ne permet pas de compter beaucoup sur leur effet. Dans quelques obus, dans celui de 90 par exemple, la forme de la balle est ménagée dans la paroi. Le poids de la charge de poudre d'éclatement varie entre 1/50 et 1/500 du poids de l'obus. Autrefois, la poudre était mélangée aux balles, mais cela avait l'inconvénient de la réduire en poussier, et une balle pouvait venir boucher la fusée. Actuellement, on loge la poudre dans une chambre séparée, soit sous l'ogive, soit, comme en Autriche et en Angleterre, dans le culot ou dans le centre comme dans les obus de 80 et de 90. Des balles en plomb pur seraient trop molles et, sous une forte pression, pourraient déformer les parois du projectile et amener de la sorte des éclatements prématurés; aussi les fait-on en plomb et antimoine pour les durcir un peu. D'autres puissances emploient le fer et le zinc; ceci est assez important, car il faut que les deux obus aient exactement le même poids pour pouvoir être tirés avec la même charge et la même hausse.

3° *Boîte à mitraille.* — La boîte à mitraille se compose d'une douille en tôle ou en zinc laminé, fermée aux deux bouts par un culot en zinc ou en fer fondu. Les balles qu'elles contient sont en fer et reliées entre elles par du *soufre* ou de la *résine*. Le culot de la boîte à mitraille porte une arrête formant ceinture de forcement. Le diamètre est de $16^{mm},7$.

On a cherché à réunir dans un seul type les propriétés des trois espèces de projectiles que nous venons d'examiner; aussi a-t-on remplacé l'obus à balle et l'obus ordinaire par l'obus à mitraille à parois d'acier.

Nous allons décrire ce nouvel obus en parlant de la fabrication et de l'usinage des projectiles.

Obus à mitraille à parois d'acier. — Les projectiles en fonte sont fabriqués par l'industrie privée sous le contrôle des officiers d'artillerie attachés au service des forges.

Les projectiles en usage sont en fonte truitée plus dure que la fonte grise et moins cassante que la fonte blanche.

Ces obus sont moulés en sable et coulés à la remonte, la lumière en haut. La fonte dont on fait usage subit les épreuves nécessaires, qui sont des épreuves au choc. Un barreau de o^m,20 de longueur sur o^m,04 d'épaisseur ne doit pas se rompre sous le choc d'une masse de 12 kilogrammes tombant de o^m,60. La ceinture en cuivre rouge provient de disques pleins fondus et amenés par emboutissages successifs à prendre forme d'un tube de section intérieure dodécagonale. Ces tubes sont découpés en bagues de dimensions requises.

Cette ceinture est placée dans le moule qui est composé de deux parties :

1° Le modèle en fonte de l'obus. Ce modèle présente la forme de l'obus, mais en diffère par ses dimensions un peu plus fortes à cause du retrait que la fonte prend en refroidissant.

2° La boîte à noyau en fonte aussi. Elle est destinée à mouler le noyau en sable qui doit ménager le vide intérieur de l'obus.

Les moules sont placés l'un dans l'autre, fixés par un châssis, et plusieurs moules sont préparés et placés de la sorte près du cubilot. La fonte y est versée par des poches contenant 60 kilogrammes de métal. Les projectiles sont retirés de leurs moules et nettoyés. La masselotte est coupée, l'œil est alésé et taraudé.

Les projectiles sont ensuite visités un par un. Au choc, on reconnaît s'il y a crasse, soufflures ou piqûres.

Les obus sont ensuite vérifiés en les faisant passer dans des gabarits, puis livrés par l'usine productive à l'établissement intérieur. Là, ils sont par le tournage amenés aux dimensions réelles qui servent à les guider dans l'âme. Puis, ils sont vernis intérieurement à la vapeur et peints extérieurement. Après quoi, les obus sont vérifiés à nouveau dans leur forme et recouverts sur le culot des marques indiquant la date, le lieu de la fabrication et d'usinage.

Les *obus de rupture* sont coulés à noyau, la pointe en bas.

Ces projectiles sont en acier chromé trempé. Les obus subissent, un sur cinq cents, un tir d'épreuve sur des plaques métalliques qu'ils doivent traverser sans se rompre.

Le procédé de pose de la ceinture n'est pas le même pour les obus de la marine, il est plus rationnel. La fonte en effet a du retrait au refroidissement et abandonne la ceinture qu'elle a enserrée à la coulée. Dans les arsenaux de marine, la ceinture est posée à froid, et forcée au moyen de la machine Mesdash (machine à ceinturer) dans une mortaise en queue d'aronde d'où elle ne peut plus sortir.

Cette méthode de ceinturage est employée pour la

fabrication des nouveaux projectiles en tôle d'acier dits obus à mitraille.

La fabrication de ces projectiles qui remplacent l'obus à balle est la suivante :

Des machines taillent et emboutissent des cylindres d'acier qui sont peu à peu amenés à leur forme.

La configuration ogivale de la tête du projectile est donnée par une *forgeuse américaine* à vapeur qui les bat en vitesse dans des cavités ogivales.

L'enveloppe ainsi constituée doit être réunie par la mesdash ou par une ceintureuse à piston, à un culot en acier évidé à sa partie inférieure. Sur ce culot sont posées sept rondelles ou galettes en fonte présentant sur les deux faces des alvéoles servant à loger de 120 à 136 balles en plomb durci à l'antimoine ; une grenade surmonte le tout. Elle sert de logement à la poudre d'éclatement et reçoit la fusée. Les alvéoles des rondelles sont réunis entre eux par des filaments de fonte qui pendant le ceinturage sont brisés par la compression d'un fort mouton à air comprimé ; ce brisement mécanique fait autant de projectiles qu'il y a de séparations formant les alvéoles.

En ce qui concerne les projectiles de 5 et de 7, leur emplombage se fait dans les arsenaux en les trempant après décapage dans des bains de plomb.

On fabrique encore des projectiles pour la marine avec un métal mixte qui peut se placer entre la fonte blanche et l'acier. Ce métal, moins cher que le fer et que l'acier, est obtenu par un affinage incomplet de la fonte. On peut en rapprocher la fonte dure des Anglais et le métal Grüson.

Cet industriel de Magdebourg coule ses plaques de fonte dans des moules refroidis à la glace et il se produit ce phénomène que pendant que les couches extérieures acquièrent une extrême dureté et une grande élasticité par ce refroidissement, cette sorte de trempe brusque, les molécules intérieures peuvent en se refroidissant plus lentement acquérir une grande homogénéité et une grande ténacité. Cette fonte Grüson est employée pour la fabrication des coupoles, des tourelles cuirassées, etc.

Elle a cette propriété particulière de ne pas se briser sous le choc des projectiles, mais seulement de s'écrouir et de s'émietter à la surface.

L'obus de rupture destiné à attaquer les blindages et à les traverser est fait avec une pointe en acier aiguë. Quelquefois, pour que cette pointe ne glisse pas sur les blindages inclinés comme ceux des coupoles cuirassées ou sur les formes rondes des tourelles, quelquefois, disons-nous, on entaille cette pointe en y faisant une excavation conique dont les bords viennent mordre et inciser le blindage en empêchant l'obus de ricocher.

Des bombes. — Les bombes sont des projectiles creux, sphériques d'un poids le plus souvent considérable, et destinés à être lancés par des mortiers non rayés.

Les plus grosses bombes sont munies d'anses pour

en faciliter le maniement, et le feu est donné à la charge intérieure de poudre par une fusée creuse en bois dur dont on trouvera la description un peu plus loin. Ces engins sont tirés sous un grand angle afin que s'élevant plus haut leur vitesse de chute devienne très grande à l'instant où ils arrivent au but. Leur force de pénétration dépend en effet un peu de leur calibre et beaucoup de cette vitesse d'arrivée, mais ces effets sont loin d'être réguliers.

A cause de leur charge intérieure considérable, les bombes causent des ravages terribles quand elles éclatent soit au milieu des troupes, soit dans l'intérieur des casemates ou des bâtiments.

Appareils à mitraille. — Ces engins sont employés surtout dans les sièges en dehors de la boîte à mitraille dont nous avons déjà parlé ; nous n'en citerons que trois : l'*appareil Moisson*, l'*appareil à tige cannelée* et les *grappes de raisin*.

Un demi-baril dont le fond est percé de trous est rempli de bombes de 12 centimètres, l'œil en dessous et la fusée décoiffée : voilà l'*appareil Moisson*. Ajoutons à cela que le demi-baril et sa charge sont supportés par un tampon prismatique en bois léger qu'on engage dans l'âme du mortier servant à envoyer toute cette mitraille. Le fond du baril est percé de trous pour que la déflagration du gaz de la charge communique le feu aux fusées des bombes de 12 centimètres. Cet appareil, qui déborde complètement le mortier, est un peu moins lourd que la bombe afférente audit mortier.

L'*appareil à tige cannelée* est analogue au précédent sauf que les boulets sont rangés dans le mortier, même sur trois couches autour d'une tige dont les cannelures latérales permettent un bon rangement. Les couches de boulets reposent d'autre part sur un sabot en bois dur qui reçoit l'action du gaz de la poudre.

Les *grappes de raisin* employées dans la marine française et aussi par l'artillerie allemande de gros calibre, se composent de balles en fer rangées autour d'un axe en fer au-dessus d'un plateau en fer forgé. Le tout est enveloppé d'un sac de grosse et forte toile, transfilée solidement pour assurer le maintien de tout le système. La *grape-shot* de la marine anglaise est d'une confection plus solide. Les balles sont plus grosses, placées sur trois couches entre des plateaux en fonte creusés d'alvéoles pour maintenir la stabilité des tables d'une façon analogue à notre obus à mitraille. Un boulon central maintient tout cet assemblage, et ce boulon se rompant dans le tir, la dispersion des balles est assurée.

Pour terminer cette étude rapide des projectiles en usage actuellement il n'est pas sans intérêt de décrire les obus chargés de composition brisante connus sous le nom d'*obus-torpilles*. Une brochure très bien faite due à M. le capitaine Bornecque nous fournit à ce sujet les meilleurs renseignements.

En Amérique, on fait des essais, commencés il y a déjà quatre ans, d'un canon pneumatique dans lequel l'air comprimé lance progressivement et avec un choc plus supportable que celui donné par la poudre un projectile renfermant de la dynamite.

L'air comprimé est fourni par une machine distincte du canon; il arrive par un des tourillons qui a été creusé à cet effet.

Le projectile est des plus curieux, c'est une véritable flèche creuse dont l'avant contient la dynamite et le percuteur de la fusée, tandis que l'arrière sert à diriger le projectile dans son trajet dans l'âme. Cette partie arrière est en bois et de forme tronconique. tandis que la partie antérieure est en cuivre mince.

On est arrivé à atteindre une portée d'environ 2000 mètres avec le canon et le projectile de 2 pouces. Avec le canon de 4 pouces et un projectile de $1^m.20$ de longueur, du poids de 11 kilogrammes, on a pénétré un retranchement de profil ordinaire.

Projectile Zalinski. — Le projet de M. Winsor a été repris par le lieutenant Zalinski. Cet officier vient de faire construire un croiseur rapide portant côte à côte trois canons pneumatiques inclinés sous 17°. Les variations de portée sont données par la plus ou moins grande pression de l'air admis dans les tubes.

Ces canons et ces obus-torpilles ont leurs avantages et leurs inconvénients, mais nous estimons que la somme de ces derniers est supérieure de beaucoup à la somme des premiers.

Le projectile lancé est très gros par rapport à un poids assez minime de la pièce, si on ne tient pas compte des appareils de compression d'air.

Le prix de pareils canons est peu élevé et il faut peu de temps pour les construire.

D'autre part, les portées sont assez incertaines et surtout elles sont courtes. Jamais elles ne pourront rivaliser avec les portées fournies par la poudre et les canons pneumatiques mis en batterie sur les côtes seront détruits de loin par des cuirassés ou de simples croiseurs qui les contrebattront d'une distance à laquelle la riposte ne leur sera pas permise.

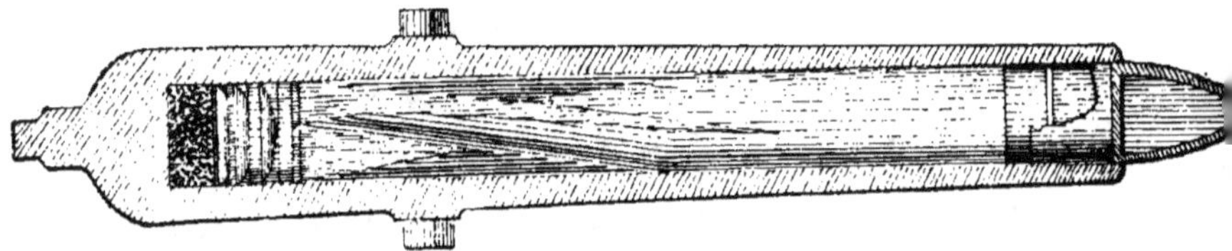

FIG. 20. — Canon Snyders.

Le seul mode rationnel d'emploi de ces canons est l'usage qu'a fait le lieutenant Zalinski en les transformant à bord d'un bateau-torpilleur spécial en vrais tubes lance-torpilles.

Les projectiles Zalinski destinés au service de la mer reçoivent comme fusée une petite pile sèche ou desséchée placée dans le culot. L'eau de mer pénétrant dans la pile la fait fonctionner et donne le feu à une amorce électrique à fil de platine. On conçoit qu'il faille éviter la pluie à de semblables projectiles.

Un autre projectile a été également préconisé en Amérique. Il est dû à M. Snyders et se lance avec de la poudre. C'est un obus ogival rempli de dynamite et portant un prolongement en bois muni d'ailettes servant à le diriger sur l'eau quand il a frappé la surface de la mer. Car c'est encore une sorte de torpille lancée.

L'extrémité de ce prolongement en bois est séparée de la charge de poudre par un ressort en coupelle en cuivre surmonté de trois disques en bois ou en papier mâché. Cette pièce spéciale a un double but. elle amortit le choc des gaz sur le culot de bois du projectile-torpille et elle produit l'obturation. Le projectile, muni de son prolongement, dépasse la tranche de la bouche de la pièce dans sa position de chargement.

Il y a quatorze ans le docteur Sprengel pensait avec raison que rien n'empêchait de séparer les *composants* d'une poudre brisante pour les mélanger seulement au départ du projectile ou encore à son arrivée au but, ou mieux enfin pendant son trajet dans l'air. De là les obus-torpilles dus à M. Grüson.

Projectiles Grüson. — Cet industriel de Magdebourg a fait des obus à culot et ogive séparables.

Les matières devant composer la poudre brisante sont renfermées dans des récipients en verre ou en porcelaine bien entourés de feutre pour éviter un bris accidentel dû au transport ou à la manutention et aussi baignés dans une couche d'air pour empêcher leur échauffement lors de la déflagration des gaz de la charge de lancement.

Quelques-uns de ces obus ont une fusée soit d'ogive, soit de culot, et cette fusée comporte à l'intérieur un *retard* en poudre comprimée ne donnant l'éclatement de l'obus que *quelque temps après* sa pénétration dans le massif de terre attaqué, de manière à produire son effet dans les couches profondes comme le ferait une *fougasse* et par là même à tout bouleverser. (fig. 21).

Fig. 21. — Obus-torpille de Grüson avec fusée postérieure.

Les renseignements qui ont pu venir d'Allemagne au sujet de ces obus ne plaident que médiocrement en leur faveur.

On a essayé en Allemagne des obus chargés de *hellhofite* qui semblent devoir devenir réglementaires. Le hellhofite, ainsi nommé du nom d'un de ses inventeurs Hellhoff, de Mayence, est composé d'acide azotique fumant et d'un composé nitro-benzoïque en poudre. Elle est analogue à la *bellite*, essayée en

Suède, substance composée d'azotate d'ammoniaque et de dinitrobenzine.

Obus-torpilles. — En Angleterre et en Amérique, on a expérimenté avec succès des projectiles chargés de gélatine explosive. Ces obus-torpilles se sont bien comportés en Angleterre avec une vitesse initiale de plus de 600 mètres donnée par une mitrailleuse Nordenfeldt de 6 livres.

En Amérique les vitesses initiales employées furent faible, mais les projectiles chargés d'un poids considérable de gélatine explosive dont la composition était de :

Nitro-glycérine.	88,66 parties	
Collodion.	7,34 —	100
Camphre.	4,00 —	

Il nous reste à signaler parmi les essais et les propositions qui ont été faits les tubes explosifs d'Edison. Ce célèbre inventeur prend des tubes en verre très épais contenant de l'eau, fermés à la lampe aux deux extrémités et laissant passer deux fils de platine noyés dans le verre. Décomposant l'eau par un courant électrique, on obtient un dégagement d'oxygène et d'hydrogène. Ces deux gaz s'accumulent dans le tube sous une pression formidable. Arrêtant en temps utile cette opération avant la rupture du verre, il n'y a plus qu'à placer les tubes dans l'intérieur de projectiles pour qu'à l'arrivée de l'obus et à la rupture des tubes, les gaz rendus libres causent autour d'eux des ravages analogues à ceux des poudres brisantes. La fabrication *heureuse* de ces tubes nous semble difficile et pleine de danger avec des récipients composés d'une substance aussi peu régulière que le verre dans ses effets de rupture.

Passons rapidement en revue toutes les nations de l'Europe qui à l'envi cherchent à se munir d'obus-torpilles si redoutables pour les fortifications de pierre ou de terre.

La Russie a essayé des projectiles Grüson, chargés avec de la métadinitrobenzine, qui est environ deux fois plus puissante que la dynamite, sans présenter les mêmes dangers.

L'Italie a employé d'abord sous le nom de composition Parone un mélange de deux parties de chlorate de potasse avec une partie de sulfure de carbone, mélange qui a donné des résultats déplorables; l'obusier a éclaté au premier coup, et la substance ne s'est pas mieux comportée en séparant ses éléments qui, mélangés dans le trajet par la rotation de l'obus, devaient à l'arrivée constituer la substance brisante.

Les Italiens ont essayé ensuite des obus Krupp de 15 centimètres chargés à 10 kilogrammes de fulmicoton humide avec détonateur de 100 grammes de fulmicoton sec. Les épreuves furent mauvaises à cause de la faible vitesse initiale.

Des obus Grüson chargés de hellhoffite ne se comportèrent guère mieux. Puis l'Italie essaya encore, sans plus de succès : la *gélatine explosive* dont la composition a été donnée plus haut ; la *bengaline*, son nitrique ; la poudre Weber, composé d'acide azotique, de charbon, de pyroxiline et d'huile ; puis enfin le coton explosif Larazzani.

La Suède a essayé la *bellite* déjà nommée, puis la *romite*, substance dont la composition est tenue secrète, mais qui ne renferme ni nitroglycérine, ni coton azotique. Cette dernière substance s'est fort bien comportée aux essais à des vitesses initiales supérieures à 400 mètres.

En Angleterre a pris naissance le système de l'amiral Cochrane, qui n'a pas été, croyons-nous, mis à l'essai.

Ces projectiles sont énormes et lancés à courte distance sur les ponts ennemis par des mortiers démontables en bronze phosphoreux. Deux mortiers lancent à la fois deux projectiles mariés par une ligne de liaison. L'expérience apporterait la lumière sur cette question qui, à notre avis est purement expérimentale.

Les Allemands ont un projectile réglementaire chargé de substances brisantes : c'est l'obus de 21 centimètres destiné à agir contre notre forts. Voici ce qu'en dit le général Brialmont :

« Le projectile, en acier, à parois minces, se compose de deux parties : la pointe ou partie ogivale qui se dévisse pour le chargement, et la partie cylindrique. Sa longueur est de 5 calibres et son poids de 180 kilogrammes lorsqu'il est chargé. La charge est composée d'environ 26 kilogrammes de *pyroxiline humide et comprimée* d'une densité de 1,1 et contenant 10 pour 100 de matière liquide. Elle est introduite sous forme de disques du poids de $1^{kg},5$ environ dans un bain d'acide éthérique pour l'envelopper d'une couche insoluble prévenant le desséchement des disques. On place ensuite ceux-ci dans un bain de paraffine pour les enduire d'une couche plastique de 1 millimètre à peu près d'épaisseur, destinée à les garantir contre les effets du choc dans l'âme de la pièce.

« Quand l'obus est chargé, on y verse de la paraffine fondue pour fermer tous les interstices des disques et empêcher la dilatation de l'eau contenue dans la pyroxiline.

« Au centre du disque supérieur, on place une charge de coton-poudre sec de 85 à 90 grammes, munie d'une capsule au fulminate de mercure ; sur cette charge est placée une plaque métallique avec ouverture correspondant à la capsule. Une vis creuse insérée dans l'œil de l'obus et destinée à recevoir au dernier moment la fusée retardée ou non qui met le feu à la charge serre la plaque contre le disque supérieur. »

Dans ces obus on s'est appliqué, comme dans les autres puissances, à charger le projectile avec une substance brisante difficile à faire détoner, d'où la nécessité d'une charge détonatrice spéciale en tête de l'obus qui ne se compose pas de moins de quatre éléments : fusée ordinaire percutante, retard en poudre comprimée, excitateur au fulminate de mercure pur, et enfin détonateur proprement dit en composition.

Les expériences des Allemands ont été tenues aussi secrètes que possible, mais on a pu savoir cependant qu'il faut recouvrir une voûte d'au moins 5 mètres de sable pour qu'elle ne soit pas percée par l'obus-torpille de 21 centimètres contenant 19 kilogrammes de coton-poudre humide.

Il n'en faudra pas moins employer désormais dans la fortification, d'une part le béton sur lequel ces obus ont peu d'action, et les tourelles cuirassées sur lesquelles il n'en ont pas du tout, parce qu'ils ricochent avant que le feu se soit communiqué à la charge d'éclatement qui détone dès lors trop loin de la plaque de blindage pour la briser. On sait, en effet, que les substances brisantes doivent éclater au contact même de l'objet à détruire pour développer tous leurs effets destructeurs.

Il va sans dire que la France, loin de rester en arrière de semblables perfectionnements, possède des obus brisants d'une grande puissance dont les approvisionnements sont complets. On comprendra notre réserve à ce sujet. En dehors de ces obus à mélinite, nous croyons savoir qu'on expérimente des obus-torpilles spéciaux dus ainsi que leur engin de lancement au capitaine de Place. Ces projectiles pouvant véhiculer une charge énorme de mélinite, près de 60 kilogrammes, sont lancés par un canon spécial ne pesant pas plus qu'une pièce de campagne.

Mentionnons pour mémoire et à titre de curiosité, puisqu'il rappelle l'artillerie ancienne névro-balistique, un projet belge dû au lieutenant Jammotte. Cette baliste est actionnée par un ressort en acier ; le dessin ci-joint fait comprendre suffisamment le fonctionnement de cet engin qui manque de portée et de justesse. Il rappelle la *sarvartine* qui avait été employée à Sébastopol. Le tir courbe si précis des mortiers actuels rend absolument inutile l'emploi d'un tel engin, d'un volume considérable difficile à dissimuler.

Somme toute, on voit par ce qui précède que les boulets à éclatement ont succédé aux bons et antiques boulets pleins qui vous renversaient comme une honnête boule renverse d'honnêtes quilles ; il n'y avait *rien à dire*, bien visé, bien touché. Mais la méchanceté humaine augmentant sans doute, il a fallu faire d'une pierre plusieurs coups. D'ailleurs, il y a longtemps, un célèbre cardinal qui se piquait de littérature, a écrit dans une pièce peu connue, *les Thuileries* :

> Pour tromper un rival, l'*artifice* est permis ;
> On peut tout employer contre ses ennemis.

Et ces pauvres vers d'Armand de Richelieu, pour exprimer un de ces sentiments coutumiers aux hommes d'État, ne servent pas moins de règle à la conduite des peuples entre eux.

Et maintenant si l'un de nous est plus tard touché par ces *artifices* meurtriers, il sera tué, la chose est certaine, mais, mince compensation en toute connaissance de cause ; et comme disait M. Jourdain apprenant l'escrime : *par raison démonstrative*. Ce que nous

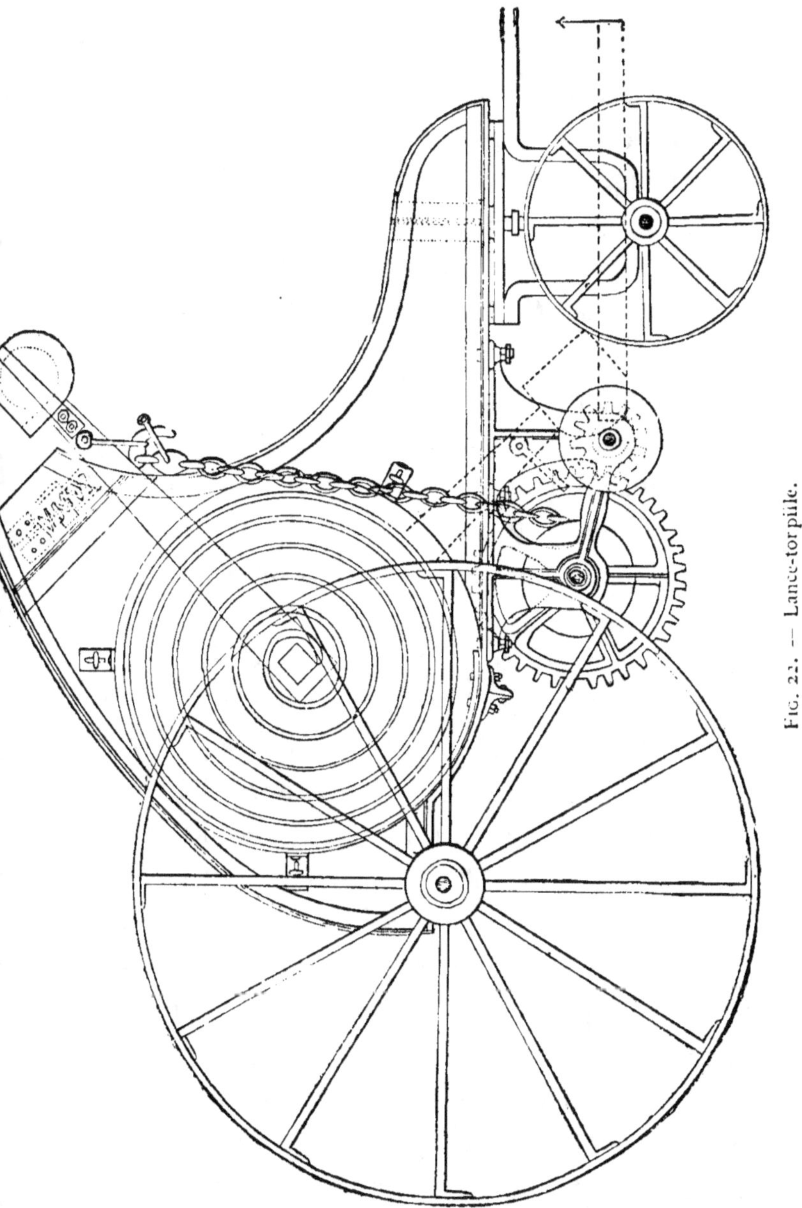

Fig. 22. — Lance-torpille.

ne souhaitons, amis lecteurs, à aucun d'entre vous.

L'énergie contenue dans la poudre lance tous ces projectiles, et cette poudre est contenue dans des enveloppes diverses qui portent le nom de gargousses.

Les gargousses sont ou des sachets, ou des douilles métalliques ou des enveloppes en papier ordinaire ou enfin en parchemin.

Le sachet est un sac cylindrique en serge de laine blanche passée à l'acétate de plomb ou en toile amiantine, de manière qu'il ne reste **pas de** résidus de gargousse en ignition après le départ du coup. On emploie le sachet pour tous les canons du système de Bange, ainsi que pour les canons de 95 millimètres et pour ceux de 4, de 8 et de 12.

Les sachets pour le *tir en blanc* des canons de 80, 90 et 95 sont tronconiques, en serge ou en toile amiantine et renferment respectivement 1 kilogramme, $2^{kg},200$ et $1^{kg},500$ de poudre MC_{30}. Celui du canon de 80 millimètres de montagne contient 0,400 de poudre. A défaut de poudre MC_{30} on peut employer pour ces tirs en blanc une poudre quelconque.

Les *gargousses métalliques* sont constituées par une douelle de carton et de fer-blanc; un culot en laiton produit l'obturation pour son expansion sous l'action des gaz. La charge de ces gargousses se compose de rondelles de poudre MC_{30} comprimée. On peut aussi charger les gargousses de 7 et de 5 en poudre C_1, et celles de 138 en poudre SP_1.

Les gargousses en papier ordinaire sont afférentes

aux canons de 24 et de 12 de siège et de place ; elles sont chargées en poudre MC_{30}.

Les gargousses en parchemin chargées en poudre MC_{30} ou SP_1 arment les canons de 30 et de 16 centimètres.

CHAPITRE IV

ARTIFICES DE TRANSMISSION DU FEU

ÉTOUPILLES ET FUSÉES

Pour terminer cette étude sur les projectiles, il convient d'examiner et l'artifice appelé *étoupille,* qui communique le feu à la charge de poudre de lancement, et l'artifice nommé *fusée,* qui donne le feu à la charge d'éclatement.

L'étoupille sert à communiquer le feu à la charge. Elle se compose d'un tube en cuivre rouge muni d'un *bouchon en bois,* d'une rondelle en caoutchouc et terminé par quatre oreilles. Dans l'intérieur, se trouve un petit tube moins long et moins large également en cuivre rouge. C'est dans la partie supérieure de ce tube et sur une longueur égale au tiers de sa hauteur que se trouve le fulminate. Un rugueux aplati et dentelé traverse l'appareil et est terminé par un crochet qui, saisissant le bord inférieur, empêche le rugueux de céder à une faible pression.

L'autre extrémité du rugueux est enroulée en forme
de boucle, afin de permettre au crochet du tire-feu de
la saisir. Le tire-feu se compose d'un long cordeau,
terminé à l'une de ses extrémités par un crochet et à
l'autre par un bracelet en cuir. Le cordeau forme un
nœud à 1 mètre du bracelet et, au-dessus de ce nœud,
peut se mouvoir librement une bobine en bois enfilée
dans le cordeau. Voici quelle en est la manœuvre :
Quand l'étoupille est engagée dans le canal de lumière et que le crochet du tire-feu est accroché à la
boucle du rugueux, le premier servant de droite,
ayant le bracelet de cuir du tire-feu passé dans le poi-
gnet gauche, tend le cordeau au commandement :
Pièce, et porte en même temps la bobine à 50 centimètres du nœud ; au commandement : *Feu*, il ramène
vivement la bobine contre le nœud. Ce choc suffit
pour briser le crochet inférieur du rugueux qui sort
de l'étoupille en frottant et en faisant éclater le fulminate.

Ce mode opératoire a été abandonné pour la mise
de feu autrichienne, qui consiste à tendre le cordeau
porte-feu avec la main gauche et à lui imprimer une
vive secousse en le frappant avec le tranchant de la
main droite.

La poudre fine qui est au-dessous prend feu, la cire
et la poix qui forment le fond de l'étoupille fondent et
la flamme traversant le canal de la lumière va enflammer la charge.

On a cherché différents moyens pour empêcher

l'étoupille d'être projetée en arrière au moment de l'explosion et de blesser par là même les servants. L'un de ces moyens consiste à attacher un petit fil de laiton d'un bout à la bouche de l'étoupille et de l'autre autour de la gorge de l'étoupille.

On engage l'extrémité du rugueux dans les dents de la tige de la tête mobile, ce qui empêche l'étoupille d'être projetée en arrière.

Le poids de l'étoupille est de 5 grammes et son prix de revient est de 1 cent. 1/2. Les étoupilles sont fabriquées à l'École de pyrotechnie de Bourges.

Fusées. — Nous savons que les projectiles creux explosifs sont préférables aux projectiles pleins. Les fusées ont pour but de déterminer l'explosion des projectiles creux. Les qualités essentielles d'une fusée sont la certitude de fonctionnement et la précision. Les fusées doivent de plus présenter toute sécurité dans la fabrication, les transports, la manœuvre, et doivent pouvoir s'enlever et se replacer facilement. Enfin, elles doivent pouvoir se conserver sans altération dans des magasins qui sont souvent humides, et ne pas retarder le tir par leur emploi, *condition essentielle pour l'artillerie de campagne.*

Toute fusée comporte divers organes réunis dans un corps de fusée fixé au projectile et communiquant avec son vide intérieur. Généralement, ce corps est métallique. Le bois s'avarie assez promptement, il travaille et ne comporte pas une grande précision, tant dans ses formes que dans ses dimensions; de plus, il

prend part à la combustion des matières qu'il renferme. Les métaux, au contraire, peuvent sous un
petit volume recevoir des formes compliquées et délicates; ils se conservent bien et sont pour ainsi dire
insensibles aux variations atmosphériques; enfin, le
corps de fusée est plus solide et peut se fixer au moyen
de filets de vis. On se sert en France de bronze et de
laiton dans la construction des fusées. Le corps de
fusée se visse dans le trou supérieur de l'obus et
porte le nom d'œil. Les filets de vis sont disposés en
sens contraire du mouvement de rotation du projectile. On se sert pour visser le corps de fusée dans
l'œil d'une clef à fourche ou d'une clef polygonale, en
ayant soin qu'il ne reste pas de grains de poudre dans
le pas de vis de l'œil; aussi a-t-on soin de toujours
remplir les projectiles au moyen d'un entonnoir.

Les fusées se divisent en fusées percutantes, dont
l'explosion est déterminée par le choc d'arrivée du
projectile, et en *fusées fusantes*, dites aussi à temps,
à durée, dont le fonctionnement dépend du temps
écoulé depuis leur départ de la pièce. Les premières
de ces fusées demandent une organisation beaucoup
moins difficile que les secondes et elles sont plus
parfaites dans leur fonctionnement. Nous allons en
étudier deux types, la fusée Budin et la fusée de siège
et de montagne.

1° *Fusée Budin*. — Dans cette fusée, la partie supérieure du corps est filetée, afin de pouvoir se visser
dans l'œil; la partie inférieure de la tête a le même

diamètre que le méplat de l'obus. La partie supérieure de la tête porte deux encoches pour visser le corps dans l'œil (fig. 23).

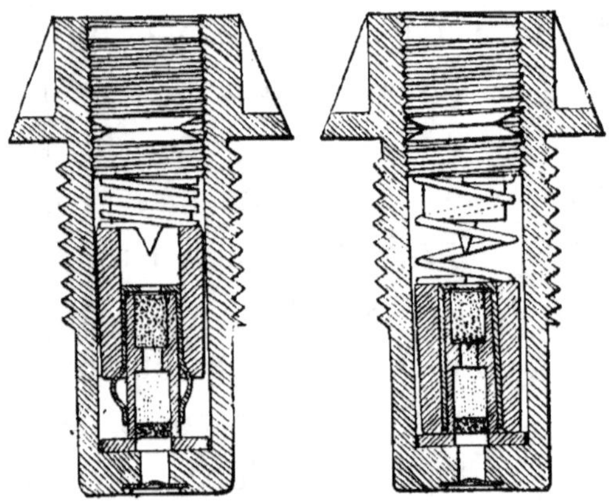

FIG. 23. — Fusée Budin.

Le corps de la fusée est percé d'un canal cylindrique ; ce canal est bouché en haut par un bouchon en bronze qui s'y visse au moyen d'une entaille. La partie inférieure du bouchon et d'un diamètre un peu plus faible que la partie supérieure et terminée par une pointe. Une gorge circulaire règne vers le milieu de la hauteur du bouchon ; cette gorge a pour but de rendre le bouchon moins résistant dans cette partie afin qu'il ne soit pas arraché tout entier en même temps que la tête de la fusée, quand cet accident se produit. Le canal contient encore une masselotte tronconique en laiton forée intérieurement d'un trou rectangulaire. Elle est placée au-dessus d'un ressort à deux branches qui entoure le porte-amorce et elle repose sur ce ressort. Dans la masselotte peut glisser le porte-amorce rectangulaire *percé d'un canal intérieur rétréci vers son milieu*. La partie supérieure de ce canal contient du fulminate et la partie inférieure, de la poudre de chasse ; une rondelle de carton empêche le mélange. On remarque encore un ressort à boudin entourant la base du bouchon et appuyant sur la masselotte. Ce ressort, qui est serré quand le projectile n'est pas armé, mais qui est détendu une fois le projectile en route, lutte sans cesse contre la masselotte. Une seconde précaution a été prise encore contre l'éclatement prématuré dû au ralentissement de l'obus ; on a constaté en effet que le roulement d'un cylindre sur un cône libre détermine pour ce cône un mouvement du côté de la pointe, et c'est pour cela qu'on a placé la petite base de la masselotte vers le bas ; elle tend dès lors à se porter en arrière dans le mouvement de rotation du projectile autour de son axe dans l'air.

Voici quel est le fonctionnement de cette fusée : au moment de l'explosion, le projectile reçoit un choc et la masselotte en vertu de son inertie se porte en arrière et, arrasant le ressort à deux branches, elle vient faire corps avec le porte-amorce qui arrive à sa hauteur. Quand au contraire il se produit un arrêt pour le projectile, la masselotte continue son mouvement en avant dans le canal de la fusée en vertu de son inertie et le porte-amorce vient frapper le percuteur, d'où flamme et par suite mise de feu.

On a placé au fond du canal la rondelle de carton pour amortir le choc au moment où la masselotte vient en arrière et l'empêcher de rebondir sur le percuteur.

Les éclatements prématurés dans l'âme de la pièce ne sont jamais dus à la fusée; on sait, en effet, par l'observation au point de chute, le temps nécessaire au projectile pour parcourir la longueur de l'âme. Ces éclatements sont dus soit à ce que le projectile n'a pas les dimensions voulues et qu'il subit des arrêts brusques ou des déchirements, soit à un corps étranger engagé dans les rayures, soit enfin à une *fissure* du projectile.

Les *éclatements prématurés* dans l'air sont au contraire dus à la *fusée*, parce qu'*un corps étranger* placé dans les rayures a donné au projectile un léger ralentissement. Une autre cause d'éclatements prématurés est due à l'organisation même de la fusée. Le projectile, en effet, communique sa vitesse à la masselotte et au corps de fusée, mais si le corps de fusée éprouve en même temps que l'obus un ralentissement constant dû à la résistance de l'air, la masselotte qui est soustraite à cette cause de retard peut arriver à rattraper le percuteur. C'est contre cette cause que lutte le ressort de sûreté signalé plus haut.

Il est très dangereux, on le comprend sans peine, de toucher à un projectile qui n'a pas éclaté après avoir été lancé. Si on est obligé de l'emporter, il faut avoir soin de le placer sur son culot et bien se garder de le tourner la pointe sur le sol. La fusée Budin a l'inconvénient de ne pouvoir s'armer avec de faibles charges comme celles qu'on emploie pour les pièces de montagne et dans les tirs de siège et de montagne de 25 millimètres. La fusée Budin a été conservée pour les pièces de campagne seulement qui tirent à forte charge.

Fusée de siège de 25, 30 et 40 millimètres, dites S. M. modèle 78-81.

Ces fusées ne diffèrent que par le diamètre de la partie filetée du corps de fusée et la forme plus ou moins effilée de la tête tronconique. Elles sont destinées à donner l'éclatement des projectiles tirés dans les pièces de siège et de place à toutes les charges et sous tous les angles qu'on peut employer dans la pratique du tir, ces charges n'étant pas le plus souvent assez considérables pour donner au projectile une vitesse initiale suffisante pour armer une fusée Budin.

Les fusées se composent : 1° d'un corps de fusée en bronze à tête tronconique pleine, munie d'un rugueux en bronze. La tête de fusée a été laissée libre pour pouvoir y adapter un appareil fusant.

Le corps de fusée est percé d'un canal destiné à loger le système percutant et est fermé par une rondelle de fermeture vissée à la partie inférieure du canal.

2° D'une masselotte en laiton tronconique, prolongée par une partie cylindrique fendue suivant deux diamètres perpendiculaires pour laisser passer les quatre branches d'une agrafe en laiton ; à l'intérieur cette masselotte présente un ressaut et à la partie inférieure des stries.

3° D'un porte-amorce en laiton muni à la partie inférieure d'une semelle sur laquelle on place une rondelle en laiton. A la partie supérieure et extérieurement, on remarque des stries sur lesquelles doivent s'accrocher les branches de l'agrafe. Le canal central du porte-amorce reçoit un brin de mèche à étoupille et une petite charge de poudre en grains.

4° D'un ressort de sûreté en laiton séparant la masselotte du rugueux.

5° D'une rondelle de fermeture en bronze percée d'un canal de communication fermé extérieurement par une rondelle en laiton sertie.

Voici comment se fait l'armement de cette fusée : Suivant la charge plus ou moins forte de la pièce, la masselotte se porte plus ou moins en arrière et les branches de l'agrafe qui sont inégales viennent s'accrocher, une, deux, trois ou quatre, dans les stries de la partie supérieure du porte-amorce. Si, au contraire, la charge est très forte, l'armement se produit par le sertissage de la rondelle de plomb du porte-amorce dans les stries de la masselotte.

Le canon de 80 de montagne qui tire à faible charge est muni de cette fusée, qui peut fonctionner pour toute vitesse initiale supérieure à 100 mètres.

Fusées fusantes. — Le principe de toute fusée fusante est celui-ci : Une composition à combustion lente est tassée dans un canal mis en communication avec l'intérieur du projectile. La composition à combustion lente peut brûler plus ou moins lentement. On se sert pour la fabriquer de pulvérin comprimé ; ce pulvérin est dur, dense et brûle uniformément. L'uniformité de combustion dépend de la densité et du mode de préparation du pulvérin. On peut le comprimer *à la main, à la presse* et mieux encore *par étirage*. Pour comprimer le pulvérin par ce dernier procédé, on l'enferme dans un tube en plomb, qui, fermé à ses deux extrémités, est ensuite passé à la filière et comprime de la sorte fortement le pulvérin qu'il contient. On peut encore agir sur la composition en y ajoutant du souffre, mais ce procédé est mauvais, parce qu'il donne une combustion irrégulière.

Avant la guerre de 1870, on se servait en France de fusées à durées déterminées. Le tir était donc efficace quand l'ennemi était aux distances voulues, mais seulement à ces distances. Les fusées de siège étaient à six durées. Ces fusées présentait de grands inconvénients et, dès les premières semaines de la guerre, elles furent remplacées par des fusées percutantes.

Nous avons vu que la fusée Budin pour les pièces de campagne et que la fusée 1878 de siège et de montagne réalisaient fort bien le type de bonnes fusées percutantes. Mais l'usage exclusif des fusées percutantes a plusieurs inconvénients. Le projectile à fusée percutante donne, en effet, aux grandes distances une

gerbe d'éclat qui va en remontant et qui est par conséquent peu dangereuse pour des troupes couchées
ou abritées par de légers épaulements ; de plus, à ces
mêmes distances, si le sol est un peu mou, le projectile s'enfonce en terre et forme seulement fougasse
en éclatant.

Dès le principe, on a donc admis l'utilité d'une
fusée *mixte à double effet fusante et percutante*. Il vaut
mieux avoir à son arc deux cordes au lieu d'une
seule. Si, en effet, l'emploi exclusif de la fusée percutante présente des inconvénients, la fusée fusante
n'en nécessite pas moins dans son emploi une préparation plus ou moins longue, ce qui est un inconvénient sur le champ de bataille, et, étant admis que
la fusée percutante produit dans certaines circonstances des effets égaux à ceux de la fusée fusante, il
faut qu'on puisse se servir de celle-là sans rien avoir
à modifier à la fusée. Dans certains cas même où l'on
considère la fusée fusante comme plus avantageuse,
il n'en faut pas moins se servir une première fois de
la fusée percutante pour régler le tir, le projectile
éclatant à terre dans ce dernier cas et accusant le coup
pour le pointeur.

En admettant même qu'on donne exactement la
distance de tir, on peut avoir un tir faux si on ne
se sert que de la fusée fusante. Si, en effet, le temps
donné est très long, le projectile n'éclatera qu'après
avoir touché le sol, et c'est en se relevant pour ricocher qu'il éclatera. Or, aux grandes distances, on ne

peut pas voir si le projectile a touché le sol avant d'éclater et les trois quarts du temps on conclura qu'on a donné une durée trop faible, alors qu'au contraire on l'avait trop longue. Là, l'obus percutant servira encore à régler le tir.

De plus, on a constaté une grande diminution dans les ratés en se servant de la fusée à double effet. Si, en effet, on opère avec la fusée Budin, on constate environ 3 pour 100 de ratés, tandis qu'avec la fusée à double effet on arrive à ne plus avoir qu'un raté pour sept cents coups.

Enfin et comme dernier avantage à l'acquit de la fusée à double effet, on peut en la réglant d'une certaine manière faire du tir plongeant de campagne en changeant l'angle de tir sans changer la charge.

La plupart des fusées fusantes des puissances étrangères ont une durée de combustion de 10 secondes, durée qui n'a pas été déterminée par des considérations tactiques, mais bien par des nécessités de construction. Ces fusées sont, en effet, du modèle dit *à cadran*, dans lequel on ne peut pas augmenter indéfiniment la longueur du cordeau fusant à cause de la grosseur excessive que cela donnerait à la fusée. Tout ce qu'on a pu faire a été de doubler cette durée de 10 secondes en construisant des fusées à double cadran. C'est la fusée française qui donne encore la durée de combustion la plus considérable, et cela n'est pas indifférent au point de vue tactique. La durée de 10 secondes correspond, en effet, à une distance

de 2500 à 3000 mètres ; or, à cette distance dans la
la plupart des cas il y a peu de différence entre les
résultats fournis par les deux genres de fusée. La fusée
fusante n'est donc pas utile pour les trajets d'une
durée inférieure à 10 secondes, mais elle devient utile
pour les trajets d'une durée plus grande, d'une durée
de 20 secondes par exemple, qui correspond à une
distance de 5000 mètres.

En général, on peut dire qu'au delà de cette distance il y a gaspillage de munitions, non pas comme
justesse, car les pièces de 80 et de 90 ont le même
écart en portée à 6000 mètres que l'ancienne pièce
de 4 à 500 mètres, mais c'est le mode d'observation
qui fait défaut. Il peut arriver cependant qu'on puisse
tirer utilement à cette distance, quand, par exemple,
on peut tirer d'un endroit élevé, favorisant l'observation des coups, ou par une atmosphère très limpide.
Enfin, le tir à grande distance est employé avantageusement pour concentrer le feu d'un grand nombre de batteries sur un point donné. Aussi la fusée
réglementaire des obus à balles est à double effet.

La *fusée mixte à double effet* de 30 millimètres de
campagne se compose :

1° D'un corps de fusée en bronze renfermant un
canal rempli de poudre et un autre canal contenant
l'appareil concutant ;

2° D'un barillet en métal mou, de forme tronconique, destiné à supporter le tube fusant et maintenu
par un écrou de serrage en bronze ;

3° D'un tube fusant en plomb renfermant une composition fusante brûlant à raison de 11^{mm}.9 à la seconde;

4° D'un chapeau en laiton percé de trous numérotés de 0 à 24 pour le réglage de la fusée, maintenu par un écrou de serrage en laiton :

5° D'un appareil concutant se composant d'un porte-amorce, d'un ressort à boudin et d'un percuteur;

6° D'une rondelle de poudre maintenue en place par une ficelle ou un fil de fer engagé dans une gorge.

Voici quel est l'usage et le fonctionnement de cette fusée.

Les tables de tir donnent d'une part les portées et en regard le temps qui s'écoule pour ces portées entre l'instant où le projectile quitte la pièce et le moment où il frappe le but. Supposons que ce temps soit un nombre exact de secondes, 12 minutes par exemple; on percera avec un instrument spécial, appelé *débouchoir*, le barillet et le tube fusant par l'évent du chapeau numéroté 12. Ceci étant fait et la pièce étant chargée et faisant feu, au choc du départ l'appareil concutant met le feu à la rondelle de poudre; les gaz se développent dans la chambre du barillet d'échappement par le trou pratiqué à travers le barillet, le tube fusant, et l'évent n° 12 et enflamment la composition du tube. Celui-ci brûle dans les deux sens, et la partie descendante de la spirale transmet le feu à la chambre à poudre et par suite à la charge du projectile. Pour régler la fusée, il faut avant de percer l'évent indiqué, mettre l'index de l'évent zéro du chapeau en coïncidence sur le zéro du vernier dont nous allons parler et serrer l'écrou du chapeau.

Fonctionnement du vernier. — Sur le bord inférieur du chapeau, on a placé une échancrure dont la longueur est égale à la plus grande des longueurs qui sépare deux vents consécutifs. Vis-à-vis de cette échancrure est sur le plateau de la fusée une graduation formée de dix traits, et l'espace qui sépare chacun de ces traits peut être considéré comme correspondant à une durée de $1/10$ de seconde ; celà serait vrai si tous les évents étaient à la même distance les uns des autres, mais comme ils sont à des distances inégales déterminées, par expérience, la longueur comprise entre deux traits du vernier ne correspond exactement à $1/10$ de seconde que pour les deux évents les plus éloignés entre eux. Dans la pratique on agit comme si cette distance exprimait réellement $1/10$ de seconde, et dès lors, on place le zéro du chapeau vis-à-vis de la division du vernier correspondant au nombre de $1/10$ de seconde indiqué par les tables.

Il existe à la partie supérieure du barillet un vingt-cinquième évent, qui sert dans le cas où on aurait oublié de déboucher un des évents avant le tir.

Nous venons de voir l'appareil concutant qui constitue la partie supérieure de la fusée de 30 millimètres à double effet ; la partie inférieure du corps de la fusée contient l'appareil percutant, qui est celui que nous avons décrit précédemment.

Il suffira maintenant pour comprendre la construction de la fusée à double effet de siège et de montagne de consulter la figure 24. Cette fusée est la réunion de la fusée fusante de 30 millimètres et de la fusée percutante de siège et de montagne modèle 1878.

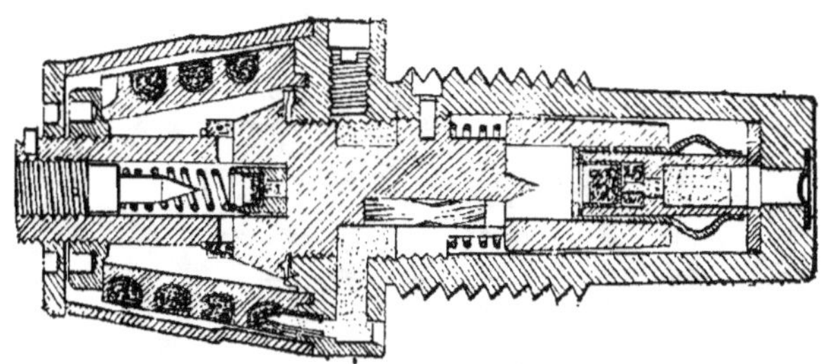

FIG. 24. — Fusée à double effet

Enfin on a adopté dernièrement une fusée à double effet de 30 millimètres modèle S, due à M. Saussier, garde d'artillerie à l'École centrale de pyrotechnie. Cette fusée se compose de deux parties principales :

1° Un *appareil percutant* dont la sensibilité a été réglée de manière à en assurer l'armement dans toutes les conditions des tirs de campagne, de montagne et de siège, et dont le volume est de très peu supérieur à celui de la fusée percutante de campagne. Elle est analogue comme organisation aux fusées percutantes de siège.

Un fort ressort d'armement empêche, pendant les transports, l'amorce de se rapprocher du rugueux ; une masselotte, dont l'inertie produit au choc du départ, le bandé du ressort, vient alors se réunir au porte-amorce par une agrafe. Ainsi assemblés ces trois éléments forment une masse qui laisse à découvert la surface supérieure de l'amorce. Une diminution très faible dans la vitesse du projectile suffit pour donner

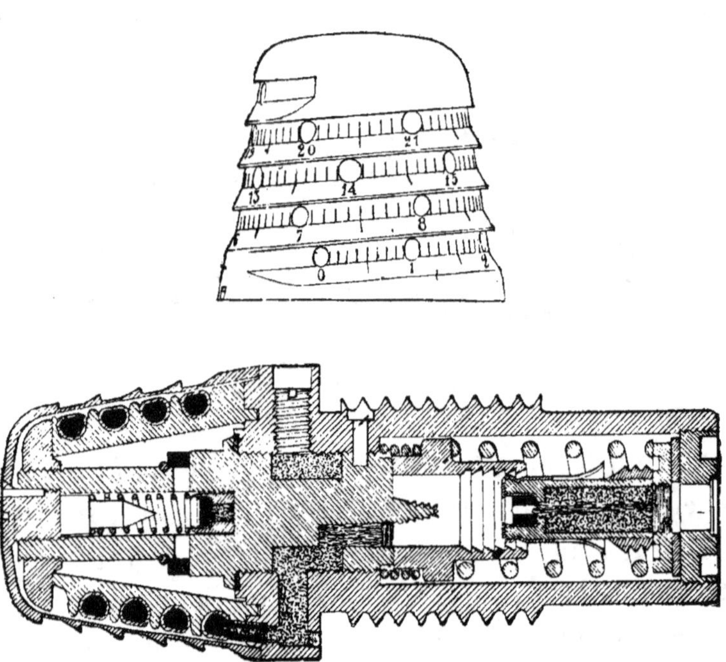

Fig. 25. — Fusée à double effet modèle S.

à cette masse, d'un poids assez considérable, un mouvement en avant et pour amener l'amorce en contact avec le rugueux. Ce mouvement est d'ailleurs empêché pendant le trajet dans l'air par un ressort de sûreté.

2° Un *appareil fusant*, qui n'est autre chose que celui de la fusée à double effet de campagne de 30 millimètres déjà décrit, dans lequel le chapeau mobile a été remplacé par un chapeau fixe. Cette modification a permis d'allonger un peu le barillet pour porter la durée totale de combustion à 24 secondes au lieu de 20, et de supprimer, au moment du tir, le réglage délicat au vernier.

Le percement du chapeau fixe en laiton mince qui porte la graduation en dixièmes de seconde se fait au moyen d'un dégorgeoir à pince.

Des expériences de tir très concluantes faites à la création de cette fusée ont montré que l'œil de 30 millimètres pouvait être substitué sans inconvénient à celui de 25 millimètres même pour les projectiles des plus petits calibres; de telle sorte que par cette modification la fusée de 30/38 modèle S peut à elle seule remplacer toutes les fusées actuellement en service pour les obus à méplat de 38 millimètres. Quant à ceux qui ont un méplat de 55 millimètres, on a créé pour eux une fusée de 30/55 ayant l'appareil percutant de la fusée S et l'appareil fusant de la fusée à double effet de siège actuelle.

En adoptant donc l'œil de 30 millimètres pour tous les obus, l'emploi de la fusée modèle S permet de remplacer les neuf fusées métalliques qui étaient en service par un système composé de :

1° Une fusée à double effet de 30/38 pour tous les projectiles de campagne et de montagne ;

2° Une fusée à double effet de 30/55 pour les projectiles de siège. Ces deux fusées ayant le même filetage d'œil, peuvent se substituer l'une à l'autre dans le cas où l'une d'elles manquerait dans les approvisionnements des places.

On voit, d'après ce qui vient d'être dit sur les fusées, combien leur fabrication a fait de progrès, si on se reporte à la seule fusée percutante que nous avions au moment de la guerre.

Cette fusée *à refoulement* dite fusée Desmarets, du nom de son auteur, est fermée à la partie antérieure

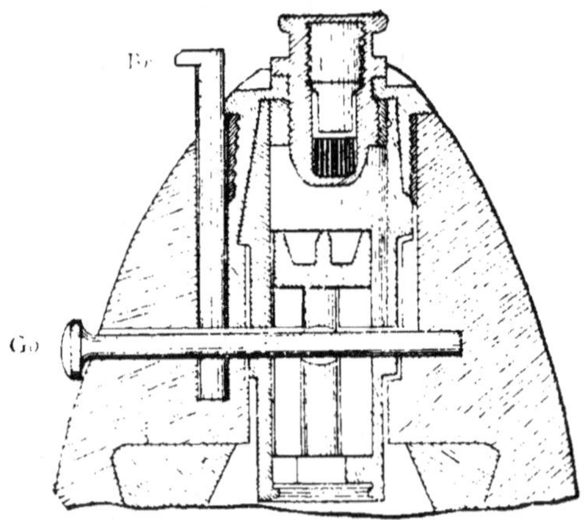

FIG. 26. — Fusée percutante allemande.

par un tampon en bois qui affleure la tranche de la fusée. La partie postérieure du tampon de bois porte un rugueux qui lors de l'écrasement de la fusée contre un obstacle vient pénétrer la composition fusante placée en face de lui et y met le feu.

Nos voisins d'outre-Rhin ont une fusée percutante s'armant par la force centrifuge due au mouvement de rotation du projectile sur sa trajectoire (fig. 26).

Dès que le projectile est en mouvement, la goupille Go sort de son logement et tombe à terre, la masselotte est dès lors libre de se porter en avant au ralentissement de l'obus.

Des ratés se produisant à cause de l'envahissement par la terre du logement de la goupille, on a remédié à cet inconvénient au moyen d'une broche Br qui s'enfonce en barrant le canal laissé vide par la goupille Go.

Il existe aussi des fusées percutantes s'armant par l'inertie de rotation et dans lesquelles un percuteur se dévisse d'un pas de vis un peu gai fileté justement dans le sens de la rotation de l'obus; nous rappelons ces fusées pour mémoire.

Si maintenant nous examinons ce qui avait été fait comme fusées fusantes, nous verrons qu'elles ne donnaient les distances d'éclatement que d'une façon approximative.

La composition tassée dans le canal était du pulvérin brûlant petit à petit. Telle est l'ancienne fusée en bois dur faite pour les bombes. Cette fusée était percée à la vrille à hauteur convenable avant d'être enfouie dans l'œil de la bombe. Des cercles tracés sur le corps de la fusée indiquaient l'endroit où il fallait la percer pour obtenir telle ou telle distance d'éclatement.

Cette fusée ne valait rien pour les obus à cause de sa trop grande longueur. Aussi créa-t-on en 1859 deux fusées fusantes en métal à tête hexagonale donnant l'une quatre durées, avec quatre canaux indépendants, l'autre six durées avec un seul canal dans le corps, mais six canaux dans la tête.

On débouchait les évents de ces canaux peints de couleurs convenues pour chaque distance, et il fallait se contenter de déboucher l'évent se rapprochant le plus de la distance voulue.

Toutes ces fusées, on le comprend, ont perdu leur valeur quand on les compare aux *montres à poudre* décrites plus haut, si précises, qui comptent les secondes de la vie des hommes sur le champ de bataille et sonnent, souvent à un dixième de seconde près, dans un coup de tonnere, l'*unknown time* redoutable.

CHAPITRE V

POUDRES EN SERVICE

FABRICATION ET NOMENCLATURE

Il est juste que le lecteur connaisse maintenant l'agent redoutable, ressort si puissant, magasin d'énergie, si considérable sous un petit volume, qui chasse hors de la pièce les projectiles que nous venons d'étudier et les mène droit au but aux distances si grandes atteintes actuellement.

Les poudres sont nombreuses; elles sont ou brisantes, ou progressives, mais nous n'avons à nous occuper que des poudres progressives qui seules se prêtent bien au service des bouches à feu, et en particulier de la poudre à canon.

De tous les corps explosifs la poudre est celui dont la découverte offre le plus d'intérêt. On ne sait pas exactement de quelle époque date cette découverte. Les uns disent qu'elle fut faite par les Indiens, les autres par les Chinois, d'autres enfin par les Arabes;

mais si on a pu démontrer que ces peuples connaissaient un mélange composé d'une manière analogue à notre poudre actuelle, personne n'a pu prouver jusqu'ici que ces peuples connaissaient la propriété caractéristique de la poudre qui est sa force de projection.

On admet généralement que cette découverte fut faite vers le commencement du XIVᵉ siècle, par un moine allemand nommé Berthold-Schwartz.

La poudre est un mélange de salpêtre ou azotate de potasse, de soufre et de charbon. C'est le moteur principal et presque exclusif employé par l'artillerie.

Le salpêtre ou azotate de potasse est un corps blanc cristallisé. Il fuse sur des charbons ardents, est insoluble dans l'alcool et très soluble dans l'eau.

Sa solubilité augmente très rapidement avec la température.

La température d'ébullition d'une dissolution saturée d'azotate de potasse est de 118°. Le salpêtre fond à 338°, et devient alors élastique et difficile à triturer.

Le soufre est un corps solide à la température ordinaire, d'un jaune clair particulier, insoluble dans l'eau pure, soluble dans l'alcool ; il fond à 111°, entre en ébullition à 460°, et est employé en canon pour la fabrication de la poudre.

Le charbon est celui des trois éléments constitutifs de la poudre dont la préparation présente le plus de difficultés et exige le plus de soins. Il est facile, en effet, grâce aux procédés de raffinage, d'amener le salpêtre et le soufre à un état de pureté satisfaisant. Il n'en est pas de même du charbon de bois, le seul employé, qui pour une même essence présente des compositions extrêmement variables, avec la température développée et avec la durée de l'opération. D'une manière générale, le charbon destiné à la fabrication de la poudre doit s'enflammer facilement, brûler vite et ne pas donner de cendres, qualités qui dépendent à la fois de l'essence du bois et du mode de carbonisation.

Une bonne poudre doit satisfaire aux conditions suivantes : ses effets doivent être assurés et réguliers ; on doit pouvoir les prévoir et les modifier à volonté. L'inflammation doit pouvoir être facile sans jamais être fortuite. La poudre ne doit pas être brisante au point de compromettre la solidité des armes. La combustion de la poudre doit laisser le moins possible de résidus et ne pas encrasser les armes. Elle doit se conserver d'une manière certaine soit dans les magasins, soit dans les transports. Sa fabrication doit être facile, économique et suffisamment rapide. Toutes ces qualités dépendent en partie du dosage de la poudre, c'est-à-dire de la qualité de chacun des éléments constitutifs.

Chaque poudre a un dosage particulier.

Ces différents dosages ont leur raison d'être dans les usages spéciaux auxquels ces matières sont affectées.

Poudre de guerre. — Ce qu'on demande surtout à la poudre de guerre, c'est la puissance ; aux poudres de chasse, la rapidité d'inflammation et de combustion : aux poudres de mine, une production de gaz abondante.

En France, on ne s'est jamais beaucoup éloigné pour la poudre de guerre du dosage *six*, *as* et *as ;* soit 75 de salpêtre, 12,5 de soufre, et 12,5 de charbon.

Les *poudres de chasse* se distinguent principalement des poudres de guerre par le surdosage en salpêtre et par le choix du charbon roux, c'est-à-dire du charbon obtenu, en ayant soin que la température pour la distillation du bois ne s'élève pas au-dessus de 300°.

Le dosage actuel en France des poudres de chasse est 78 de salpêtre, 10 de soufre, et 10 de charbon.

La *poudre de mine* doit être peu coûteuse et développer la plus grande quantité possible de gaz, condition que l'on a cherché à réaliser en diminuant le taux du salpêtre, en augmentant la proportion de soufre ou de charbon, ou de ces deux éléments à la fois. Le dosage actuel en France est de 62 de salpêtre, 20 de soufre, et 18 de charbon.

Les établissements dans lesquels on fabrique la poudre sont la propriété de l'État et s'appellent des poudreries. Ceux dans lesquels on épure le salpêtre et le soufre qui entrent dans la composition de la poudre sont également la propriété de l'État et s'appellent des raffineries.

Les poudreries actuelles sont : Le Bouchet (Seine-et-Oise), Le Ripault (Indre-et-Loire), Saint-Chamas (Bouches-du-Rhône), Angoulême (Charente), Esquerdes (Pas-de-Calais), Saint-Médard (Gironde), Saint-Ponce (Ardennes), Pont-de-Buy (Finistère), Sevran (Seine-et-Oise), Toulouse (Haute-Garonne), Vonges (Côte-d'Or).

Les raffineries actuelles sont : Paris (dépôt central des poudreries et raffineries), Lille (salpêtre), Bordeaux (salpêtre), Marseille (soufre et salpêtre).

Fabrication. — La fabrication de la poudre se compose des opérations suivantes :

1° Réduction des composants à l'état de galette plus ou moins dure et aussi homogène que possible;

2° Réduction de la galette en grains de forme et de dimensions déterminées par un grenage convenable;

3° Lissage des grains pour leur donner de la dureté et du poli;

4° Séchage des grains lissés pour les ramener à un degré d'humidité constant;

5° Égalisage et époussetage pour ne conserver que les graines ayant les dimensions voulues ;

6° Enfonçage et mise en magasin.

Du grenage. — La poudre employée en grains présente sur le simple poussier plusieurs avantages.

En premier lieu, le grenage a pour but de prévenir une séparation des éléments de la poudre, par suite des secousses résultant des transports.

Au point de vue de la conservation en magasin, la poudre grenée est encore préférable au poussier, parce qu'elle est moins hygrométrique.

En outre, avec le poussier, il se produirait pendant le transport des pertes de matière à travers les sacs ou les barils, source de dangers qu'on évite presque complètement avec la poudre grenée.

Enfin, au point de vue du tir, le grenage facilite l'inflammation de la poudre en permettant à la flamme de se répandre dans les interstices et d'envahir rapidement toute la masse en même temps qu'il assure la régularité de cette inflammation.

L'opération du *lissage* a pour but de donner aux grains un certain degré de brillant, d'abattre les arêtes vives, d'arrondir les angles; enfin de boucher les pores extérieurs et d'augmenter la densité de la poudre, ou tout au moins d'éliminer les parties friables, d'où résulte le double avantage de diminuer l'hygrométricité de la matière et d'en prévenir la décomposition en poussier.

Quant aux autres opérations de la fabrication, séchage, égalisage et époussetage, on en comprend parfaitement la nécessité.

Procédés des pilons. — Autrefois la poudre de guerre était exclusivement fabriquée par les procédés des pilons (poudre à mousquet, poudre à canon).

Ce procédé est aujourd'hui complètement abandonné en France; il est intéressant pourtant de savoir en quoi il consistait.

La partie essentielle de l'appareil se compose d'une série de cavités ou mortiers creusés dans un billot en bois de chêne ou de hêtre ayant environ 0^m,60 d'épaisseur. La forme de ces cavités est à peu près sphérique. Au fond est placé un morceau de bois dur debout sur lequel viennent se produire les chocs du marteau. Le tout repose sur un massif qui est le plus souvent formé d'une plate-forme en bois afin d'éviter que le sol ne cède sous les coups répétés du marteau.

Les marteaux ou pilons proprement dits sont en bois de hêtre ou d'érable. La tige du pilon a une longueur de 2 à 3 mètres et s'assemble à la partie inférieure avec un pilon en forme de poire en bronze dur (82 de cuivre et 18 d'étain).

A la partie supérieure de la tige se trouve une mortaise dans laquelle passe un mentonnet assujetti par une clef et dont la tête cylindrique sera soulevée par les cames d'un arbre horizontal. Chaque pilon est guidé par un système de moises. La force motrice est fournie soit par un manège, soit par une roue hydraulique. Le mouvement est transmis par un système de roues dentées à un arbre horizontal qui porte des cames en hélice groupées deux à deux aux extrémités d'un même diamètre. Chaque couple de cames correspond à un même pilon qu'elles soulèvent chacune à leur tour pendant la rotation de l'arbre, pour le laisser retomber quand elles s'en sont suffisamment éloignées. La hauteur de levée est de 0^m,43 environ. Le poids du pilon est en France de 40^{kg},20 pour la poire en bronze et 20 kilogrammes pour la tige. Généralement chaque usine comporte deux séries de pilons comprenant chacune de 7 à 10 mortiers. On ne peut en associer un plus grand nombre sur la même pile à cause des ébranlements qui en résulteraient.

Bâtiments d'installation. — L'appareil est installé dans un bâtiment dont les parois offrent peu de résistance en cas d'explosion. Les murs sont très bas et formés de poteaux reliés extérieurement par des planches. On donne au toit une pente assez forte afin de faciliter l'écoulement des eaux et d'empêcher l'accumulation de la neige.

Salpêtre. — Le salpêtre arrive des raffineries de l'Etat en poudre ; il n'est donc pas nécessaire de le triturer. Mais le soufre et le charbon sont en bâtons, on les triture séparément pendant une heure dans des tonnes, tandis qu'on se contente de tamiser à la main le salpêtre.

Soufre et charbon. — Les tonnes dans lesquelles s'opère la trituration du soufre et du charbon sont en cuir à deux compartiments avec carcasse en bois. Le pourtour extérieur est muni de douze saillies longitudinales demi-cylindriques. On opère le chargement et le déchargement par une ouverture fermée par une porte en bois qui au moment du chargement est remplacée par un châssis garni d'un tamis en fil de laiton destiné à ne laisser passer que les matières triturées et à retenir les gobilles.

En même temps que le soufre ou le charbon on

introduit des gobilles en bronze ou en bois dur destinées à briser et à triturer le soufre et le charbon. Les gobilles en bronze neuf présentent du danger à cause du sable qu'elles ont à la surface et qui provient des moules où elles ont été coulées. C'est pourquoi avant de s'en servir on les fait tourner seules dans les tonnes pendant quelque temps pour les user et les nettoyer.

Le chargement une fois introduit dans les tonnes, on fait tourner celles-ci pendant une heure à raison de vingt-deux tours par minute, on remplace la porte pleine par le châssis à toile métallique et on tamise les matières triturées.

Mélange des trois éléments. — Le mélange des trois éléments, salpêtre, soufre et charbon, réduits en poudre, se fait à l'atelier de composition dans des boisseaux contenant 10 kilogrammes de poudre et dans lesquels on met par conséquent suivant les proportions du dosage $7^{kg},500$ de salpêtre, $1^{kg},250$ de soufre, $1^{kg},250$ de charbon. On verse le contenu de chaque boisseau dans un mortier, on arrose les matières de $1^{kg},500$ d'eau et on remue vigoureusement soit à la main, soit avec un morceau de bois. On nettoie le pourtour du mortier, on met en place le couvercle dont l'ouverture centrale donne passage à la tige du pilon et on fait tomber celui-ci sur la matière.

Pendant dix minutes on ne donne d'abord qu'une vitesse de 30 à 40 coups par minute, puis on arrive progressivement à la vitesse normale de 55 à 60 coups par minute. Au bout d'un quart d'heure environ on regarde si le pilon bat à nu au fond du mortier. Cette circonstance pourrait se produire si la poudre était trop humide, car dans ce cas, elle pourrait aller se coller aux parois. D'un autre côté la matière ne doit pas être trop sèche, car elle se répandrait en poussière et le pilon n'agirait plus que sur une couche de faible épaisseur restée au fond du mortier. Il faut arriver à former une pâte que le choc du pilon repousse contre les parois, mais qui tend à en redescendre peu à peu pour se replacer sous le pilon. Quoi qu'on fasse, il se forme toujours au fond du mortier et à l'extrémité de la poire, une couche adhérente de matières qui, par un battage prolongé, durcit au point de provoquer des explosions. C'est pour cette raison qu'on fait d'heure en heure des rechanges ou transvasements de matières d'un mortier dans un autre.

Pour cela, on arrête la roue, on soulève les pilons et on met dans un boisseau la matière du premier mortier en ayant soin de briser les grumeaux à la main et d'enlever tout ce qui adhère aux parois au moyen d'une main en cuivre. Ce mortier vidé, on y porte de la même manière la matière du second et ainsi de suite de proche en proche jusqu'à ce qu'on arrive au dernier dans lequel on met la matière du premier. Pour accélérer l'opération dans un moulin à deux rangées de dix pilons deux ouvriers travaillent simultanément à chaque rangée en partant du premier au sixième mortier. On fait ainsi des rechanges toutes les heures en ayant soin de tenir la matière à 8 ou 10 pour 100 d'eau. Les arrosages doivent toujours se faire par petites quantités. La durée totale du battage est de onze heures.

Comme on veut retirer la matière à l'état de culot ou galette dure, on ne fait pas de rechange entre les deux dernières heures. Les poussiers sont repassés sous les pilons pendant trois heures, et comme on a dû leur ajouter de l'eau, ils contiennent un chargement de 11 pour 100 d'eau. Les autres opérations nécessaires à l'achèvement de la poudre (telles que l'essorage, le grenage, le tamisage, le lissage, le sur-égalisage, le séchage et l'époussetage) ne différant pas dans le procédé des pilons et dans celui des meules, avant de continuer nous allons décrire le procédé des meules.

Procédé des meules. — Un grand nombre d'explosions ayant eu lieu dans les poudreries pendant la fabrication de la poudre par le procédé des pilons, on imagina pour la fabrication de la poudre le *procédé des meules*. Comme dans le procédé des pilons, on commence par tamiser à la main le salpêtre qui arrive en poudre des raffineries de l'État et par triturer séparément pendant deux à six heures le soufre et le charbon dans les tonnes en cuir décrites précédemment.

Le mélange des trois éléments, salpêtre, soufre, et charbon réduits en poudre, se fait comme dans le procédé des pilons, à l'atelier de composition, dans des boisseaux contenant 10 kilogrammes de poudre et dans lesquels on met 7^{kg},500 de salpêtre, 1^{kg},250 de soufre, 1^{gk},250 de charbon suivant les proportions du dosage. On passe ensuite ce mélange sous les meules (20 kg. à la fois).

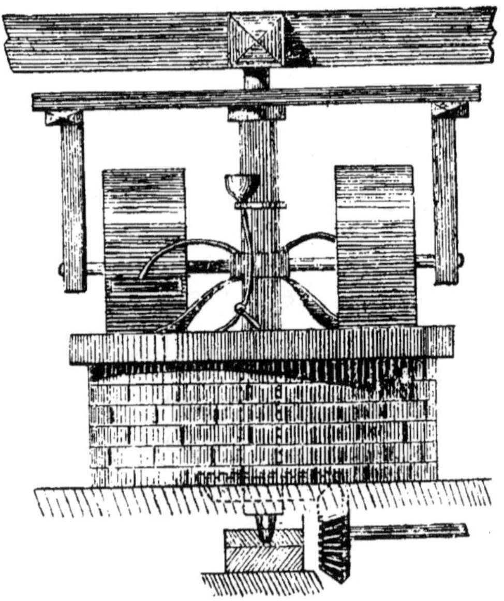

Fig. 27. — Meules à poudre.

Sur une table horizontale (fig. 27), se meuvent deux cylindres verticaux qui sont assujettis au moyen de l'arbre horizontal à l'arbre vertical, situé au milieu de la table et mis en mouvement par un système d'engrenages entièrement placé dans le sous-sol. Ce système d'engrenages donne à un arbre et par l'intermédiaire d'un châssis un mouvement de rotation autour de EF, dans lequel sont entraînées les meules mobiles elles-mêmes autour de CC'. Les cylindres doivent être peu éloignés de l'axe, afin que le cercle moyen qu'ils décrivent ait une courbe assez prononcée. Par suite de cette disposition, les meules possèdent un double mouvement de glissement et de roulemement. Sur la piste, à chaque instant, la génératrice de contact, qui, dans le cas du simple roulement, resterait parallèle à elle-même, est obligée de s'incliner de façon à venir passer constamment par l'axe vertical du mécanisme. C'est cette inclinaison qui produit le glissement d'où résulte un effet d'écrasement et de broyage extrêmement avantageux pour la trituration et l'incorporation des substances. En général, les meules sont à inégale distance de l'axe vertical, de sorte que la matière qui se trouverait rejetée vers l'intérieur en se dérobant à l'action de la meule extérieure, serait triturée par la meule intérieure et inversement. De cette manière, la piste n'est jamais dénudée. Les repoussoirs S, fixés à l'anneau D par les bras E, détachent la matière adhérente à la piste et la ramènent sous les meules, grâce à leur forme en soc de charrue. De même, les grattoirs horizontaux assujettis aux bras y raclent la matière adhérente aux cylindres. La piste n'étant jamais à nu, il n'y a pas de danger qu'une étincelle naisse du choc de la meule sur cette piste et enflamme le mélange.

Les meules sont en calcaire, en marbre, en fonte ou en bronze. Les meules en calcaire ou en marbre s'usent plus régulièrement que les meules métalliques, mais elles se détériorent davantage en cas d'explosions et absorbent l'eau avec une grande facilité, ce qui oblige d'augmenter la proportion des eaux d'arrosage. En France, elles pèsent actuellement 5000 à 5500 kilogrammes; elles sont en fonte grise, ainsi que la piste. La force motrice est produite, soit par un manège, soit par une roue hydraulique, soit par une machine à vapeur. Le bâtiment élevé au-dessus des meules est le plus souvent en bois et de construction légère. Les murs latéraux et le toit sont pourvus de clapets qui, en cas d'explosion, s'ouvrent vers l'extérieur par la pression même des gaz, ce qui tend à diminuer les dégâts. La porte s'ouvre également de l'intérieur vers l'extérieur. La transmission souterraine est préférable en cas d'explosion. Les frais d'installation pour une paire de meules, non compris les transmissions, s'élèvent environ à 12 000 francs. Que l'on ait employé le procédé des pilons ou celui des meules, on obtient dans les deux cas une galette de poudre.

Emploi de presses hydrauliques pour le galettage. — En France, pour la fabrication de la poudre à gros grains, on ne se contente pas du galettage par les meules. Les compositions retirées des meules sont soumises à l'action de presses hydrauliques. Pour faire le chargement, on place une toile de chanvre ou de coton sur une plaque de cuivre de $1^{mm},5$ ou 2 millimètres d'épaisseur; on y pose un cadre en bois ayant $0^m,50$

ou 0^m,70 de côté et 0^m,03 de largeur, la hauteur variant suivant l'épaisseur de la galette. Ce cadre est évasé à sa partie inférieure et intérieure de manière à donner à la couche de poudre la forme d'un tronc de pyramide quadrangulaire. On y verse la matière, on arrase au moyen d'une réglette en bois, on enlève le cadre, on place une seconde toile et on porte le tout sur la table du piston. La durée de l'opération varie de 30 à 40 minutes. On donne la pression lentement et à plusieurs reprises, afin d'arriver à une forte densité sans être obligé d'augmenter outre mesure la pression par centimètre carré et aussi pour que celle-ci se répartisse uniformément sur toute la surface de la galette. Malgré cette précaution, la matière est toujours plus dense au centre que sur les bords, et il faut procéder à un ébarbage de la galette sur une largeur de 2 à 3 millimètres. On opère sur 150 à 400 kilogrammes par pressée. La pression varie de 25 à 30 kilogrammes par centimètre carré de galette, suivant l'état hygrométrique de l'atmosphère, l'humidité de la matière, le degré de trituration qu'elle a subi et la densité finale à laquelle on veut arriver.

Le *galettage* aux meules, qui est le plus rapide et exige moins de main-d'œuvre que le galettage à la presse, présente trois inconvénients principaux : 1° la piste se pique rapidement par suite de l'adhérence de la matière ; 2° la partie centrale de la galette, qui est seule suffisamment pressée, ne représente guère que 50 à 60 pour 100 de la masse ; 3° enfin et surtout, il est difficile d'arriver à une densité déterminée d'avance, même en faisant varier l'humidité de la poudre et la durée du tour final.

Avec le galettage à la presse tel qu'il est pratiqué en France, la poudre n'adhère jamais au métal des plaques, l'ébarbage perd beaucoup de son importance et, si on a soin de donner la pression progressivement, il peut se réduire à 10 pour 100 de la matière.

Enfin, on peut faire varier la densité de la galette à volonté, en modifiant la pression ou la réduction de hauteur, et quant aux inégalités de densité des galettes d'une même pressée ou des différentes portions d'une même galette, elles disparaissent en partie par le lissage.

Le galettage à la presse, qui peut être appliqué sans inconvénient à toutes les poudres, est particulièrement approprié à la fabrication des poudres à gros grains, parce qu'il permet d'obtenir des grains d'épaisseur uniforme et de densité suffisamment régulière.

Du grenage. — Le grenage est une opération qui a pour but de diviser la galette de poudre en grains de grosseur différente, suivant l'espèce de poudre qu'on veut obtenir. Le grenage se fait au moyen de trois appareils de types différents :

1° Le grenoir à retour, dit aussi grenoir mécanique ou grenoir Lefébure ;

2° La tonne-grenoir, appelée aussi écureuil, qui sert pour la poudre de mine ;

3° Le grenoir à cylindre.

1° *Grenoir à retour*. — Le grenoir à retour se compose de trois tamis superposés. Le premier de ces tamis se nomme le *guillaume*; on y place la galette de poudre concassée en morceaux irréguliers et en même temps un tourteau de bois de gaïac destiné à frapper les fragments de la galette contre les parois du guillaume pendant la rotation. Le fond du guillaume est en bois de noyer, il est percé de trous destinés à laisser échapper les grains qui se forment sous l'action du tourteau. Au-dessous se trouve le deuxième tamis, dont le fond de soie a la maille de la grosseur maximum des grains de la poudre à obtenir. Il est bon de dire à ce sujet que, comme on ne peut pas espérer avoir dans une poudre des grains qui soient exactement de la même grosseur, on détermine pour chaque espèce de poudre une grosseur maximum et une grosseur minimum de grains. Ce deuxième tamis, nommé surégalisoir, laisse passer les grains de dimension maximum et les plus plus petits, tandis qu'il conserve les grains trop gros. Le troisième tamis, ou sous-égalisoir, ne laisse passer que les grains plus petits que la dimension minimum déterminée. Cet appareil se nomme grenoir *à retour* à cause de la particularité suivante : Aux deux extrémités d'un même diamètre du guillaume sont deux trous munis de deux rigoles formées de deux baguettes de cuivre inclinées dans le sens contraire du mouvement de rotation de l'appareil; ces rigoles approchent du dessus du suré_galisoir à une distance égale au grain le plus gros;

par la force même du mouvement, les trop gros grains sont repris par les rigoles et ramenés dans le guillaume pour être triturés de nouveau. La vitesse du grenoir à retour est de 70 à 75 tours par minute pour la poudre de chasse et pour la poudre F, et de 72 à 80 tours pour la poudre de chasse extra, fine et superfine.

2° *Tonne-grenoir*. — La tonne-grenoir est formée de deux disques en bois de 1^m,20 de diamètre, et réunis entre eux par des traverses de bois de 0^m,50 de longueur. Sur cette carcasse sont enroulées deux toiles métalliques l'une sur l'autre; elles sont terminées sur leur longueur de joint par deux bandes de cuir à œillets, permettant de les tendre au moyen d'un lacet. La toile inférieure sert de guillaume, la seconde sert de surégalisoir; on recueille alors au-dessous les grains trop petits.

Pour les sortes de poudres fabriquées par ce procédé, le sous-égalisoir est moins nécessaire. Cet appareil s'encrasse assez rapidement, et c'est pour rendre son nettoyage plus facile qu'on a adopté la fermeture à bandes de cuir. La matière est broyée par cinquante ou soixante gobilles en bois dur qu'on introduit dans la tonne en même temps qu'elle. Le chargement est fait par un des fonds muni d'un bouchon recouvert de peau de mouton, et les charges sont de 2^{kg} 1/2 à 3 kilogrammes. La vitesse imprimée est de vingt-huit à trente tours par minute.

3° *Grenoir à cylindre*. — Le grenoir à cylindre,

usité en France, se compose de deux rouleaux en bois de gaïac, dont les axes sont dans un même plan horizontal et entre lesquels on fait tomber la matière à grener. Ces rouleaux ont $0^m,90$ de long sur $0^m,25$ de diamètre, et leur vitesse de rotation est de vingt tours à la minute.

L'un des cylindres est seul actionné directement par la force motrice et entraîne l'autre en sens inverse par frottement. A cet effet, les tourillons de ce deuxième cylindre sont placés dans des coulisses horizontales dans lesquelles on peut placer des plaques alternatives de caoutchouc et de cuivre, ce qui permet de régler la pression des cylindres l'un sur l'autre au moyen de taquets et de vis de pression. Au-dessous de ces cylindres se trouve un double tamis destiné à séparer les grains.

Il y a avantage à employer la poudre en grain, d'abord au point de vue de la conservation. La poudre préparée de la sorte ne donne pas de tamisage, elle est moins hygrométrique et peut être lissée. Enfin elle est préférable pour le tir parce qu'elle offre des interstices permettant une inflammation plus facile.

Comparaison des systèmes de grenage. — Le grenoir à cylindre est de tous les appareils celui qui est préférable, parce que la galette de poudre étant pincée par les cylindres, les grains se font par écrasement, et que si la galette a partout la même densité, les grains ont plus de chance d'être égaux. Dans le grenoir à retour, les grains sont moins réguliers et plus lamelleux, et de plus, quand la densité de la galette est trop considérale, elle ne peut être brisée. Au point de vue économique, le grenoir à cylindre est plus dispendieux comme installation première, mais ne donne pas lieu à des réparations comme le grenoir à retour qui s'encrasse et se disloque rapidement. Enfin le travail du grenoir à cylindre est quatre fois plus grand et la force motrice seulement double de celle qu'il faut employer avec le grenoir à retour.

Lissage. — Le lissage consiste à donner du poli aux grains, à arrondir ses angles et à boucher ses pores. Les tonnes de lissage usitées en France sont semblables aux tonnes de broyage. Elles sont à deux compartiments, et le chargement se fait, ainsi que le déchargement, par une ouverture placée au pourtour. La matière est ensuite passée par des trémies. La seule différence avec les tonnes de broyage est qu'on ne place pas de gobilles, et que le lissage se fait par le simple frottement des grains les uns contre les autres. La charge d'un compartiment de tonne est de 200 à 300 kilogrammes et la vitesse de rotation de sept à quatorze tours par minute. On augmente petit à petit la vitesse qusqu'au milieu de l'opération, qu'on termine en diminuant la vitesse afin de ne pas échauffer la poudre et de ne pas former de grumeaux.

Pour la poudre de mine, on se sert d'un simple cylindre à ailettes sur lesquelles on place des sacs contenant un peu de poudre et qu'on anime d'un mouvement de rotation. La poudre se lisse alors en passant d'un bout du sac à l'autre.

Séchage. — Ainsi préparée, la poude contient encore trop d'humidité, aussi faut-il la sécher. Pour cela deux méthodes employées : 1° le séchage naturel ; 2° le séchage artificiel.

1° *Séchage naturel.* — Le séchage naturel se fait soit à l'air libre, soit dans un atelier, sur des tables formées d'une série de planches légèrement inclinées vers le midi. Les planches, de $2^m,80$ de longueur sur $0^m,66$ de largeur et $0^m,26$ d'épaisseur, reposent sur de petits tréteaux en bois, encastrés par le pied dans des dés en pierre de taille. Elles sont recouvertes de toiles maintenues tendues par des de poids de plomb. Sur ces toiles on étend la poudre en épaisseur plus ou moins grande, suivant l'espèce de poudre à sécher. En été et au soleil, le séchage ne demande que trois ou quatre heures, et à l'ombre environ neuf heures. Dans les ateliers, la disposition est la même, mais le séchage demande près de neuf à dix jours. Le séchage naturel a l'avantage de ne pas demander de combustible, et ce procédé n'altère pas la composition de la poudre, mais il exige une grande main-d'œuvre à cause de la distance qui sépare, par prudence, les séchoirs des poudreries. Enfin, la poudre en plein air se salit, l'époussetage en devient difficile et le séchage est variable suivant l'état hygrométrique de l'atmosphère.

2° *Séchage artificiel.* — Ce séchage peut être aussi

complet qu'on le désire, soit par des fourneaux non placés dans l'atelier même, mais dans une chambre communiquant (ce procédé donne peu de garantie pour la constance et l'uniformité de la température), soit en faisant passer un courant d'air chaud traversant les toiles contenant la poudre, soit enfin par un courant d'air froid passant d'abord dans des chambres de desséchement. On pourrait encore opérer le séchage dans le vide.

Époussetage. — Les opérations précédentes ayant déterminé la formation de poussier et l'introduction de poussière dans la poudre, on se sert, pour les éliminer, de tamis à fond de soie, de crin ou de toile métallique, mus à la main ou à la vapeur, et dont les percées sont déterminées suivant l'espèce de poudre à tamiser.

Mise en caisse. — Quand la poudre a subi cette opération, elle est mise en tonneaux. Autrefois on la renfermait dans des barils de 50 kilogrammes enchapés dans un second baril, sur le fond duquel on inscrivait l'année et le lieu de la fabrication, l'espèce de poudre et diverses marques distinctives. On a substitué à ces barils de solides caisses rectangulaires, en bois, enveloppées de zinc à l'extérieur et enchapées dans une autre caisse. Une ouverture rectangulaire, fermée par un bouchon en bois recouvert de zinc, permet l'introduction et l'ablation de la poudre. On se sert pour cette opération d'une (main en cuivre) afin d'éviter les étincelles. Le poids de la poudre est de 50 kilogrammes et le poids complet avec la caisse, de 80 kilogrammes. La poudre de chasse est mise en boîtes de fer-blanc mince, de couleur verte pour la poudre fine, argent pour la poudre superfine, et or pour la poudre extra-fine. Les contenances de ces boîtes sont de 1 kilogramme, 2 kilogrammes. 5 hectogrammes, 2 hectogrammes et 1 hectogramme. L'un des fonds porte une ouverture circulaire fermée par un bouchon de liège ou une capsule de plomb. Les boîtes, enveloppées de papier, sont placées dans des caisses de 25 kilogrammes. La poudre de mine est ensachée dans des sacs en toiles de 25 à 50 kilogrammes et renfermée dans des barils plombés, dont les fonds portent les indications de provenance, d'année et d'espèce.

Poudre actuellement en usage. — Autrefois la poudre à canon et à mousquet suffisait aux besoins de l'artillerie, mais avec les armes actuelles elle a été reconnue trop vive. Les bouches à feu étaient à âme lisse, les projectiles moins lourds et les gaz de la poudre éprouvaient une moins grande résistance que maintenant. Du moment que la résistance est plus grande, il faut, pour ne pas dégrader la pièce, une poudre moins vive.

Qu'entend-on donc par vivacité d'une poudre ? On appelle *vitesse d'inflammation* la rapidité avec laquelle la flamme se communique à toute la surface des grains de poudre qui composent une charge, et *vitesse de combustion*, la rapidité avec laquelle la flamme pénètre de la surface des graines à leur centre. La vivacité de la poudre est la réunion de sa vitesse d'inflammation et de sa vitesse de combustion ; c'est donc la rapidité plus ou moins grande avec laquelle une charge s'enflamme et brûle. Quand on fait brûler de la poudre à l'air libre. sous forme de traînée par exemple, la vitesse d'inflammation est très appréciable, mais quand la poudre brûle dans un espace clos, la rapidité d'inflammation est si grande qu'elle est négligeable, tandis qu'on peut fort bien apprécier au contraire la vitesse de combustion.

On a donc dû modifier certaine partie de la fabrication pour obtenir. en vue des armes nouvelles, une poudre plus lente que l'ancienne. On peut agir sur la vivacité d'une poudre en augmentant soit la densité, soit la grosseur de son grain, qui dans les deux cas brûle doucement. Pour obtenir la densité on a été amené à remplacer le procédé des meules par la presse hydraulique, et pour avoir la grosseur on a employé des procédés plus précis pour la formation des grains. Après avoir fait subir un premier grenage au grenoir à retour ou autre, au cylindre, la poudre est reprise en galette par la presse hydraulique et subit après un second grenage définitif. Ce grenage pour la poudre des pièces de siège et de place se fait au couteau belge.

Le *couteau belge* est une sorte de parallélipipède de bronze terminé sur une de ses faces par un tranchant. Ce couteau se meut dans un cadre vertical et à chacun de ses mouvements d'abaissement, il reçoit un petit mouvement horizontal, ce qui lui permet de découper la galette de poudre en bandes successives qui, présentées au couteau et coupées dans un sens perpendiculaire au premier, donnent une série de grains cubiques.

Pour la poudre à canon de campagne on place la galette sur une table percée de trous, puis on la frappe à l'aide d'un maillet en bois dont la panne est formée de pointes en laiton aussi longues que l'épaisseur de la galette et séparées entre elles par un intervalle égal à la grosseur du grain.

Il ne suffit pas que la poudre soit vive, il faut qu'elle soit progressive.

Quand on met le feu à une charge de poudre, c'est par sa surface externe que le grain s'enflamme et il brûle par couches successives de plus en plus petites. Plus le grain brûle et moins l'émission des gaz est grande; c'est donc au moment de l'inflammation qu'elle est la plus considérable. Il pourrait se faire que la trop grande émission de gaz détériorât la pièce et que le projectile, continuant à obéir au frottement, sa vitesse diminuât au lieu d'augmenter. Il faudrait donc pour bien faire peu de vitesse pour commencer et beaucoup après. Une poudre qui répondrait à ces conditions serait une poudre progressive.

1° *Type prismatique russe.* — Cette poudre est composée de grains formés d'un prisme à six faces et percé suivant l'épaisseur du grain de sept canaux,

six correspondant à chacune des faces et le septième
au centre (fig. 28).

L'inflammation se produit suivant les petits canaux
cylindriques et la surface de combustion va en augmentant au lieu d'aller en diminuant. Cette poudre,
qui théoriquement semble bonne, est mauvaise en

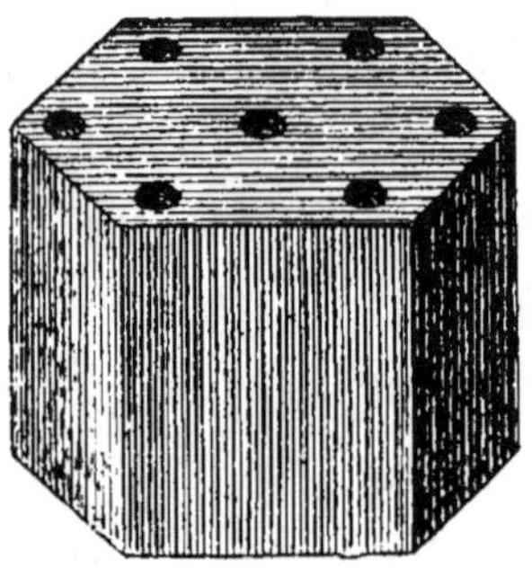

Fig. 28. — Poudre prismatique.

pratique, parce que quand la combustion a duré
quelques instants, les cloisons qui séparent les canaux
se détruisent brusquement et la combustion devenant
de suite considérable la poudre est par là même rendue
très vive.

2° *Poudre à canon de 5 et de 7.* — Cette poudre
est formée de rondelles composées de grains de poudre
comprimés ensemble mais non détruits; la rondelle
porte de plus un trou central. Ce système a le même
inconvénient que le système prismatique et de plus
il peut arriver que les grains s'étant détruits à la compression, la galette ne soit plus elle-même qu'un gros
gravier d'une combustion beaucoup trop lente.

3° A ce troisième type correspond la *poudre formée par des couches successives de vitesses de combustion différentes*. La surface interne est plus vive que la surface externe et la quantité de gaz émise est donc plus grande à la fin de la combustion qu'en commençant. Cette poudre a l'inconvénient d'exiger une fabrication des plus compliquées.

4° *Poudre Castan*. — Le commandant Castan a proposé une poudre dite *parallélipipédique;* les grains sont des parallélipipèdes dont la hauteur est très petite par rapport aux autres dimensions. On peut donc négliger la vitesse de combustion de ce côté et le grain peut être considéré comme brûlant par couches successives donnant sans cesse une égale quantité de gaz.

5° *Poudre chocolat*. — D'après le journal anglais l'*Engineer* et la *Revue d'artillerie*, des essais importants auraient été faits sur une noüvelle poudre. Cette poudre, déjà essayée en 1880 sans grand succès, a donné en 1883 d'excellents résultats. Elle a été soumise aux gouvernements anglais et allemand. Cette poudre comprimée en grains prismatiques présente une telle analogie d'aspect avec l'excellent produit dû au cacao, que le nom de poudre chocolat lui a été dévolu par tous. Sa composition est maintenue secrète par ceux qui la préparent, mais l'analyse a révélé en dehors du soufre, du salpêtre et du charbon qui composent la poudre chocolat, la présence d'une matière inerte résineuse.

On pense aussi que cette poudre doit ses qualités à la préparation antérieure du charbon. La *poudre chocolat* est plus hygrométrique que la poudre ordinaire et présente sur celle-ci l'avantage d'une grande régularité, ce qui ne donne pas de variation de vitesse pour le projectile; de plus la vitesse initiale imprimée à celui-ci est considérable (700 mètres) et la pression intérieure sur la pièce est relativement faible (14 tonnes). Ces deux conditions sont des plus avantageuses pour le bon emploi du projectile et la conservation de la pièce. Ce qu'il y a de certain, c'est que la poudre chocolat est supérieure à la poudre noire prismatique jusqu'alors employée. Un essai fait en Angleterre avec le canon Armstrong de 10 pouces et un projectile de 200 kilogrammes a donné 700 mètres de vitesse initiale et 14 tonnes-mètres d'effort intérieur avec la poudre chocolat; tandis qu'avec la poudre prismatique noire, la vitesse initiale n'a été que de 660 mètres pendant que l'effort intérieur s'élevait à 19 tonnes.

D'après la *Revue d'artillerie*, cette poudre, qui est lente, serait bonne en Allemagne. Cette nation possède en effet des pièces de position fort longues d'âme (jusqu'à trente-cinq calibres), pouvant, par conséquent, employer une poudre brûlant lentement et développant tout son effort pendant le temps relativement considérable que le projectile emploie à parcourir la pièce.

Il n'en est pas de même en France : nos pièces plus courtes exigent une poudre moins lente.

La commission de Versailles étudie cependant la poudre chocolat. Disons, pour ne rien oublier, que cette poudre est exploitée en Allemagne par deux compagnies rivales : l'une, ayant M. Heideman à sa tête, siège à Cologne et prend le nom de Compagnie de Westphalie ; l'autre, dirigée par M. Dutten, exploite le procédé de Rothveil, à Hambourg.

Nomenclature des poudres en service. — Quand on a changé en 1866 l'armement de l'infanterie, on a imaginé le système des meules et fait la poudre B (Le Bouchet). Sa composition était : salpêtre = 74 ; soufre, = 10 1/2 ; charbon, 15 1/2. Le charbon était roux.

Plus tard, en 1874, on a voulu prendre le procédé des meules pour fabriquer la poudre à canon, et on a pris le même dosage que celui de l'ancienne poudre à canon. La poudre ainsi obtenue a été désignée sous la marque M. C. 30 — (meule ; canon ; trituration de 30′).

En 1874, l'artillerie et l'infanterie ayant changé d'armement, les poudres ont été aussi changées et on a réglementé leur nomenclature. La poudre destinée au fusil a été appelée poudre F et a reçu les indices 1, 2, 3, suivant les espèces. La poudre de canon de campagne s'est également appelée suivant les mêmes principes C_1, C_2, C_3, etc., et la poudre des canons de siège et de place a été dénommée poudre SP_1, SP_2, SP_3, etc.

La première est la poudre F qui sert au fusil mo-

dèle 1874; elle a pour composition : salpêtre = 77;
soufre, 8 : charbon, 15. La poudre à canon a presque
le même dosage ; son charbon est noir, et la grosseur
et la densité des grains sont différentes. Elle est composée de salpêtre = 75, soufre 10 et charbon 25.

Enfin nous avons pour le tir du fusil modèle 1886,
dit fusil Lebel, une poudre brûlant sans fumée, faisant peu de bruit, très progressive, et donnant au
projectile des vitesses considérables. Cette poudre est
due à M. Vieille, ingénieur des poudres et salpêtres,
et s'appelait pour cette raison poudre V; depuis, sa
dénomination a changé et elle porte maintenant le
nom de poudre B. Nous connaissons la composition
de cette poudre, mais nous nous garderons bien de
la révéler.

Magasins à poudre. — La poudre mise en caisses
ou en barils est placée dans les magasins à poudre.
Ces bâtiments sont construits solidement à l'intérieur
et à une notable distance des villes, pas trop près des
voies ferrées à cause des flammèches projetées par les
machines, et assez loin des lignes télégraphiques pour
éviter toute accumulation d'électricité. Ils sont de plus
entourés d'un mur haut de 3 mètres, empêchant les
escalades et formant entre lui et le magasin à poudre
un chemin de ronde. C'est dans ce chemin de ronde
que sont placés les paratonnerres au nombre de trois,
en triangle équilatéral pour les grands magasins, et
de deux ou de un pour les magasins plus petits. Ils
sont dressés le long de grands poteaux où sont ména-

gées des entailles permettant de visiter le haut des tiges, qui se relient à toutes les ferrures des bâtiments et vont se terminer dans des puits creusés dans le sol. Cette disposition des paratonnerres dans les chemins de ronde est préférable à l'ancien usage qui consistait à les placer sur les bâtiments mêmes, en ce sens qu'elle rend la visite et le contrôle plus faciles.

Il est de règle de n'entrer dans les magasins qu'avec des sandales pour éviter les étincelles que pourraient produire les clous de souliers; de plus, toute manipulation de poudre doit se faire en dehors du magasin, à l'aide de mains en cuivre ou en laiton. Les hommes doivent être fouillés avant d'entrer, afin de constater qu'ils ne sont pas porteurs d'allumettes. Un factionnaire veille en dehors et a pour consigne de ne laisser entrer que pour le service.

Convois de poudre. — Dans le transport des poudres les précautions les plus minutieuses sont de rigueur. Si le transport se fait par voie de terre et en caisse, les voitures doivent être disposées sur une seule file et à une certaine distance les unes des autres. Il doit y avoir un factionnaire par voiture. Ce factionnaire doit éloigner les fumeurs. La route se fait en général au pas et on doit éviter les lieux habités; si on est obligé de les traverser, il faut envoyer quelques hommes à l'avance chargés de reconnaître les choses dangereuses et de faire cesser leur travail aux forgerons.

Dans la grande chaleur les rues pavées doivent être

arrosées, et si quelque voiture perd sa poudre par tamisage, il faut la faire passer de suite en queue du convoi. Le convoi ne doit jamais s'arrêter dans les lieux habités ou à proximité des voies ferrées, et s'il y a nécessité, les trains prévenus par les garde-barrières doivent passer doucement et avec précaution.

Pour le transport par voie ferrée, le chargement et le déchargement de la poudre ne doit se faire que le jour. Les wagons, placés loin de la locomotive, ont leur plancher recouvert d'un prélart pour s'opposer au tamisage, et chacun d'eux ne doit pas contenir plus de 5000 kilogrammes de poudre, soit 50 000 pour un train tout entier.

Dans le transport par eau, le fond des bateaux doit être recouvert d'un plancher contre l'humidité. Les bateaux de poudre ne doivent pas se tenir sous le vent des vapeurs qu'ils pourraient rencontrer, et ne jamais passer une écluse en même temps qu'un bateau étranger au convoi.

Avant de sortir des poudreries la poudre est soumise à diverses épreuves ayant pour but de déterminer : 1° sa densité ; 2° sa portée sous un angle donné ; 3° la vitesse initiale et la vitesse de recul ; 4° la pression qu'elle exerce dans l'âme.

Densités. — On peut entendre la densité d'une poudre de diverses manières : la *densité absolue* est le rapport du poids de la poudre au volume occupé par la matière. La *densité réelle* est le rapport du poids d'un grain de poudre à son volume ; la *densité gravimétrique* est le rapport du poids d'une certaine quantité de grains de poudre au volume qu'ils occupent sans être tassés. Quelquefois la poudre n'occupe pas dans la pièce tout l'espace qui lui est réservé dans la chambre, d'où la *densité de chargement* qui est le rapport du poids de la charge au volume dans lequel elle est enfermée.

Détermination de la densité absolue. — La densité absolue s'obtient par la méthode du flacon en ayant soin de choisir un liquide qui sépare et désagrège les grains de poudre sans les dissoudre ; de l'eau saturée de salpêtre, par exemple, le salpêtre étant le seul des éléments constitutifs de la poudre qui soit soluble dans l'eau. La densité absolue est de 2 environ.

Détermination de la densité réelle. — La densité réelle se détermine au moyen du densimètre à mercure (fig. 29).

C'est un vase rond dont le fond est formé par une peau de chamois ajustée de part et d'autre à des tubulures portant : la supérieure deux robinets, et l'inférieure terminée en pointe portant un robinet. La pointe inférieure plonge dans un récipient plein de mercure. L'extrémité de la tubulure supérieure communique au moyen d'un tube avec une machine pneumatique. Si on fait agir la machine pneumatique, tous les robinets étant ouverts, le mercure passera dans le vase. Si on cesse alors l'action de la machine et qu'on laisse ouverts les robinets supérieurs on aura dans le vase une pression d'une atmosphère. On fermera alors le robinet f, et séparant le vase de l'appareil on le pèsera et on aura son poids P. Vidant alors le vase et plaçant dedans un poids de poudre a, connu d'avance, on recommencera l'opération de l'introduction du mercure dans le vase, et

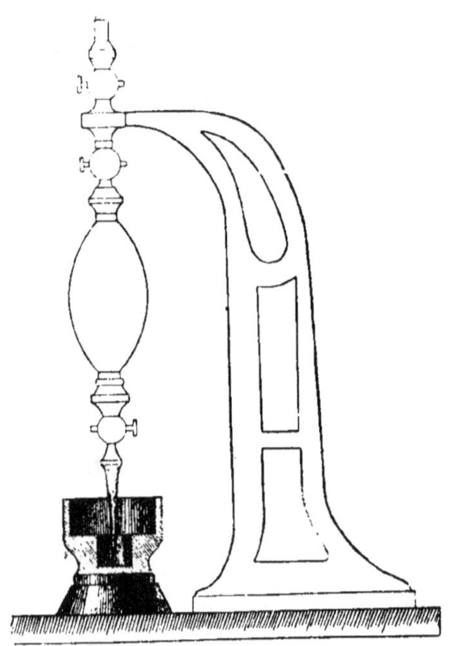

Fig. 29. — Densimètre à mercure.

cela à deux reprises, pour que le mercure remplisse bien exactement les interstices préalablement occupés par l'air entre les grains de la poudre. Puis on repèsera le vase. Soit P′ le nouveau poids, et A la densité du mercure. P-a sera le poids du mercure dans le vase à la deuxième opération. Par conséquent, le poids du mercure disparu dans la deuxième opération sera P — (P′ — a) valeur, égale au poids du volume

de mercure qui remplit les interstices. Ce volume
sera exprimé par le poids divisé par la densité, soit
$V = \dfrac{P - (P' - a)}{A}$ valeur égale au volume occupé par
la poudre. Sa densité sera égale au poids divisé par
le volume. On aura donc $d = \dfrac{a\,A}{P - P' + a}$. Cette densité est de 1,50 à 1,75.

Fig. 30. — Gravimètre.

La *densité gravimétrique* se détermine au moyen
du *gravimètre* (fig. 30).

Le gravimètre se compose d'un vase en cuivre de
la capacité de 1 litre et surmonté par un entonnoir
cylindro-conique pouvant se fermer au moyen d'un
obturateur (fig. 30). Les dimensions du cylindre sont
les suivantes : $0^m,215$ de hauteur sur $0^m,075$ de diamètre. Pour expérimenter, on remplit l'entonnoir de

poudre et on manœuvre l'obturateur. La poudre tombe dans le vase et se tasse par son propre poids. Quand le vase est plein, on l'arrase au moyen d'une petite languette ; on pèse le vase ainsi plein de poudre et, par la différence de ce poids avec celui du vase vide, on a la densité gravimétrique de la poudre, qui est environ de $0^m,925$ et de $0^m,940$ pour la poudre F.

Épreuve de portée. Vérification de la portée qu'une poudre peut donner à un projectile lancé sous un angle donné. — Cette épreuve n'a pas pour but de mesurer l'effet complet, mais de comparer entre elles diverses espèces de poudre et de vérifier si un échantillon d'une poudre donnée est conforme au type admis. Cette épreuve se fait au mortier-éprouvette.

La condition primordiale pour une éprouvette est d'être : 1° comparable, c'est-à-dire de donner avec une même poudre toujours les mêmes résultats ou des résultats ayant une relation connue ; et comme autre condition, 2° de ne pas confondre les poudres. Cette dernière condition est des plus difficile à obtenir à cause des conditions multiples auxquelles sont soumises les expériences. Aussi n'attache-t-on aucune idée théorique à ces épreuves. On leur demande seulement une vérification.

Le mortier-éprouvette se compose d'un mortier en fonte braqué à 45° sur une semelle horizontale de fonte venue avec lui (fig. 31). L'âme est cylindrique et raccordée avec la chambre par une partie sphérique. Des tables de construction servent à vérifier les instruments vérificateurs. Le projectile est sphérique, en fonte, et porte le nom de globe. Il est percé suivant un axe d'une cavité filetée servant de logement à un bouchon-poignée destiné à transporter le globe et à le placer à l'intérieur de la pièce. Cette cavité sert en outre à recevoir du plomb dans le cas où le globe ne pèserait

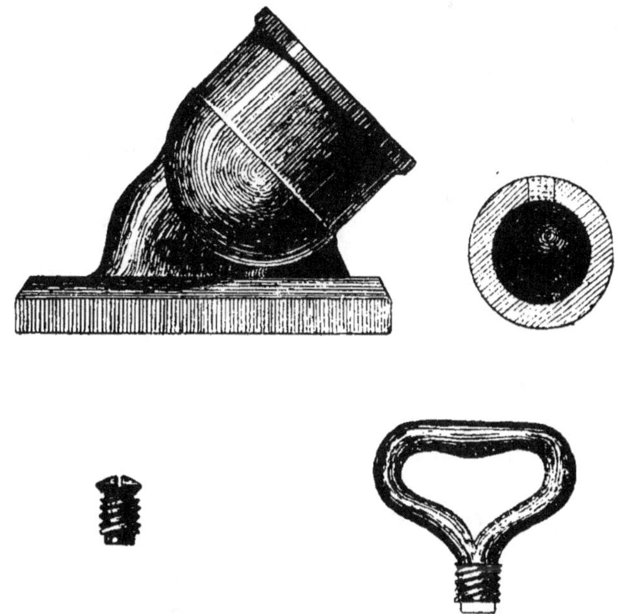

Fig. 31. — Mortier-éprouvette, le globe, sa poignée, son bouchon.

pas le poids réglementaire de $29^{kg}.37$. Le diamètre du globe est de $0^m,1895$. Le tir du mortier-éprouvette se fait avec deux globes servant successivement. On a soin de placer la plate-forme bien horizontale et cette horizontalité s'obtient au moyen d'un plancher posé sur des lambourdes, qui elles-mêmes reposent sur une plate-forme en maçonnerie. On introduit la charge avec un entonnoir ; elle doit peser 92 grammes et ne pas être tassée. D'ordinaire, on tire trois coups dont on prend la moyenne. Quelquefois dans les poudreries on en tire six. Tout premier coup, soit initial, soit après lavage, ne compte pas dans la moyenne et sert à flamber le mortier. Chaque mortier est fondu et terminé avec soin dans les fondreries de l'État et envoyé aux poudreries avec quatre globes dont deux entrent en service de suite, tandis que les deux autres sont mis en réserve. On fait choix d'une bonne poudre pour déterminer la portée et servir de type, puis on conserve 50 kilogrammes de cette poudre dans des bouteilles. Toutes les fois que le mortier-éprouvette a tiré cinquante coups, on fait une épreuve avec la poudre-type pour voir s'il est encore comparable. Si dans cette épreuve on constate que la portée moyenne est moins considérable que dans l'épreuve primitive, il faudra avoir soin toutes les fois qu'on se servira du mortier d'ajouter cette différence. Toutes les fois que la portée avec la poudre-type est inférieure à 200 mètres, le mortier est mis au rebut.

Dans les poudreries, on tire un coup d'épreuve par 1000 kilogrammes, et la portée moyenne ne doit pas être inférieure à 225 mètres. Si la quantité de poudre sur laquelle on expérimente est supérieure à 3000 kilogrammes et inférieure à 4000, on tire quatre coups d'épreuve : au delà, on tire un coup pour 1000 en plus.

Mesure de la vitesse initiale. — On peut se rendre compte de la vitesse initiale au moyen du pendule balistique. Cet appareil est fondé sur l'enregistrement de la quantité de mouvement que le projectile communique à une masse qui vient le frapper. Il se compose essentiellement de deux pendules, dont les arcs de suspension sont horizontaux et parallèles, et qui sont placés à une faible distance l'un de l'autre. L'un des pendules supporte la bouche à feu; l'autre, une sorte de mortier rempli de sable. Le premier reçoit le nom de canon-pendule ou de fusil-pendule, suivant l'arme qu'il supporte, et l'autre se nomme pendule balistique ou récepteur-pendule. Les choses étant disposées on tire le projectile, qui quittant le canon ou le fusil communique au premier pendule un mouvement de recul; puis le projectile pénètre dans le récepteur-pendule qu'il fait osciller avec plus ou moins d'amplitude de l'un ou de l'autre. De ces deux mouvements on déduit par un calcul dans les détails duquel nous n'entrerons pas, la vitesse de recul et la vitesse initiale.

Cet appareil présente plusieurs inconvénients. Demandant : 1° à être utilisé à bout portant, il ne peut donner la vitesse à un moment quelconque et pendant une durée quelconque de la trajectoire; 2° on ne peut s'en servir sous un grand angle; 3° le prix de revient de son établissement est très élevé; 4° son usage est lent et presque impraticable pour les pièces un peu lourdes; 5° enfin, pour les pièces rayées, le projectile vient en dérivant frapper les parois du récepteur, et quelque précaution que l'on prenne il le détériore rapidement. Pour ces raisons, le canon-pendule a été remplacé par des appareils électro-balistiques.

Le fusil dont on se sert est à 2 mètres de l'axe de suspension ; sa longueur est de $1^m,235$; son calibre est de $17^{mm},5$ et la balle qu'il tire avec une charge variant entre 5 et 10 grammes, a le calibre de $16^{mm},3$ et le poids de $25^{gr},9$. On tire une moyenne de dix coups, et les vitesses initiales doivent être de 450 mètres pour la poudre de guerre, 330 pour la poudre de chasse, 350 pour la poudre de chasse fine et de 375 pour la poudre superfine.

Appareils électro-balistiques. Chronographe Leboulangé. — Ces appareils déterminent la vitesse au moyen du temps que le projectile met pour aller d'un point à un autre. Le chronographe Leboulangé se compose essentiellement de deux cibles espacées entre elles d'une distance connue et d'un appareil enregistreur (fig. 32).

Les cibles se composent de deux grands cadres tendus d'un fil métallique susceptible d'être parcouru par un courant électrique, et dont les rangées sont assez rapprochées pour que l'une d'elles soit sûrement brisée par le passage du projectile. L'appareil enregistreur se compose d'une colonne en laiton c, sur laquelle on peut fixer deux électro-aimants à des hauteurs différentes. Le plus élevé de ces électro-aimants, E, porte à l'un de ses pôles une lame de fer douce f qui y adhère tant que l'électro-aimant est parcouru par le courant électrique venant de la pile et passant par les fils de la cible. Cette lame de fer doux porte deux cartouches susceptibles de recevoir une impression quelconque par le choc d'une pointe; l'un est le cartouche supérieur c, et l'autre le cartouche inférieur c'. Sur l'autre côté de la colonne c et inférieurement, est fixé un deuxième électro-aimant E, portant à l'un de ses pôles une masse de fer doux f, qui y reste attachée tant que le

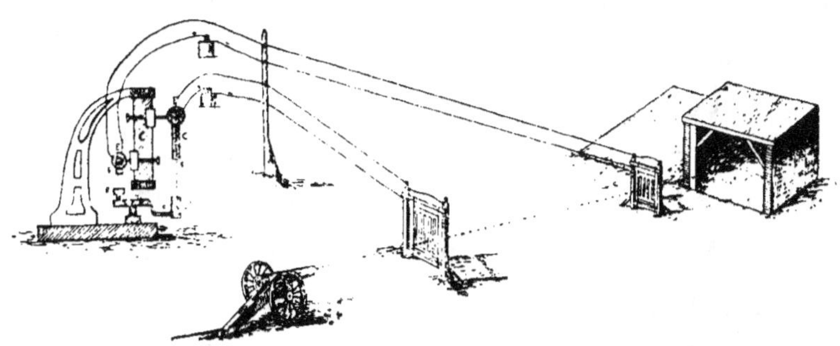

Fig. 32. — Chronographe Leboulangé.

courant fourni par le pôle et traversant les fils de la cible le parcourt. Au-dessus de la masse de fer se trouve un bouton B, placé à l'une de ses extrémités d'un levier mobile sur axe, et dont l'autre extrémité, terminée en crochet, maintient un couteau, qu'un ressort peut faire frapper le cartouche c', Ceci étant posé, il est facile de comprendre ce qui va se passer. Le projectile lancé par la pièce traverse la cible et, brisant les fils qui la forment, interrompra le courant qui va parcourir l'électro-aimant E;

celui-ci laissera échapper aussitôt la masse de fer doux *f*, qui commencera à tomber suivant les lois qui régissent la chute des corps dans l'air. Mais peu de temps après, le projectile rencontrant la cible et brisant les fils, interrompra le courant qui parcourt l'électro-aimant E. Celui-ci laissera échapper aussitôt la masse de fer *f* qui, en tombant, déclanchera en faisant basculer le levier, le couteau. Celui-ci, sollicité par le ressort, se portera vers la droite et viendra imprimer un trait sur le cartouche *c*, qui sera tombé vis-à-vis de lui pendant le laps de temps qui aura séparé la rupture des deux cibles. Si donc, au commencement de l'expérience on a marqué, sur le cartouche, la position du couteau, on aura entre les deux marques de ce même couteau, l'un sur le cartouche inférieur, l'autre sur le cartouche supérieur, une certaine distance indiquant, dans un temps donné, de combien est tombée la lame de fer doux.

Soit E la distance entre ces deux traits; $E = g\,T^2$ d'où $T^2 = \dfrac{2\,F}{g}$ d'où $T = \sqrt{\dfrac{2\,F}{g}}$, ce qui nous donne le temps qu'a mis le projectile à parcourir l'espace compris entre les deux cibles. Mais il faut tenir compte du temps perdu dans l'opération, c'est-à-dire du temps bien minime, il est vrai, qui sépare la rupture des fils et le moment où les électro-aimants laissent échapper leur armature, et enfin du temps que la masse met à tomber sur le bouton du temps que le levier met à basculer et à déclancher le couteau. Pour apprécier ce temps que nous appellerons F, on interrompt les deux courants en même temps. Les deux courants sont tenus fermés au moyen d'un appareil composé d'un ressort et de deux branches. Cet appareil se nomme le *disjoncteur* et permet de rompre simultanément les deux courants.

Si donc on fait une disjonction avant de faire une expérience, on en déduira une distance c, d'où on aura $\sqrt{\frac{2c}{g}}$. En faisant ensuite la différence on aura le temps que met le projectile à passer d'une cible à l'autre.

Cet appareil est d'une installation facile; nous l'avons décrit seul, bien qu'il en existe plusieurs fondés sur des principes analogues. Quand les expériences se font pour la balle du fusil qui est petite et pourrait bien ne pas rencontrer les fils des cibles, on dispose l'expérience d'une autre façon. On place en travers de la bouche du fusil un réticule métallique qui se trouve brisé au départ et donne une première interruption de courant; puis la cible à fil métallique est remplacée par une plaque qui n'est retenue que par deux pointes et qui se trouve éloignée de ces pointes par le choc de la balle, ce qui interrompt le deuxième courant.

Mesure de la pression exercée dans l'âme. — L'appareil qui sert à mesurer la pression exercée par les gaz de la poudre dans l'âme des pièces est fondé sur les lois d'écoulement d'un métal mou. On perce dans la pièce une lumière qui reçoit un ajutage vissé se terminant par une partie de plus en plus rétrécie.

Dans cet ajutage se trouve un piston dont la face inférieure affleure la surface de l'âme. Entre ce piston et la partie supérieure de l'ajutage on place du plomb qui au moment de l'expansion des gaz est plus ou moins refoulé en tronc de cône plus ou moins effilé, suivant la pression exercée. Avec le secours de tables établies expérimentalement au moyen de la presse hydraulique on détermine quelles ont été les pressions dans l'âme de la pièce.

Cet appareil et ses semblables sont connus sous le nom *d'appareils Crusher*.

CHAPITRE VI

ORGANISATION ET SERVICE DE L'ARTILLERIE

Le rôle et les attributions de l'artillerie en campagne ont été réglés par un décret du 26 octobre 1883 portant règlement sur le service des armées en campagne.

L'artillerie est chargée :

1° Du service des bouches à feu, de la construction des batteries et concurremment avec le génie des reconnaissances qui ont trait à l'attaque ou à la défense des places ;

2° De l'approvisionnement de l'armée en armes et munitions de guerre ;

3° Des ponts de bateaux et des ponts mobiles construits avec les matériaux trouvés dans le pays où l'on opère.

Ce service est assuré par les soins :

1° Des officiers de l'état-major particulier de l'artillerie, ayant commandement sur des gardes d'artillerie, des contrôleurs et des ouvriers d'état ;

2° Par des troupes ainsi constituées : batteries montées et batteries à cheval, pour ce qui concerne les batteries mobiles ; batteries à pied fixes ; compagnies d'ouvriers pour la réparation du matériel ; compagnie d'artificiers pour la manutention et la confection des munitions ; compagnies de pontonniers pour l'établissement des ponts de bateaux ; sections de munitions pour le transport des munitions ; enfin sections de parc.

Nous voulons donner à nos lecteurs une idée dont ces différents éléments sont groupés en temps de guerre, et pour ce faire nous choisirons un corps d'armée.

Quatre groupes bien distincts se présentent à nos yeux : 1° l'artillerie divisionnaire ; 2° l'artillerie du corps ; 3° le parc d'artillerie ; 4° l'équipage du pont.

Si nous examinons maintenant chacun de ces groupes, nous verrons que tout d'abord l'*artillerie divisionnaire* se divise en deux groupes comprenant chacun quatre batteries montées de 90 millimètres et deux sections de munitions, l'une d'artillerie, l'autre d'infanterie. Chacun de ces groupes est attaché à chacune des deux divisions d'infanterie du corps d'armée qui se trouvent ainsi dotées chacune de vingt-quatre pièces de 90 millimètres. En tout 48 pièces.

Puis nous verrons que *l'artillerie de corps* comprend huit batteries, soit quarante-huit pièces encore, mais sur ces huit batteries, six sont de 90 millimètres et les deux autres sont de 80 millimètres et sont des batteries à cheval.

Les *sections de munitions* sont numérotées de 1 à 6 et fournissent l'approvisionnement du premier moment aux troupes de corps d'armée. Ces sections de munitions ont chacune une affectation spéciale et des groupes propres à fournir. Cependant en cas d'urgence elles sont tenues à délivrer des munitions aux troupes qui en manqueraient et se trouveraient dans leur voisinage.

Ajoutons à cela le *parc d'artillerie* portant le réapprovisionnement des sections de munitions, tant en cartouches d'infanterie qu'en munitions d'artillerie. Ce parc comprend quatre *sections* de parc numérotées de 1 à 4 et un détachement d'artificiers servant à manutentionner les munitions et les artifices.

Enfin l'*équipage de pont*, qui est dit équipage de corps d'armée, peut jeter un pont de 120 mètres et comprend une compagnie de pontonniers.

Toute cette artillerie est placée sous les ordres d'un général de brigade, puis l'artillerie de chacune des divisions d'infanterie est commandée par un colonel ou un lieutenant-colonel; l'artillerie de corps est commandée par un colonel, le parc par un lieutenant-colonel et enfin l'équipage de pont par un capitaine du régiment d'artillerie-pontonniers.

Il nous reste à parler de l'artillerie attachée aux divisions de cavalerie indépendantes.

Chacune de ces divisions comprend un groupe de trois batteries à cheval tirées de trois régiments différents et réunies sous le commandement d'un chef d'escadron ayant un officier de réserve comme adjoint.

La composition de ces batteries est la même que celle des autres batteries à cheval, sauf les différences suivantes :

Le neuvième caisson, au lieu de contenir des munitions d'artillerie, renferme des cartouches pour armes portatives : 11 286 cartouches de revolver dans le coffre d'avant-train et 12 096 cartouches pour fusil dans les deux coffres d'arrière-train.

L'une des trois batteries a une dix-neuvième voiture qui est un chariot de batterie renfermant 150 kilogrammes de mélinite avec les accessoires nécessaires à son emploi et trois cents signaux à percussion à feu rouge, dits signaux de cavalerie.

Il est intéressant de voir maintenant comment l'artillerie est répartie sur le pied de paix, afin de pouvoir fournir les différents éléments de guerre que nous venons d'énumérer.

Chaque corps d'armée a sur le pied de paix une brigade d'artillerie composée de deux régiments, à treize batteries chacun.

1° Le régiment divisionnaire comprend :

    3 batteries à pied,

    10 batteries montées,

1 compagnie du train d'artillerie (n° 1) ;

2° Le régiment de corps avec :

10 batteries montées,

3 batteries à cheval,

2 compagnies du train d'artilerie (n° 3 et n° 5).

Remarquons que nous ne retrouvons dans le corps d'armée mobilisé que les huit premières batteries montées du premier régiment, les six premières batteries montées et deux batteries à cheval du deuxième régiment, ainsi que deux compagnies du train. Les autres unités servent de dépôt ou fournissent des formations étrangères au corps d'armée.

L'artillerie comprend en outre :

1° seize bataillons d'artillerie de forteresse composés chacun de six batteries. Un certain nombre de ces batteries se dédoublent au moment de la mobilisation et forment des batteries du même numéro avec l'indication *bis*.

Toutes sont employées à la défense des places ou des côtes, ou sont réservées.

Le transport des bouches à feu dans les places, en ce qui concerne les très gros calibres, se fait avantageusement à l'aide du porteur Decauville (fig. 33 et fig. 34) qui, grâce à son extrême mobilité, permet de passer dans les courbes de très petits rayons et même de tourner les pièces à angle droit sur plate-forme en employant deux vagons.

2° Deux régiments d'artillerie-pontonniers à quatorze compagnies.

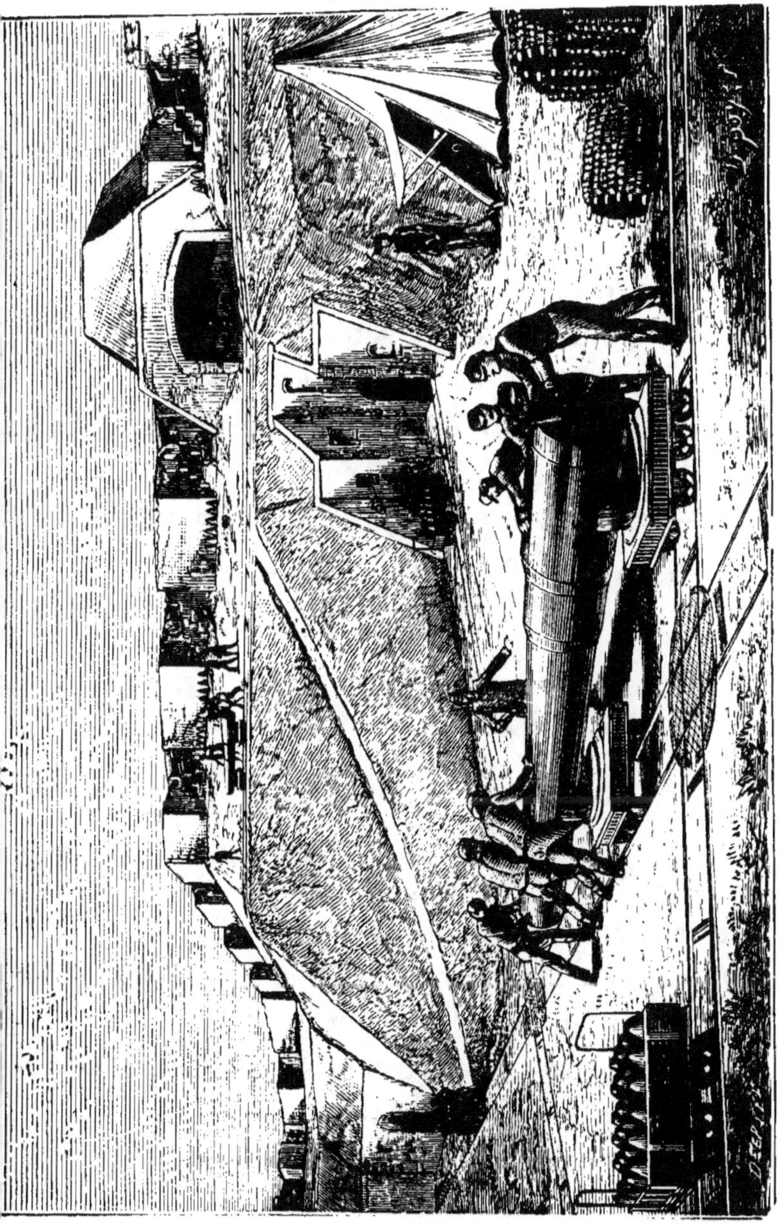

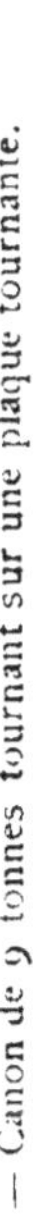

Fig. 34. — Canon de 9 tonnes tournant sur une plaque tournante.

3° Dix compagnies d'ouvriers d'artillerie.

4° Trois compagnies d'artificiers.

Officiers et employés de l'état-major particulier de l'artillerie. — Les officiers employés en dehors des troupes de l'artillerie comptent à l'état-major particulier de l'arme.

En principe ils ont au moins le grade de capitaine.

Employés divers. — Gardes d'artillerie, contrôleurs d'armes, ouvriers d'État, gardiens de batterie.

ÉTABLISSEMENTS DE L'ARTILLERIE. — *Écoles d'artillerie.* — Il y a une école d'artillerie par corps d'armée.

Attributions : Cours aux officiers (lieutenants et sous-lieutenants), conférences aux officiers supérieurs et capitaines. Écoles à feu. Entretien du matériel de mobilisation de la brigade et du matériel de service courant.

Directions d'artillerie et arsenaux. — La France est divisée en trente directions plus ou moins importantes.

Attributions : Places fortes, forts, batteries de côte, etc. — Les moins importantes ont des ateliers de réparations. Les six plus considérables ont un *arsenal* de construction avec une compagnie d'ouvriers ou un fort détachement, pour fabriquer le matériel roulant et terminer l'usinage des projectiles. Certaines d'entre elles ont encore des capsuleries, des cartoucheries, etc.

Ateliers de construction. — Établissements plus considérables que les arsenaux et s'occupant en général spécialement de telle ou telle partie du matériel : Tarbes, Puteaux, *Avignon, Angers*, Vernon. Avignon et Angers s'occupent plus spécialement des équipages de ponts de bateaux.

Fonderie de Bourges. — C'est la seule fonderie que nous possédions. On y fait aussi l'usinage des canons et l'on y fabrique beaucoup de parties accessoires des bouches à feu.

La fonderie de Bourges est un magnifique établissement à la tête duquel se trouve un colonel directeur et un chef d'escadron directeur adjoint.

Nous avons vu comment s'usine une bouche à feu, et nous ne répéterons pas ici ce que nous avons dit plus haut au sujet de la construction, du forage, du rayage et du frettage des pièces. Toutes ces opérations sont faites à Bourges avec le plus grand soin.

La fonderie fait également dans ce moment-ci des obus à mélinite. Ces obus ont jusqu'à sept calibres de longueur et sont en tôle d'acier emboutie par des emboutissages successifs.

Un atelier de précision permet de construire les hausses et autres menus accessoires.

Un atelier de vérification vérifie avec une justesse extraordinaire toutes les pièces qui sortent de la fonderie et les machines servant à la vérification ne sont pas les moins curieuses de l'usine.

Non loin de la fonderie s'élève l'École centrale de pyrotechnie. On y étudie la fabrication des artifices de guerre.

Chaque régiment y envoie tous les ans un certain nombre de brigadiers pour y suivre les cours et devenir aptes à remplir les fonctions de sous-chef artificier.

L'École de pyrotechnie comprend de très nombreux ateliers indépendants les uns des autres à cause de la diversité des travaux qui y sont accomplis. Dans les uns on fabrique les étuis de cartouche nécessaires au fusil Lebel. Des machines admirables, dites emboutisseuses à cinq culots, taillent dans du laiton des rondelles qui se transforment rapidement, après les recuits nécessaires, en cartouches parfaitement calibrées.

Plus loin se trouve l'atelier de confection des tubes fusants pour les fusées fusantes des projectiles. La poudre, comprimée dans des tubes de plomb, est étirée et allongée avec ceux-ci. D'ingénieuses machines vérifient fréquemment la durée de la combustion, qui doit être égale pour des longueurs semblables dans des tubes différents.

Une autre partie de l'Ecole de pyrotechnie est réservée à la fabrication du fulminate de mercure.

Tout le monde sait que ce corps résulte de l'action de l'acide azotique sur le mercure en présence de l'alcool. Le fulminate de mercure se conserve sous l'eau dans des terrines en grès vernissé. On ne l'emploie plus que pour les amorces fulminantes pour dynamite. Les capsules des armes de guerre sont chargées avec un mélange (ternaire) de fulminate de mercure, d'azotate de potasse et de sulfure d'antimoine, ce qui donne une composition de couleur noire. Des machines extrêmement ingénieuses, que nous ne pouvons décrire ici, permettent de faire les dosages et les mélanges, opération des plus dangereuses, et aussi de charger et lisser les capsules de guerre.

L'École de pyrotechnie contient encore les ateliers de fabrication ou plutôt de chargement de mélinite. Nous n'en soufflerons mot.

La confection des artifices de guerre : fusées de signal blanches et rouges ou à parachute, cylindres incendiaires, grenades éclairantes, flambeaux Lamarre de 40 millimètres et de 18, blancs et rouges, signaux à percussion, occupe toute une partie de l'École, sans parler de la fabrication des amorces électriques de quantité et de tension et aussi des étoupilles électriques pour canon de tourelle.

D'autres ateliers sont destinés à l'achèvement et au chargement des obus à mitraille dont nous avons déjà décrit la confection.

Sous-inspection des forges. — Les sous-inspections des forges ont été établies pour surveiller dans les établissements de l'industrie privée la fabrication des projectiles et de divers accessoires métalliques des bouches à feu, et pour recevoir ces objets après leur fabrication.

L'état-major particulier de l'artillerie fournit un certain nombre de capitaines en deuxième qui font alors partie du service des forges.

Ce service comprend cinq arrondissements, portant le nom de sous-inspections des forges, et le chef de service dans chaque sous-inspection prend le nom de sous-inspecteur.

Manufactures d'armes. — Des manufactures d'armes ont été établies pour la confection des armes portatives. Elles sont au nombre de trois : Saint-Étienne, Tulle et Châtellerault.

Il serait trop long d'énumérer en détail les admirables machines qui terminent avec précision les matières presque brutes livrées par l'industrie privée.

Fonderie militaire du Bouchet. — D'autre part la fonderie du Bouchet est chargé d'étudier les meilleurs types de poudre et de les fabriquer concurremment avec les autres poudreries.

Commission d'expériences. — A Calais et à Bourges sont installées des commissions dites d'expériences qui sont chargées d'examiner les diverses inventions et aussi les modifications à faire subir au matériel.

Également à Bourges, la *Commission des principes de tir* étudie tout ce qui a trait au tir et s'occupe de perfectionner dans ce sens l'instruction des officiers. Dans ce but aussi sont institués des *cours pratiques de tir* dans certaines garnisons.

Enfin, à Paris, il existe un Comité d'artillerie installé à Saint-Thomas-d'Aquin. Un général de division de d'artillerie de la marine, des généraux de division de l'artillerie de terre, un colonel secrétaire, sont appelés à donner leur avis au ministre sur tout ce qui touche ou intéresse l'arme.

Le *dépôt central* et la section technique d'artillerie, présidée par un colonel, sont placés dans le même local. La section technique est elle-même subdivisée, et dans chacune de ses divisions on s'occupe d'une chose différente, poudreries, armes portatives, forges, armement des places, etc. Enfin Saint-Thomas-d'Aquin possède encore des ateliers spéciaux pour la fabrication de certaines pièces délicates telles que les calibres et les modèles.

CHAPITRE VII

MATÉRIEL CRÉÉ PAR L'INDUSTRIE PRIVÉE FRANÇAISE

Il est, suivant nous, utile de mettre le lecteur en garde contre le courant d'idées qui porte à considérer Krupp en Allemagne et Armstrong en Angleterre comme les fournisseurs exclusifs des pays étrangers au point de vue de l'approvisionnement en engins de guerre.

Il est de fait que ces deux constructeurs ont été les premiers à produire des canons réellement puissants, et leur réputation, celle de Krupp surtout, était parfaitement justifiée à l'époque où elle s'est établie.

Jusqu'à ces dernières années le premier était en relation avec le monde entier, le second armait surtout l'Amérique du Sud et les pays de l'extrême Orient.

Mais peu à peu les étrangers se sont lassés des malfaçons d'Armstrong et des accidents survenus aux canons anglais en service

D'autre part, Krupp n'a guère augmenté la puissance de ses canons depuis quelques années ; il a continué à soutenir que sa fermeture était la meilleure, que son acier était unique au monde, et il n'a permis à personne de vérifier cette dernière assertion. Il a perdu et perd encore tous les jours des partisans et il est bien peu de pays où la fermeture à vis ne soit actuellement préférée à la fermeture à coin.

Pendant que les Anglais et les Allemands armaient la plupart des pays du monde, les Français se suffisaient à eux-mêmes et travaillaient avec ardeur les questions d'artillerie. Le gouvernement qui, depuis de longues années, confie l'exécution d'une partie de ses canons à l'industrie privée, a donné aux constructeurs l'occasion de se former ; il a fait leur éducation et les a accoutumés à satisfaire aux exigences très dures des comités d'artillerie.

De sorte que l'industrie française s'est trouvée à bonne école et elle était préparée de longue date à entrer en lutte avec les Anglais et les Allemands.

Elle avait le métal, l'outillage, l'expérience acquise.

Le système de fermeture était excellent et elle est allée résolument de l'avant.

Les établissements Cail, dirigés par le colonel de Bange, qui avait eu une part si grande dans la réorganisation du matériel de campagne réglementaire, ont livré quelques batteries de montagne et de campagne à l'étranger.

Le Creuzot et Saint-Chamond continuèrent, comme

par le passé, à usiner seulement des canons sur les plans des officiers français. Mais ils firent un grand pas dans la fabrication des obus et des plaques de blindage. et leurs produits sont connus maintenant dans le monde entier.

La Société des forges et chantiers de la Méditerranée qui, depuis longtemps, fabriquait des bouches à feu pour les départements de la marine et de la guerre français et pour l'armement des navires qu'elle construisait, fut amenée à créer, la première en France, il y a sept ans, un service spécial d'artillerie. Les commandes arrivaient de toutes parts.

C'est ainsi que la France est entrée en lice depuis quelques années et que ses établissements d'artillerie ont su peu à peu prendre rang à côté de Krupp et d'Armstrong.

Il nous paraît intéressant d'étudier un de ces établissements français, au point de vue de la fabrication du matériel de guerre avec autant de détails que nous l'avons fait pour le matériel sorti des usines de l'État. Ce sera une sorte de monographie destinée à montrer combien cette branche toute spéciale de la construction a fait de progrès dans l'industrie privée qui a ses coudées franches et dont rien ne vient entraver l'essor.

Pour que cette étude fût complète, il fallait, non pas étudier une usine métallurgique, fabricant l'acier à canon, ni un constructeur ne faisant qu'usiner des bouches à feu réglementaires d'après les tracés des officiers d'artillerie, mais un établissement producteur ayant ses tracés, ses plans, ses méthodes à lui propres.

Il fallait choisir non point un industriel se bornant à mettre des pièces sur le tour, mais un artilleur capable de concevoir un canon, d'en faire le projet. de l'exécuter et pouvant ensuite justifier les chiffres prévus et annoncés par des expériences nettes et précises.

Ce choix était, par le fait même, limité à deux établissements, les ateliers Cail et les Forges et Chantiers de la Méditerranée.

Nous n'avons pas choisi le matériel de Bange construit par les anciens établissements Cail, parce que des publications de tout genre sont venues le faire connaître au public et que nous n'avions rien de nouveau à dire à ce sujet. Le colonel de Bange a, en somme, très peu produit, depuis quelques années. On lui doit, il est vrai, le matériel de campagne réglementaire en France qui, pour l'époque. constituait un progrès très important ; mais si la France renouvelait son armement, elle adopterait certainement un matériel à la fois plus léger et plus puissant.

Les établissements Cail ont fait des pièces de campagne et de montagne, mais ils n'ont point construit de bouches à feu très puissantes.

Le colonel de Bange préconisait l'emploi du frettage biconique. Nous avons vu que l'expérience n'était pas venue confirmer ses prévisions.

Nous croyons qu'il y a plus d'intérèt et d'exactitude à prendre comme type le service d'artillerie des *Forges et Chantiers de la Méditerranée*, et c'est sur ce dernier que portera plus spécialement notre étude.

L'expérience acquise par cette Société dans les travaux d'artillerie remonte à l'époque de la guerre franco-allemande, c'est-à-dire à plus de dix-huit années.

Vers la fin de 1870, le gouvernement français fit appel à ses ressources et à son expérience déjà reconnue dans la construction et lui confia la fabrication d'une partie du matériel de campagne qui lui était nécessaire pour continuer la guerre.

La Société s'empressa d'employer son personnel et d'approprier son puissant outillage à l'exécution de ces commandes. 300 bouches à feu et 1200 voitures sortirent de ses ateliers en quelques mois.

Désireux de s'assurer pour l'avenir le concours des moyens de production que lui offrait la Société, le gouvernement français n'a jamais cessé, depuis cette époque, de confier d'importantes commandes aux ateliers des Forges et Chantiers.

Mais en présence de l'extension croissante donnée aux armements dans tous les pays, la Société ne pouvait se borner simplement à usiner les canons, affûts et projectiles des types réglementaires français ; elle a voulu pouvoir livrer tout armés les bâtiments qu'elle construit, créer des projets de bouches à feu remplissant les conditions d'un programme donné, enfin, elle a cherché à se mettre en mesure de répondre aux demandes de matériel de toute nature qui pourraient lui être faites, quelle que fût leur importance.

C'est un ingénieur des plus distingués, M. Canet, ancien collaborateur de M. Vavasseur, qui, il y a sept ans, a organisé de toutes pièces, comme nous le disions tout à l'heure, un service spécial d'artillerie : la Société n'a pas hésité dès lors à édifier, à grands frais, un groupe d'ateliers de construction affectés exclusivement à la fabrication du matériel de guerre.

Ces ateliers sont annexés aux usines et chantiers de la Compagnie, au Havre ; ils sont pourvus d'un outillage de la plus grande puissance qui réunit les derniers perfectionnements.

Ces installations nouvelles ont mis la Société en mesure d'usiner dans les meilleures conditions possibles les bouches à feu de tout calibre, depuis le canon de montagne de 100 kilogrammes jusqu'au canon de côte ou de marine de 100 tonnes, soit des types réglementaires en France ou à l'étranger, soit du système Canet qui lui est propre.

Cette installation est complétée par la création d'un champ de tir appartenant à la Société et qui permet de faire avec toute la précision désirable les essais des canons et affûts à tous les angles de pointage.

C'est du reste le seul établissement d'artillerie française possédant un polygone où on puisse tirer à 20 kilomètres et plus.

Les canons, les munitions et les affûts sont fabriqués par la Société dans ses ateliers spéciaux du Havre. Les tourelles mobiles ou barbettes, ainsi que les affûts à manœuvre hydraulique pour bouches à feu de gros calibre, sont exécutés dans ses ateliers et chantiers de Marseille et de la Seyne.

Les divers ateliers et chantiers occupent de 5 à 6000 ouvriers. La situation de ces établissements au Havre, à Marseille et à la Seyne est exceptionnelle. Elle permet de faire sur place l'armement des navires et assure par la Manche, l'Océan ou la Méditerranée, les communications directes avec les nations étrangères.

Ce service d'artillerie s'est développé très rapidement, de nombreuses commandes ont été faites par divers gouvernements et il a été démontré que l'industrie française pouvait lutter de pair avec les puissants établissements d'artillerie allemands et anglais qui, jusqu'ici, semblaient avoir accaparé le monopole de cette fabrication.

L'Espagne, notamment, s'est adressée à la Compagnie des forges et chantiers lorsqu'elle a voulu procéder au réarmement de sa flotte, et c'est dans les ateliers du Havre qu'ont été construits en grande partie les canons et affûts destinés aux nouveaux navires espagnols. Les bouches à feu étaient du systèms Hontoria, réglementaire en Espagne.

La Grèce et le Japon, qui jusqu'ici s'étaient toujours adressés à Krupp, ont adopté le matériel

Canet et confié leurs dernières commandes aux Forges et Chantiers.

Le tableau ci-joint donne, par l'énumération des commandes qui leur ont été faites jusqu'en janvier 1888, une idée de la puissance de production de l'établissement que nous étudions.

Bouches à feu. — Pour le gouvernement français :

1800 canons parmi lesquels 36 canons de 32 centimètres de 43 tonnes et 14 canons de 27 centimètres de 27 tonnes;

2 canons de 15 et de 24 centimètres pour l'usine du Creuzot;

12 canons pour la Chine;

14 canons pour le Japon, dont 3 de 32 centimètres de 67 tonnes;

25 canons pour la Grèce, parmi lesquels 9 canons de 27 centimètres;

133 canons pour l'Espagne;

10 canons pour le Portugal;

5 canons pour Haïti;

20 canons à tir rapide.

Affûts ordinaires. — 1350 affûts environ pour le gouvernement français;

14 affûts pour la Chine;

14 affûts pour le Japon;

5 affûts pour Haïti;

28 affûts pour le Portugal;

133 affûts pour l'Espagne;

21 affûts pour la Grèce.

Affûts de tourelle à manœuvre hydraulique. — 4 affûts et tourelles mobiles pour canons de 27 centimètres des canonnières *Achéron*, *Styx*, *Cocyte* et *Phlégéthon*.

4 affûts de tourelle barbette pour canons de 34 centimètres du cuirassé français *le Marceau*;

4 affûts de tourelle barbette pour canons de 28 centimètres et 32 centimètres du cuirassé Espagnol *le Pelayo*;

3 affûts de tourelle barbette pour canons de 27 centimètres destinés au gouvernement grec;

3 affûts de tourelle barbette pour canons de 32 centimètres destinés aux garde-côtes japonais *Matsushima*, *Itsukushima* et *Hashidate*.

Canons lance-torpilles. — 47 canons lance-torpilles pour la marine française:

20 canons lance-torpilles pour le Japon;

2 canons lance-torpilles pour la Turquie;

2 canons lance-torpilles pour l'Angleterre;

6 canons lance-torpilles pour la Russie;

10 canons lance-torpilles pour la Roumanie;

Soit environ 2000 bouches à feu, 1600 affûts de toutes sortes pour le service à bord et à terre, 91 canons lance-torpilles. En tout pour plus de 50 millions de francs de commandes.

BOUCHES A FEU (SYSTÈME CANET). — Ce matériel d'artillerie comprend toute l'échelle des calibres usuels.

A chaque calibre correspondent plusieurs types de

bouches à feu différant par la longueur d'âme et permettant d'obtenir, en modifiant les charges, des portées et des puissances très diverses.

Chacun des types établi récemment a pu bénéficier des progrès considérables réalisés pendant ces dernières années, et qui portent tant sur les perfectionnements des tracés que sur l'emploi des poudres nouvelles.

Matières premières. — Les canons sont entièrement en acier. Le métal est doux, très élastique et susceptible d'un allongement notable. Pour la vis de culasse seule, il est fait usage d'acier relativement dur. L'acier satisfait aux conditions générales de réception de la marine française.

Chacun des éléments constitutifs des bouches à feu est trempé à l'huile et recuit, et les manipulations que l'on fait subir au lingot d'acier ont plus d'influence sur la qualité du produit final que n'en a le procédé de fabrication lui-même : creuset ou four Martin-Siemens.

Tracé et construction. — Les canons se composent d'un tube renforcé à l'arrière par un manchon et par une ou plusieurs rangées de frettes.

Un agencement particulier des éléments permet d'obtenir des bouches à feu également résistantes au déculassement et à l'éclatement, avec solidarité complète entre la frette-tourillon, le tube et le manchon.

Ces éléments ont autant que possible une épaisseur uniforme. Ce dernier point a une importance capitale en ce sens qu'il permet d'exécuter avec tout le soin et l'efficacité voulus les opérations si importantes du martelage, de la trempe et du recuit.

Il a été adopté en principe une chambre agrandie permettant de tirer de très fortes charges, en employant des poudres lentes spéciales donnant, avec de faibles pressions, des vitesses initiales considérables.

Fermeture de culasse. — La fermeture est réalisée au moyen d'une vis à filets interrompus qui réunit tous les perfectionnements apportés successivement à ce mécanisme.

La vis est munie d'un obturateur plastique d'un tracé particulier et qui ne donne plus lieu à des duretés de manœuvre. L'obturation est plus parfaite et plus sûre qu'avec les anneaux métalliques.

L'appareil de mise de feu, qui est formé d'un verrou avec marteau et percuteur, comporte un dispositif de sûreté qui s'oppose absolument à l'inflammation de la charge :

1° Tant que les filets de la vis ne sont pas en prise sur toute leur longueur avec ceux de l'écrou de culasse :

2° Tant que le verrou de mise de feu n'est pas absolument en place ;

3° Tant que l'on n'a pas agi sur le cordon de tire-feu.

On rend ainsi sans effet tout abaissement accidentel et prématuré du marteau.

Le tracé de la vis de culasse a été modifié de façon à simplifier les organes et à rendre leur entretien plus facile.

La manœuvre est simple et se fait sans effort. Lorsque la culasse est fermée, tout dévirage est impossible.

Lorsque la vis est hors du canon, elle est portée par une console munie d'un loquet de sûreté et pivotant autour d'une charnière.

La manœuvre des culasses des canons de gros calibre se fait au moyen d'organes mécaniques (fig. 35).

Une manivelle placée sur le côté actionne un arbre qui, à l'aide de transmissions, agit sur une vis sans fin verticale entraînant un coulisseau porté par la culasse.

Pendant ce mouvement les secteurs en prise se dégagent. Dès que la vis est libre elle est tirée en arrière par un pignon agissant sur une crémaillère disposée suivant une de ses génératrices.

Dès que la vis est complètement retirée sur la console, un loquet qui retenait cette dernière lui rend sa liberté et une disposition d'engrenage fait pivoter la console et l'amène sur le côté.

Cette culasse est munie, comme à l'ordinaire, du triple appareil de sûreté.

Tous les mouvements s'exécutent successivement

et automatiquement en tournant la manivelle de manœuvre d'une façon continue dans le même sens.

Cette manivelle peut être actionnée à la main, au moyen d'une transmission ou d'appareils hydrauliques.

Les manœuvres, même à la main, sont faciles et rapides.

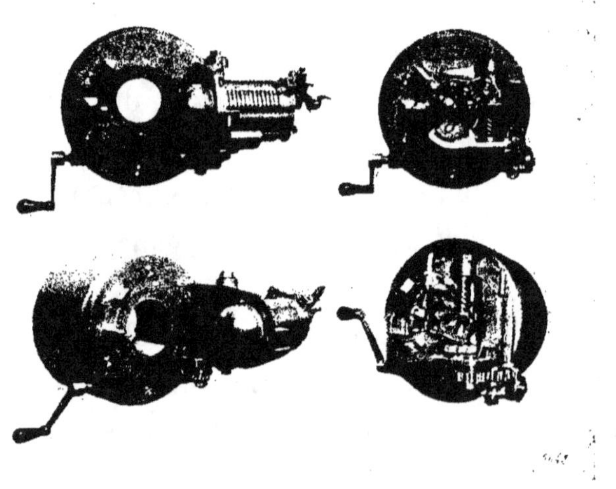

Fig. 35. — Fermeture de culasse système Canet pour canons de gros calibres.

MUNITIONS. — Les bouches à feu tirent cinq espèces de projectiles : obus de perforation, obus ordinaires, obus à balles, obus à mitraille et boîtes à mitraille.

Les obus de perforation sont en fonte dure, en acier ordinaire ou en acier chromé. Cette dernière qualité, dont les usines françaises ont le monopole, réunit seule les conditions requises pour le tir sur les plaques compound ou les plaques en acier.

L'ogive est allongée afin de donner une force de pénétration plus grande.

Les obus ordinaires d'éclatement sont en fonte ; ils contiennent à l'intérieur une charge de poudre très brisante.

Les obus à balles et à mitraille sont formés d'une enveloppe en acier. Dans les premiers les balles sont disposées sur le pourtour. au centre se trouve la charge d'éclatement. Dans les seconds les balles sont placées par couches séparées par des galettes en fonte qui, rompues en fabrication, augmentent d'autant le nombre des éclats.

Tous ces projectiles sont munis d'une ceinture en cuivre à forcement.

Les boîtes à mitraille sont en zinc embouti, l'intérieur est rempli de balles en plomb durci.

Le poids des projectiles est plus faible que celui des obus allemands.

La trajectoire est ainsi plus tendue sans que la force vive soit diminuée dans une proportion sensible ; de plus, à une distance donnée, par suite de la tension de la trajectoire, le projectile vient frapper les plaques de blindage sous une incidence plus normale et se trouve dans de meilleures conditions pour les perforer.

Les fusées sont à percussion ou à double effet réglées pour les vitesses considérables imprimées au projectile.

Les gargousses sont enveloppées de serge rigide. Elles contiennent de la poudre brune spéciale appropriée à chaque calibre particulier.

Les étoupilles obturatrices et à percussion sont d'un maniement très facile. Elles n'exposent ni aux fuites ni aux ratés.

Les avantages de ces bouches à feu sont les suivants :

Éléments constitutifs d'excellente qualité donnant le maximum de garanties par suites des épreuves auxquelles le métal doit satisfaire avant la mise en œuvre.

Combinaison de ces éléments meilleure que dans les autres systèmes, surtout à cause de la forte résistance longitudinale donnée au canon.

Obturation excellente au moyen de l'obturateur plastique modifié qui évite les encrassements et les duretés.

Facilité de manœuvre plus grande qu'avec le coin cylindro-prismatique.

Pendant le combat, meilleure protection des servants, des organes de fermeture et de mise de feu que dans le système à coin.

Emploi d'une mise de feu plus simple que dans le système anglais à aiguille et plus rapide que dans le système allemand avec l'étoupille vissée, dont le maniement est long et parfois difficile.

Rapidité de tir très grande par suite de la facilité que présente la manœuvre de la vis et le changement de l'étoupille.

Le mécanisme de sûreté donne de sérieuses garanties. Le système allemand n'est muni d'aucun appareil de ce genre, bien que la nécessité en ait été démontrée par les accidents survenus en service.

Enfin les éléments balistiques ont été combinés avec soin, les poids des projectiles et de la charge sont très bien appropriés au calibre et au diamètre de la chambre.

A poids égal les canons Canet ont plus de puissance de perforation. Leur fort rendement montre que l'utilisation de la poudre et du métal du canon est excellente.

Il nous a paru nécessaire de donner quelques chiffres indiquant les résultats obtenus. Nous nous sommes reportés aux procès-verbaux, publiés par la *Revue d'artillerie*, des expériences de tir exécutées avec ces bouches à feu.

Les canons de 12 centimètres et de 16 centimètres de 30 calibres, essayés en 1886, ont donné 620 mètres de vitesse avec des projectiles de 21 et de 54 kilogrammes.

Les canons de 15 et de 24 centimètres de 36 calibres (modèle 1885), essayés en 1887, ont donné avec des projectiles de 40 et de 166 kilogrammes des vitesses de 685 mètres et une puissance de perforation telle que ces projectiles traversent 30 et 62 centimètres de fer forgé.

Ces bouches à feu étaient du modèle 1885. Depuis cette époque plusieurs perfectionnements ont été réalisés. En modifiant le tracé de la chambre, en changeant les poids respectifs de la charge et du projectile, M. Canet est arrivé à obtenir des vitesses bien supérieures.

Il construit, en ce moment, pour le Japon, des pièces de 32 centimètres de 38 calibres qui imprimeront au projectile une vitesse de 700 mètres.

Krupp avait indiqué en 1885, comme un résultat à son avis des plus satisfaisants, celui des tirs d'un canon de 24 centimètres qui donnait avec la même charge de 90 kilogrammes et un projectile de 215 kilomètres une vitesse initiale de 574 mètres.

On voit que les Allemands ont sujet d'être inquiets et de se demander si Krupp conservera longtemps son monopole.

Affuts pour le service a bord (système Canet). — *Affûts à châssis incliné.* — Les affûts sont mis en service à bord, sur le pont, dans la batterie, en réduit cuirassé ou sous la teugue.

Suivant la position de la bouche à feu sur le navire l'espace disponible ou le champ de tir qu'on veut faire battre à la pièce, l'affût est à pivot central ou à pivot à l'avant.

Chacun des affûts se compose de trois parties distinctes, l'affût proprement dit, le châssis et la sellette.

Affût. — L'affût proprement dit supporte le canon par ses tourillons, il repose sur les glissières inclinées des flasques du châssis ou sur des galets montés à la partie supérieure du châssis ; il porte les cylindres de frein et le mécanisme de pointage en hauteur.

Les tiges des pistons de frein sont fixées à l'avant
du châssis et travaillent à la traction.

Les orifices d'écoulement destinés à permettre le
passage du liquide de l'avant à l'arrière du piston
pendant le recul varient suivant une certaine loi. Une

Fig. 36. — Affût de côte à pivot central systeme Canet pour canon
de 27 centimètres.

disposition nouvelle permet de faire le réglage d'une
façon mathématique et d'obtenir une résistance constante pendant toute la durée du recul.

Le retour en batterie s'exécute automatiquement
et aussi lentement qu'on le désire.

Un nouveau mécanisme de pointage en hauteur,
actionné par un arbre de commande perpendiculaire
aux flasques, agit sur un secteur denté fixé au canon,
sans le secours d'aucune vis sans fin. Les manœuvres

deviennent par suite beaucoup plus rapides et plus aisées.

L'interposition de cônes de friction empêche les à-coups du canon de se transmettre aux engrenages (fig. 36).

Châssis. — Le châssis est formé de flasques entretoisés. Il porte le mécanisme de pointage en direction.

Ce pointage s'obtient en actionnant, au moyen d'un dispositif semblable à celui du pointage en hauteur, un pignon qui prend appui sur une circulaire dentée de la sellette.

Sellette. — La sellettte, qui se fixe sur le pont du navire, supporte les galets de roulement. Elle porte le pivot autour duquel tourne le châssis. Dans les deux types, pivot central et pivot avant, elle est d'une seule pièce afin que l'installation se fasse avec plus de précision, que la pression se répartisse plus uniformément sur le pont du navire et qu'une flexion du pont n'ait aucune influence sur le pointage.

La mise hors batterie se fait au moyen de palans et de préférence à l'aide d'appareils hydrauliques.

Pour les affûts à pivot avant placés sous la teugue, une disposition particulière à vis permet de rentrer tout le système dans l'intérieur du navire (fig. 37).

Le canon étant hors batterie on l'amarre sur le pont au moyen de ridoirs. Chaque affût peut être muni d'un masque de protection en tôle fixé sur les châssis.

Dans le but de diminuer la percussion sur le pont du navire lorsque les pièces doivent être placées sur des ponts peu résistants, on fait usage d'affûts à châssis horizontal.

La disposition générale de l'affût est conservée, mais comme la gravité n'agit plus pour faire rentrer l'affût en batterie, on a recours à un récupérateur à ressorts.

Fig. 37. — Affût de teugue Canet pour canon de 16 centimètres.
Position de tir.

En fermant toute communication entre les cylindres et le récupérateur on peut immobiliser absolument l'affût sur le châssis.

L'affût à châssis circulaire s'emploie dans certains cas où l'on a besoin d'un affût relativement léger donnant des efforts de traction et de percussion aussi réduits que possible. Ce résultat est obtenu en faisant en sorte que la résistance du frein s'exerce toujours dans la direction même de l'effort du recul (fig. 38).

Les flasques de l'affût proprement dit ont la forme d'un grand segment circulaire dont la corde sert de

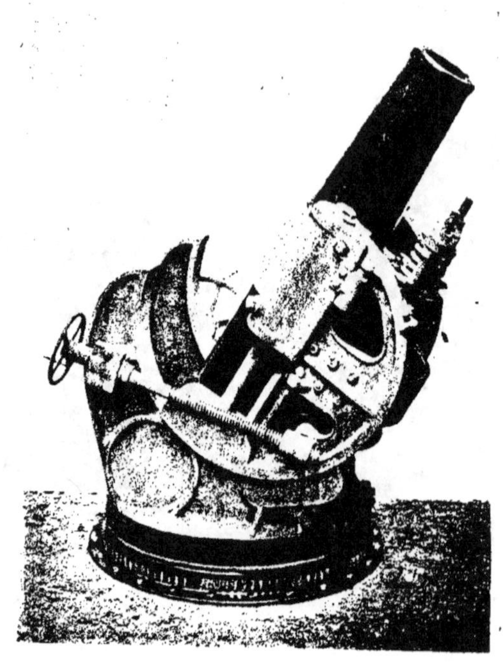

Fig. 38. — Affût Canet à châssis circulaire pour mortier de 27 centimètres.

glissière de recul pour les cylindres de frein. Les tiges de piston de frein viennent prendre appui sur la glissière circulaire des flasques du châssis. Le retour en batterie s'obtient au moyen d'un récupérateur.

Un appareil spécial permet de donner au canon toutes les inclinaisons voulues.

Les principaux avantages des affûts de bord système Canet sont les suivants :

1° Dimensions réduites qui permettent d'avoir des affûts à la fois très résistants, très légers et offrant peu de prise aux coups de l'ennemi;

Fig. 39. — Canon Canet de 12 centimètres de 42 calibres, monté sur affût à pivot central.

2° Recul réduit et encombrement très faible;

3° Facilité de manœuvre provenant de la légèreté de l'affût et de la bonne disposition des organes;

4° Excellente tenue au tir sous tous les angles;

5° Disposition spéciale des organes des cylindres de frein qui permet de régler la vitesse de retour en batterie;

6° Protection donnée aux organes principaux de l'affût.

Affûts de tourelle. — Les appareils de tourelle pour bouches à feu de fort calibre sont montés sur une plate-forme mobile qui entraîne la carapace dans les tourelles fermées et ne porte qu'un masque de protection dans les tourelles barbettes.

FIG. 40. — Canonnière de première classe *Achéron;* affût hydraulique Canet pour canon de 27 centimètres en tourelle cuirasse.

Cette plate-forme. formée d'une solide charpente en tôle, tourne autour d'un pivot fixé sur le pont du navire ; elle est portée par une couronne de galets (fig. 40).

Le mouvement est donné, soit au moyen de palans hydrauliques, soit à la main avec l'aide d'une vis sans fin commandée par manivelles et agissant sur une circulaire dentée fixée sur la partie mobile de la tourelle.

Au centre, mobile avec la plate-forme et protégé par un cuirassement spécial, se trouve le tube de chargement par lequel arrivent les munitions remontées par un treuil à la main, ou avec un monte-charge hydraulique qui, selon le creux du navire, peut être ou télescopique ou à palans.

Le chariot qui porte les munitions, constamment guidé pendant toute sa course, est amené dans la position voulue au moyen d'un système de poulies et de palans hydrauliques convenablement placés. Le projectile et les gargousses viennent successivement se placer, quand on fait tourner le porte-charge, en face de l'âme de la bouche à feu.

La mise en place des munitions se fait au moyen d'un refouloir télescopique mû par l'eau sous pression ou à la main.

Le canon peut être monté sur affût ordinaire dans le cas où les manœuvres doivent être faites à bras.

Le pointage en hauteur et en direction s'obtient alors au moyen des organes ordinaires.

Les pièces de fort calibre sont ordinairement placées dans un berceau et maintenues au moyen de frettes à encastrement.

Le berceau porte les cylindres de frein, il glisse sur un châssis mobile autour d'une cheville horizontale à laquelle sont attachées les tiges de piston de frein.

Le pointage en hauteur se fait en manœuvrant au moyen d'une presse hydraulique le châssis qui pivote autour d'un axe horizontal placé à l'avant.

Les cylindres avec leurs soupapes de retour en batterie sont disposés de telle sorte que l'on peut immobilser l'affût sur son châssis.

La manœuvre de l'affût sur les glissières du châssis se fait par la pression hydraulique.

Les affûts de tourelle barbette sont protégés au moyen d'un masque contre le tir des projectiles.

.A l'arrière se trouve la guérite d'où le pointeur peut suivre les mouvements du canon, en même temps qu'il embrasse tout l'horizon.

Il tient sous sa main tous les organes de manœuvre de la tourelle de la pièce et des munitions.

Dans les tourelles fermées, le chef de pièce ne peut pointer que par le sabord du canon.

Les avantages de ces diverses dispositions dues à M. Canet sont les suivants :

1° Grâce au tube central, le chargement peut s'effectuer dans toutes les positions sans que l'on soit obligé de ramener toujours la pièce dans une direction déterminée.

Les munitions peuvent donc se rendre directement et à chaque instant des soutes à l'arrière du canon pendant que le pointeur continue à suivre le navire ennemi. Les manœuvres sont, par suite, plus faciles et plus rapides.

Aucun autre système de tourelle ne comporte ces dispositions et c'est M. Canet qui le premier a indiqué et appliqué le chargement central.

2° L'emploi du berceau, en place du châssis à glissières inclinées, diminue considérablement la percussion sur le pont.

3° L'ouverture dans le masque ou la carapace peut être réduite à son minimum.

4° Dans la tourelle barbette, l'axe de rotation du châssis qui est un organe excessivement important est complètement mis à couvert par la cuirasse.

5° Dans ces mêmes tourelles, le pointeur embrasse tout l'horizon et peut suivre très facilement un but mobile.

Affûts d'embarcation. — On utilise à bord des embarcations le matériel de débarquement.

FIG. 41. — Canon Canet de 75 centimètres sur affût d'embarcation.

L'affût est muni d'un frein hydraulique dont l'attache se fait sur l'étrave et qui limite le recul dans les proportions voulues.

L'affût peut être débarqué très facilement et se trouve immédiatement prêt à entrer en campagne.

Pour les embarcations d'une certaine importance, et à bords des petits navires de combat, le canon est monté sur un affût à pivot central, à bascule et à frein hydraulique (fig. 41).

NOUVEAUX AFFUTS. — Nous croyons devoir insister sur certaines des modifications importantes introduites

Fig. 42. — Canon Canet de 12 centimètres de 36 calibres, monté sur affût à pivot avant.

par M. Canet dans son nouveau type d'affûts, mis en service depuis quelques mois. Il ne reste plus que la forme du modèle primitif des affûts hydrauliques dont tous les organes ont été perfectionnés.

Comme dispositions générales, le nouvel affût forme un ensemble plus ramassé et plus robuste ; il est moins encombrant, plus léger, plus facile à manœuvrer et mieux protégé. Il est aussi construit pour résister au tir de canons beaucoup plus puissants (fig. 39, p. 221).

Dans le nouveau frein, grâce à une disposition spéciale, on peut faire varier l'ouverture des orifices d'une façon quelconque et non point suivant une loi uniforme comme dans les affûts anglais.

Cette variation suit pas à pas celle de la vitesse de recul et permet de donner au frein une résistance constante pendant tout le temps que l'affût glisse sur son châssis. On obtient alors du frein le maximum d'effet utile et on supprime en même temps les changements brusques dans son action qui fatiguent l'affût.

On demeure maître de la vitesse de retour en batterie, qui s'exécute, du reste, automatiquement.

On peut par conséquent immobiliser absolument l'affût sur le châssis par grosse mer.

La mise hors batterie se fait mécaniquement ou au moyen d'un appareil hydraulique logé dans l'affût et qui n'exige pas le secours de palans.

Le recul a été réduit d'une façon notable.

Les manœuvres sont plus aisées et plus rapides.

La vis sans fin et la roue hélicoïdale du pointage en hauteur ont été supprimées et remplacées par un système particulier à galets et excentrique, ne comportant que des engrenages droits, dont l'un est intérieur et l'autre extérieur.

Ce système est réversible, mais non réciproque.

La suppression d'une partie des frottements qui étaient dus à la vis sans fin rend la manœuvre beaucoup plus rapide et plus facile qu'avec les anciens affûts.

FIG. 43. — Affût de côte à pivot central pour canon de 24 centimètres de 30 calibres. Système Canet.

L'arbre de transmission, qui était disposé parallè-

FIG. 44 — Affût de côté à pivot central, système Canet, pour mortier de 270 millimètres.

lement aux flasques du châssis et était un organe encombrant, délicat et sujet à des avaries, a été supprimé.

L'affût à pivot central, au lieu d'être monté, comme l'affût du type ancien, sur quatre galets, repose sur la sellette par l'intermédiaire d'une couronne de galets fous.

Pour les affûts à pivot avant, la sellette en deux parties a été remplacée, comme nous l'avons déjà dit, par une sellette unique à double circulaire qui répartit plus uniformément sur le pont les efforts dus au tir (fig. 42) et rend moins sensibles les inconvénients qui résultent des dénivellations des ponts.

AFFUTS A ÉCLIPSE. — Pour la guerre de siège ou la défense des côtes et des places, les affûts à éclipse jouissent actuellement d'une certaine faveur, surtout à l'étranger (fig. 45).

Ces affûts, qui peuvent supporter des canons de fort calibre, se placent derrière des parapets en terre, ou en maçonnerie, derrière des blindages, ou dans des puits.

Sous l'effort développé par les gaz de la poudre, le canon s'éclipse et disparaît derrière le parapet ou dans le puits. Il est de la sorte complètement abrité pendant le chargement.

Armstrong, Moncrieff, l'amiral Labrousse, M. le commandant Bussière, ont successivement proposé des types. M. Canet a réalisé un modèle assez réussi d'affût s'éclipsant.

Le canon est porté par un long balancier qui pivote autour de tourillons montés sur une plate-forme tournante.

L'extrémité inférieure du balancier agit sur la tige d'un frein hydraulique communiquant avec deux cylindres latéraux dont les pistons sont chargés de res-

Fig. 45. — Canon de 15 centimètres de 28 calibres, monté sur affût
à éclipse en batterie. Système Canet.

Fig. 46. — Canon de 15 centimètres de 28 calibres, monté sur affût
à éclipse (au recul). Système Canet.

sorts et qui jouent le rôle d'accumulateurs. Le canon

s'éclipse en restant toujours parallèle à lui-même. Les servants chargent, pointent au niveau derrière le parapet ou dans le puits, et ne permettent au canon de revenir en batterie en faisant communiquer le récupérateur avec le cylindre de frein qu'au moment où tout est prêt pour le tir. Un circuit électrique se forme au moment où le canon arrive en batterie et le coup part aussitôt. Dès que le coup est parti, la pièce s'éclipse de nouveau (fig. 46).

Le moindre épaulement de terrain suffit pour abriter un canon monté sur un affût de cette espèce.

MATÉRIEL DE CAMPAGNE, SYSTÈME CANET, MODÈLE 1887. — Les batteries de campagne sont armées de canons de 75 millimètres, longs ou courts. Ces deux types de bouches à feu, qui ne diffèrent l'un de l'autre que par les dimensions et le poids, répondent aux conditions diverses de service que l'on peut exiger.

Le calibre de 75 millimètres permet d'obtenir des effets destructeurs suffisants, tout en conservant aux canons la légèreté nécessaire.

Canons. — Le matériel Canet se distingue par sa puissance, sa justesse de tir et sa longue portée. Ces qualités sont dues à la longueur relativement grande de l'âme, au tracé de la chambre, à la nature de la poudre, enfin à la bonne organisation du projectile.

La résistance des canons permet de tirer de très fortes charges et, par conséquent, d'atteindre des vitesses initiales considérables. Cette résistance provient d'abord de la nature de l'acier employé qui est de première qualité, martelé, trempé à l'huile et recuit. La trempe se fait dans d'excellentes conditions, car les éléments constitutifs de la pièce sont toujours de forme très régulière.

Le manchon avec agrafe qui vient étreindre la partie arrière du canon donne une résistance égale dans le sens longitudinal et dans le sens transversal. Cette résistance longitudinale ne se rencontre au même degré ni dans le système réglementaire français ni dans le système Krupp.

La rapidité et la simplicité des manœuvres sont assurées par l'emploi d'une fermeture dérivant de la fermeture française et perfectionnée dans ses moindres détails.

D'importantes modifications ont été apportées à l'obturateur plastique, afin d'éviter toute dureté, et à l'appareil de mise de feu, auquel il a été ajouté un dispositif de sûreté, consistant en un couvre-lumière très simple. Grâce à cette addition, il devient impossible de faire feu tant que la culasse n'est pas entièrement fermée.

La nécessité d'un appareil de sûreté, que ne comportent ni le système réglementaire français, ni le système Krupp, a été reconnue à la suite d'accidents survenus pendant ces dernières années.

Le tracé de la vis de culasse a été modifié de façon à simplifier les organes, à rendre leur entretien plus facile et à empêcher la boue et le sable de s'introduire dans les mécanismes et particulièrement entre la vis et le volet.

Affût. — Le corps d'affût est formé de deux flasques invariablement reliés entre eux par des entretoises en acier.

Les roues sont en acier avec moyeu en bronze.

Le graissage se fait d'une façon continue.

L'ensemble de l'affût se distingue par une très grande légèreté.

Chaque pièce est disposée de façon à travailler le plus avantageusement possible et à permettre de réduire les dimensions à leur minimum.

Le recul est très réduit, grâce à l'emploi du frein funiculaire Lemoine, réglementaire en France [1]. Ce frein agit sur la jante : il est absolument automatique et se desserre dès que l'on ramène le canon en batterie.

Le pointage vertical se fait avec une grande précision.

. Tout en conservant la même stabilité, on a diminué la voie. Le matériel peut ainsi circuler dans des chemins plus étroits que ceux qui sont nécessaires aux canons actuellement en usage en France et en Allemagne.

Munitions. — Les canons de campagne tirent quatre espèces de projectiles de $5^{kg},200$ chacun, obus ordinaire, obus à balles, obus à mitraille et boîte à mitraille.

Les obus ordinaires, remplis d'une poudre très brisante, sont munis de la fusée percutante; les obus à balles et les obus à mitraille portent une fusée à double effet.

---

[1] C'est ce même frein Lemoine qui a été adopté par la Compagnie des omnibus de Paris et a toujours parfaitement fonctionné.

Les gargousses sont enfermées dans un sachet en toile amiantine.

Les projectiles, grâce à leur forte vitesse restante et à leur organisation spéciale, sont très efficaces, soit

FIG. 47. — Canon Canet de 75 centimètres sur affût de campagne avec avant-train.

contre les colonnes ennemies, soit contre les obstacles de tout genre que l'on rencontre en campagne.

La tension de la trajectoire permet en particulier de simplifier et d'accélérer le réglage du tir avec obus à balles et à mitraille.

Avant-trains, Caissons. — Chacune des pièces est accompagnée d'un avant-train renfermant une partie de l'approvisionnement en projectiles et en gargousses (fig. 47).

Le reste se place dans des caissons. Les coffres

compartimentés sont en bois et acier ; leur étanchéité a fait l'objet d'un soin particulier.

Outils, accessoires, rechange. — Les outils, accessoires et rechanges sont transportés dans des fourgons et voitures spéciales.

Ce matériel roulant est très léger et très solide. Il peut circuler dans des voies étroites et tourner dans un cercle de faible rayon.

MATÉRIEL DE MONTAGNE 1887, SYSTÈME CANET. — Ce matériel est plus spécialement destiné aux opérations dans des contrées d'un accès difficile, où les transports ne peuvent guère s'effectuer qu'à dos d'animaux.

Canons. — Les batteries de montagne sont armées de canons de 75 millimètres, du poids de 99 kilogrammes. Le calibre permet d'obtenir des effets destructeurs suffisants, tout en conservant aux bouches à feu la légéreté nécessaire. Les canons se composent d'un seul bloc d'acier ; la virole de culasse, la frette-tourillon et sa frette de calage sont seules rapportées.

Affût. — Le corps d'affût est formé de deux flasques découpés dans la tôle d'acier de qualité spéciale, qui sont invariablement reliés entre eux par des entretoises en acier (fig. 48).

Le recul est beaucoup réduit grâce à l'emploi d'un frein de bout d'essieu à vis qui agit sur le moyeu ; le serrage et le desserrage se font à volonté.

Le pointage vertical dont l'amplitude est de — 20° à + 20° se fait avec une très grande précision.

Munitions. — Les canons de montagne tirent quatre espèces de projectiles de $4^{kg},600$ chacun, obus ordinaire, obus à balles, obus à mitraille, boîte à mitraille.

Les obus ordinaires sont munis de la fusée percutante, les obus à balles et les obus à mitraille portent une fusée à double effet.

Fig. 48. — Canon Canet de 75 centimètres sur affût de montagne.

Les gargousses sont enfermées dans un sachet de toile amiantine.

Coffres à munitions et accessoires. — Chacun des affûts est muni d'une limonière, pour le cas où ce matériel aurait à circuler sur une route carrossable. Les munitions sont renfermées dans des caisses spéciales en bois et acier, compartimentées et dont l'étanchéité a fait l'objet d'un soin tout particulier.

Des caisses semblables servent au transport des outils et accessoires.

Le matériel est très léger et très solide. Chacun des éléments constitutifs de la batterie peut être isolé et porté à dos de mulet. La charge de l'animal sur bât ne dépasse pas 100 kilogrammes.

Qu'on nous permette de mettre en parallèle ce canon si bien approprié au service qu'on lui demande avec celui de $63^{mm},5$ démontable du type anglais que nos voisins d'outre-Manche préconisent et que leurs usines cherchent à faire adopter aux nations qui viennent s'approvisionner d'artillerie chez eux.

Le canon démontable est un engin beaucoup trop compliqué pour l'armement des pays où le personnel artilleur n'est pas constamment exercé à sa manœuvre.

Ce canon, qui compte plus de dix années d'existence, ne s'est pas répandu malgré sa puissance qui, à première vue, semble assez considérable, parce que, dans la pratique, il a rendu beaucoup moins de services qu'on ne l'avait espéré tout d'abord.

Le montage en lui-même n'est pas toujours aussi simple qu'on pourrait le supposer : en tous cas l'assemblage des deux parties, volée et culasse, demande à être fait avec le plus grand soin pour qu'il n'y ait à craindre ni fuite, ni érosion.

Le canon démontable anglais de $63^{mm},5$ se charge par la bouche ; il supprime donc d'un seul coup tous les avantages qui ont été reconnus au chargement par la culasse au point de vue de la facilité, de la rapidité et de la précision du tir.

Pour une batterie de montagne qui doit avoir un feu très nourri, le chargement par la culasse s'impose absolument.

Dans une batterie démontable, on compte 2 mulets pour le canon et 3 pour l'affût, soit 5 en tout. Dans les batteries ordinaires de montagne, on ne met en charge que 3 mulets par pièce : 1 pour le canon, 1 pour l'affût et 1 pour les roues et la limonière. Le nombre des animaux est alors aussi réduit que possible. Ce point a une très grande importance. En prenant 5 mulets, on a deux chances de plus d'avoir des animaux mis hors de combat par suite d'accidents ou d'attaque dans un défilé. Or, comme chacun d'eux porte un des éléments du canon ou de l'affût, s'il tombe en chemin pour une raison ou pour une autre, il devient impossible de monter une des pièces.

Il importe donc de répartir les éléments de la bouche à feu et de l'affût entre le moins grand nombre possible d'animaux de charge. Avec le canon démontable, le nombre des mulets est de 112. Il est de 76 seulement avec les batteries ordinaires.

Un autre inconvénient est d'augmenter le temps nécessaire pour le montage et l'installation d'une batterie. Mais la principale critique qu'on peut faire au canon démontable, c'est de tirer un projectile trop léger et trop inoffensif.

Il n'y a rien d'étonnant à ce qu'un canon aussi

long que le canon de $63^{mm},5$ anglais donne avec une aussi forte charge et un projectile aussi léger, une vitesse initiale de 439 mètres.

De même, il est évident que la portée de ce canon doit être plus grande sous les mêmes angles, qu'avec le canon de 75 millimètres qui n'a que 300 mètres de vitesse, mais il est à remarquer qu'au delà de 4000 mètres surtout en terrain de montagne, on fait de telles erreurs sur l'évaluation des distances qu'il n'y a pas d'intérêt à avoir à sa disposition une pièce qui permette de tirer à des portées plus considérables.

De plus, un projectile trop léger se comporte moins bien dans l'air qu'un projectile relativement lourd.

Enfin, un obus de $3^{kg},300$ ne saurait produire les mêmes effets destructeurs que celui de $4^{kg},600$ tiré par le canon non démontable de 75 millimètres.

Lorsqu'un projectile de $4^{kg},600$ vient frapper contre un mur ou un obstacle résistant, la charge intérieure étant plus forte, la puissance destructive est bien plus considérable. Ces mêmes projectiles ont été étudiés spécialement en vue de donner le plus grand nombre possible de fragments quand ils viennent éclater sur un front de troupe. Ils peuvent contenir plus du double du nombre de balles renfermées dans les projectiles anglais de $3^{kg},300$.

C'est sur ce point surtout que le canon de 75 millimètres l'emporte sur le canon de 63 millimètres. Car de l'effet destructeur de l'obus résulte en somme l'efficacité réelle du matériel de campagne et de montagne, dès que la portée et la justesse du tir sont assurées, d'ailleurs, par une vitesse initiale suffisante et une bonne organisation du projectile.

Pour terminer nous citerons des chiffres tirés des procès-verbaux des tirs faits de janvier à mai 1887 avec le matériel Canet de 75 millimètres.

Le canon de montagne lance un projectile de $4^{kg},600$ avec une vitesse de 300 mètres. Il ne pèse que 99 kilogrammes.

Le canon de campagne court imprime au même projectile une vitesse de 410 mètres. Il pèse 260 kilogrammes.

Le canon de campagne long pesant 350 kilogrammes lance des obus de $5^{kg},200$ avec une vitesse de 550 mètres.

Les canons réglementaires français et les canons Krupp ne donnent rien de semblable.

Ces renseignements sommaires sur le matériel et sur les résultats obtenus montrent qu'en France on peut non pas seulement usiner, mais encore créer de toutes pièces des bouches à feu.

A côté du nom très populaire du colonel de Bange vient se placer celui de M. Canet.

Cet aperçu n'a pour but que de faire connaître un système que les hommes du métier apprécient déjà à sa juste valeur. Il montrera que *canon de Bange* ne doit pas être pris comme une expression synonyme de *canon français*.

Mais il montrera surtout que les efforts de notre industrie ont été couronnés de succès.

Nous ne serions pas étonné, étant donné la tendance chaque jour plus accentuée à s'adresser à la France, de voir, dans quelques années d'ici, certains pays étrangers abandonner presque complètement Krupp et Armstrong pour adopter, comme l'ont déjà fait la Grèce, le Japon et d'autres, le matériel Canet.

CANONS A TIR RAPIDE. — Depuis quelques années on s'occupe activement d'armer les navires de canons à tir rapide. La puissance de perforation ou de destruction des obus, est telle qu'en dirigeant sur l'ennemi un feu très nourri même avec des projectiles d'un calibre réduit, on peut arriver à rendre inhabitables ses œuvres mortes, à condition de disposer d'une rapidité de tir suffisante.

L'efficacité des canons à tir rapide est manifeste surtout contre un but mouvant, contre les croiseurs rapides ou les torpilleurs qu'il s'agit d'arrêter à tout prix.

Ces canons se placent dans les hunes, sur les passerelles, derrière les bastingages. Les expériences faites jusqu'ici dans tous les pays ont été parfaitement concluantes. De tous côtés on cherche à obtenir une bouche à feu légère, douée d'une puissance relativement considérable et dont le chargement et la manœuvre s'exécutent avec une très grande rapidité.

CANONS A TIR RAPIDE NORDENFELT

DÉNOMINATION DES CANONS	CANON					AFFUTS		CHARGEMENT					TIR		NOTES
	NOMBRE DES CANONS	MÉTAL	CALIBRE	LONGUEUR DE L'ARME	POIDS DE L'ARME	NATURE DE L'AFFUT	POIDS	POUDRE	POIDS DE LA CHARGE	POIDS DES PROJECTILES EN FONTE OU EN ACIER	POIDS DE LA BOITE A MITRAILLE		VITESSE INITIALE	NOMBRE DES COUPS PAR MINUTE	
			mm	mm	kg		kg		gr	gr	gr		m		
57mm ou 2,244 pouces.. (à haute vitesse)	1	ACIER	57,0	2.413	330	A recul pour navires et embarcations avec frein hydraulique	385	Poudre hexagonale Nordenfelt.	1,333	2.722	3.628		649	30	1 Ce canon est spécialement construit pour être placé dans les canonnières.
57mm ou 2,244 pouces.. (à vitesse réduite).	1		57,0	2.413	289		330		879	2.722	3.628		567	30	2 Canon de campagne. — Dans le poids de l'affût est inclus le poids d'un bouclier en acier pour protéger les artilleurs.
57mm ou 2,244 pouces. (léger).	1		57,0	1,651	228		279		567	2,722	3.628		469	30	
57mm ou 2,244 pouces 1. (pour caponnières)	1		57,0	1,346	223	Sans recul avec un cône élastique.	609		567	2.722	3.628		441	30	3 Canon de montagne qui peut être transporté à dos de mules, trois mules étant capables de porter le canon et son affût.
49mm ou 1,9 —	1		48,3	2,032	228	A recul hydarulique.	279		907	1.814	2.381		637	30	
47mm ou 1,85 —	1		47,0	2,285	216		265		790	1,500	2.154		641	30	Tous les autres canons sont pour navires de guerre ou embarcations. Un affût de débarquement a été construit pour chacun d'eux.
47mm ou 1,85 pouce 2. (de campagne).	1		47,0	1,702	152	De camp. à roues.	558	Poudre spéciale Nordeufelt, Petite pebble.	283	1,361	2,154		443	32	
42mm ou 1,65 —	1		41,9	1,905	157	Affût naval sans recul.	168		522	1,134	1,475		614	32	Tous ces canons tirent des obus en acier ou en fonte, ceux d'un calibre plus grand que 40 millimètres tirent aussi des shrapnells.
42mm ou 1,65 pouces 3. (de montagne).	1		41,9	1,453	76	De campagne et pour montagne.	171		270	1,134	1,475		457	34	
38mm ou 1,5 —	1		38,1	1,549	150	Affût naval sans recul.	156		283	794	997		565	34	
32mm ou 1,27 —	1		32,2	1,143	45		63		85	404	500		452	34	

DÉNOMINATION DES MITRAILLEUSES	CANON					AFFUT		CHARGEMENT			TIR		NOTES
	NOMBRE DES CANONS	MÉTAL	CALIBRE	LONGUEUR DE L'ARME	POIDS DE L'ARME	NATURE DE L'AFFUT	POIDS DE L'AFFUT	POUDRE	POIDS DE LA CHARGE	POIDS DES PROJECTILES EN FONTE OU EN ACIER	VITESSE INITIALE	NOMBRE DES COUPS PAR MINUTE	
			mm	mm	kg		kg		gr	gr	m		
38mm ou 1,5 pouce.. . .	3	ACIER	38,1	1,396	381	Naval	381	Poudre spéciale Nordenfeldt petite pebble.	131	623	498	200	Ces deux canons peuvent aussi tirer des boites à mitraille.
38mm ou 1,5 — . . .	2		38,1	1,396	280	—	331		131	623	498	150	
32mm ou 1,27 — . . .	2		32,2	1,270	198	—	158		85	404	466	150	
25mm ou 1 — . . .	5		25,4	1,030	216	—	165		40	207	450	420	
25mm ou 1 — . . .	4		25,4	1,030	193	—	162		40	207	450	360	
25mm ou 1 — . .	2		25,4	1,030	84	—	55		40	207	450	180	
	12		»	685	113	—	107	Poudre de fusil.	Les mêmes munitions que pour les fusils de l'armée ou de la marine			1,200	
	10		»	685	107	—	107					1,050	
MITRAILLEUSES	7		»	685	82	—	39					800	
CALIBRE DE FUSIL	5		»	685	58	—	39					700	
	3		»	685	25	—	24					440	Affûts de débarquement et de montagne ont aussi été construits pour ces mitrailleuses.
	2		»	685	20	—	20					280	
	1		»	762	7	à main	3					180	

Pour les très petits calibres on a conservé l'usage des mitrailleuses : canon revolver Hotkios (réglementaire en France), mitrailleuse Nordenfelt à 3 et 5 canons, mitrailleuse Gatling, mitrailleuse Maxim.

Pour les calibres de 37, 47, 57 millimètres, Hotchkin et Nordenfelt ont construit des canons à tir rapide dont l'efficacité et le bon fonctionnement est un fait acquis.

Mais devant cette tendance, chaque jour plus accentuée, à augmenter la rapidité de tir, on a cherché à dépasser encore le calibre de 57 millimères.

Armstrong, Krupp, Nordenfelt, Canet, l'artillerie de la marine française, ont construit des canons de 65, 75 millimètres, 10 et même 12 centimètres.

Chaque jour de nouveaux progrès sont à signaler. Ils nous paraît cependant difficile de dépasser le calibre de 12 centimètres pour lequel la cartouche chargée est déjà d'un maniement assez difficile.

Pour faire d'une façon complète l'étude des canons à tir rapide au point de vue des propriétés balistiques, nous donnerons seulement une description sommaire des appareils extrêmement ingénieux dont la combinaison permet d'effectuer le chargement et la mise de feu avec une très grande rapidité.

M. Nordenfelt a adopté, à peu de chose près, un type uniforme pour la fermeture de ses canons sur lesquels nous donnons des renseignements. (Voyez le tableau, p. 242 et 243.)

A l'arrière du canon est une sorte de mortaise. A l'aide d'un levier placé sur le côté droit du canon on manœuvre la fermeture composée de deux pièces principales, le bloc de culasse contre lequel vient prendre appui le culot de la cartouche et le coin qui vient se loger entre le bloc et la face arrière de la mortaise et sert à caler ce bloc pendant le tir.

Lorsqu'on ramène le levier en arrière, le coin descend puis pivote autour de l'axe du levier en entraînant le bloc de culasse et en dégageant l'ouverture de la chambre.

On enlève la cartouche vide pour la remplacer par une autre, et quand on ramène le levier de manœuvre vers l'avant, le coin remonte et revient caler le bloc de culasse. Pendant ces opérations un extracteur de douille a fonctionné automatiquement, le percuteur s'est armé et le canon est prêt à faire feu. Un appareil de sûreté empêche le percuteur de fonctionner tant que la culasse n'est pas entièrement fermée.

M. Canet a tenu à conserver la vis à filets interrompus en usage dans tous les canons français, afin de diminuer la longueur de la pièce à l'arrière et d'éviter les difficultés de manœuvre qui peuvent se produire avec les blocs de culasse assez pesants que nécessitent les calibres moyens.

Il a employé une disposition fort ingénieuse : La vis segmentée est tronconique. La culasse s'ouvre par le seul mouvement de droite à gauche d'un levier horizontal. Pendant les premiers instants de la course le levier fait tourner la vis de culasse au moyen de roues dentées. Lorsque les secteurs placés ont cessé d'être en prise, le levier continuant sa route retire la vis de son logement. En poussant le levier encore plus loin on fait pivoter la console qui porte la vis et on dégage ainsi l'ouverture de la chambre (fig. 49).

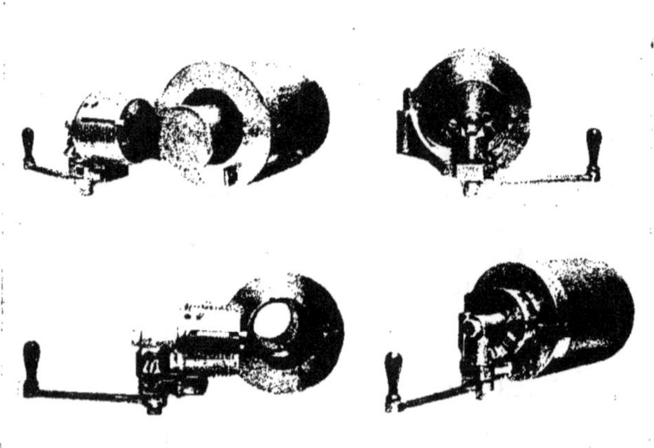

FIG. 49. — Fermeture de culasse pour canon à tir rapide.
Système Canet.

Un extracteur retire la douille vide. Lorsque la culasse est refermée le percuteur se trouve armé. Un mécanisme de sûreté l'empêche d'agir avant la fermeture complète de la culasse.

La rapidité du tir pour un canon de 65 ou 75 millimètres est d'environ 15 à 20 coups par minute.

CANON LANCE-TORPILLES (SYSTÈME CANET). — *Organes de lancement.* — L'appareil, exécuté d'après les plans de M. Canet, permet de lancer à tout instant la torpille automobile comme un projectile, en supprimant les installations coûteuses et encombrantes que nécessite l'emploi de l'air comprimé.

Le canon se compose d'un tube en bronze ou en acier, avec rainure pour guider la torpille, doigt de mise en marche agissant sur l'appareil moteur et verrou de retenue pour empêcher la torpille de glisser hors du tube sous l'influence des mouvements du navire.

La culasse est à vis à filets interrompus portée par un volet et analogue à celle des canons du système réglementaire français. Elle s'ouvre et se ferme au moyen d'une manivelle et d'un pignon actionnant une crémaillère fixée sur la vis. La manœuvre est par suite facile même lorsque la garniture du joint de la porte est trop serrée.

Lorsque la culasse est ouverte, elle est reliée au volet au moyen d'un loquet qui se dégage automatiquement quand on la ferme.

La gargousse de lancement est faite avec une poudre spéciale ; elle a une forme particulière et se place dans une chambre ménagée à l'intérieur de la culasse et disposée de telle sorte que les gaz vont frapper les parois du tube avant d'atteindre la torpille, sans détériorer le mécanisme arrière.

L'émission des gaz a lieu progressivement et la pression n'atteint pas un chiffre très élevé.

On enflamme la charge au moyen d'une étoupille obturatrice à percussion que l'on enlève avec un extracteur coup-de-poing.

La mise de feu se fait par un verrou à marteau sur lequel vient agir un doigt ; la disposition est telle que le doigt n'a d'action que si la culasse est entièrement fermée. On évite ainsi les accidents qui se produiraient dans le cas d'une fermeture incomplète.

Le doigt de mise de feu est actionné par un fort ressort bandé à l'avance et dont on produit la détente au moyen d'un électro-aimant. Un ferme circuit permet au chef de batterie de déclancher le système d'un point quelconque d'un navire ou d'un poste de lancement à terre.

Le mouvement qui relève le verrou de mise de feu dégage en même temps le verrou d'arrêt de la torpille, et la rend libre dans le tube.

Un levier disposé pour être manœuvré à la main permet le déclanchement du ressort de lancement si le pointeur doit viser lui-même et lancer la torpille, et dans le cas où, par suite d'un incident quelconque, la pile ne fonctionnerait plus, le pointeur est prévenu que le courant fonctionne bien par une sonnerie électrique à fils indépendants.

Si le ressort du mécanisme se brise on met le feu en soulevant le verrou au moyen du levier de manœuvre qui sert à bander ce ressort.

Si tout le mécanisme est hors de service on met le marteau sur l'étoupille et on frappe avec une masse en plomb sur la tête de ce marteau.

Avantages de ce système de lancement. — Les avantages de ce système sont les suivants :

Il est prêt à fonctionner à tout instant.

Il permet de lancer la torpille à coup sûr, lorsque les organes de déclanchement et de mise de feu sont complètement détruits.

Il empêche la mise de feu si la culasse n'est pas complètement fermée.

Il s'oppose à ce que les gaz ne détériorent l'arrière de la torpille, et par la façon même dont se répartit la pression, il permet l'emploi de très fortes charges qui mettent à même de lancer avec de l'eau dans les tubes, à bord des torpilleurs.

La manœuvre de la culasse et des divers organes est extrêmement facile.

L'obturation est très bonne.

Le système présente tous les avantages de la mise de feu électrique : instantanéité de tir avec la possibilité de lancer d'un poste éloigné, tout en conservant ceux de l'inflammation par étoupille à percussion qui est bien plus sûre et ne donne jamais de ratés.

AFFUTS. — *Organes de manœuvre*. — Le canon lance-torpille est, ou bien fixe, comme sur les torpilleurs et à l'avant de certains navires, ou mobile, comme sur les navires de croisière ou d'escadre. Suivant la position que l'on veut donner au tube mobile et l'emplacement dont on dispose, il se place sur les ponts (fig. 50) ou s'installe sous barrots (fig. 51). Il est complètement à l'intérieur du navire, ou bien fait saillie en dehors de la muraille.

Le canon mobile est soutenu par un chariot à galets

qui se déplace sur le pont ou sur une circulaire fixée sous barrots. Ce chariot porte le mécanisme de pointage en hauteur.

Le tube est relié à la muraille du navire, soit au moyen d'un joint sphérique démontable parfaitement étanche, soit par un joint en cuir.

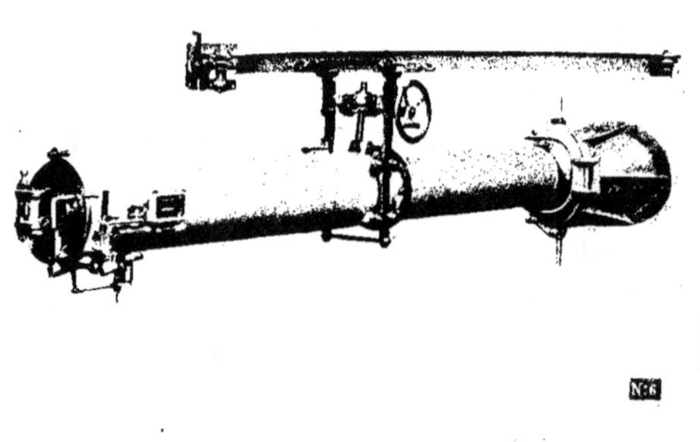

FIG. 50. — Canon lance-torpilles Canet sous barrots.

Lorsque les tubes, au poste de tir, dépassent la muraille, ils peuvent être retirés en arrière et sont portés par une voie aérienne convenablement disposée pour permettre d'opérer aisément le chargement d'une nouvelle torpille.

On les amène facilement au poste d'amarrage en utilisant les barres qui permettent de les rentrer à l'intérieur du navire.

Avantages de ce type d'affût. — L'étude de ce type a été faite en vue d'obtenir les avantages suivants :

Manœuvre facile, rapide et précise du canon.

Grâce à l'emploi du joint sphérique, diminution de l'ouverture pratiquée dans la muraille du navire, tout en ayant de grands angles de pointage latéral.

Système de fermeture du sabord rapide et parfaiment étanche de même que le joint d'attache du tube à la muraille.

FIG. 51. — Canon lance-torpilles Canet sur le pont.

Encombrement réduit au minimum, tant au poste de combat qu'au poste d'amarrage.

Faculté de retirer le canon à l'intérieur du navire en fermant le sabord afin de le soustraire à l'action des projectiles ennemis et de permettre le chargement en toute sécurité.

Défense des passes. — Le canon lance-torpilles étant monté sur affûts essentiellement mobiles peut être employé utilement pour la défense des passes et des rivières (fig. 52).

Le lancement se faisant à la poudre, le canon est prêt à tout instant et peut être transporté par terre ou sur une embarcation aux points menacés.

Il permet d'éviter, dans certains cas, l'emploi dis-

Fig. 52. — Canon-lance torpilles pour le service à terre.

pendieux et souvent dangereux des lignes de torpilles mouillées.

La simplicité et la manœuvre facile de cet engin permettent de s'en servir pour armer sur-le-champ des embarcations à vapeur ou à l'aviron qui peuvent contribuer d'une façon très efficace à une attaque de nuit.

CHAPITRE VIII

TIR DES BOUCHES A FEU

Quelques définitions maintenant sont utiles. On appelle portée moyenne, la moyenne des portees obtenues en tirant un grand nombre de coups dans des conditions identiques. On appelle point moyen, le point dont la distance à la pièce est égale à la portée moyenne et dont la distance à la direction du tir, c'est-à-dire la ligne qui va de la pièce au but est égale à la moyenne algébrique des distances de tous les points de chute à cette ligne.

L'écart en portée est la différence entre la portée du coup et la portée moyenne. L'écart moyen en portée est la moyenne des écarts en portée.

L'écart en direction est la différence entre la distance du point de chute à la direction du tir et la distance du point moyen à cette ligne ou bien la distance du point de chute au point moyen, comptée perpendiculairement à la direction du tir. L'écart moyen en direction est la moyenne des écarts en direction.

Écart probable.—Pour définir l'écart probable (fig. 53) supposons un grand nombre de coups tirés dans

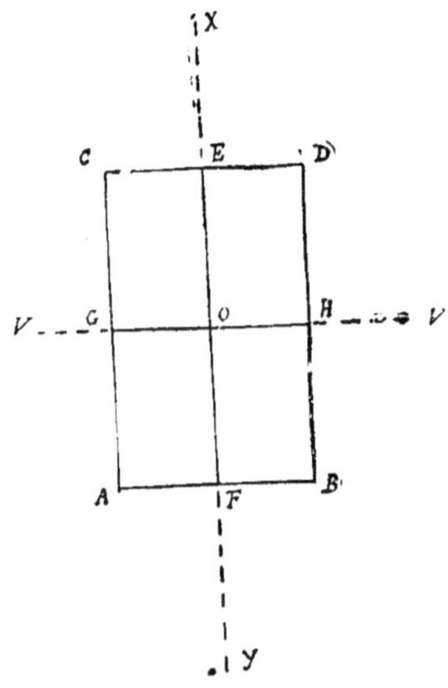

OE = OF Écart probable en portée
OG = OH Écart probable en direction

Fig. 53. — Ecart probable.

des conditions identiques ; on voit les points de chute se répartir symétriquement autour du point moyen O et se serrer d'autant plus qu'ils en sont près. En traçant par le point moyen O deux lignes rectangulaires XY et VV, dont l'une XY est parallèle à la direction du tir, on a la moitié des coups de chaque côté de chaque ligne et le quart dans chaque angle droit. En traçant parallèlement à VV les deux lignes AB et CD telles qu'elles limitent la meilleure moitié des coups courts et longs, on détermine les deux segments égaux O E et O F qui sont précisément l'écart probable en portée pour la distance du tir. De même G O et O H sont les écarts probables en direction. On peut donc dire que l'écart probable en portée est la distance comptée à partir du point moyen à droite ou à gauche de la direction du tir limité, la zone contenant la meilleure moitié des coups à droite ou à gauche.

En un mot, si on trace un rectangle ayant le point moyen pour centre, deux fois l'écart probable en portée pour côtés dans le sens du tir et deux fois l'écart probable en direction pour les deux autres côtés, on limitira la zone contenant le meilleur quart des coups d'une pièce tirant dans les mêmes conditions. En outre l'expérience montre qu'un rectangle concentrique et parallèle au premier ayant pour côtés huit fois les écarts probables en portée et en direction contient 99 pour 100 des coups, c'est-à-dire pratiquement la totalité.

Les écarts probables correspondant à chaque distance de tir sont donnés dans les tables de tir, ils augmentent avec la distance. On voit ainsi que connaissant la position du point moyen par rapport au but on connaît la répartition des projectiles. Le réglage du tir consiste à amener le point moyen à la position la plus convenable pour obtenir l'effet maximum en tenant compte des effets d'éclatement des projectiles.

Angle de tir. — L'angle de tir est l'angle que fait l'axe de la bouche de la pièce avec la ligne qui joint la bouche au but.

Angle de site. — L'angle de site est l'angle de l'horizontale avec la droite allant de la bouche de la pièce au but. L'inclinaison de la pièce est donc la somme ou

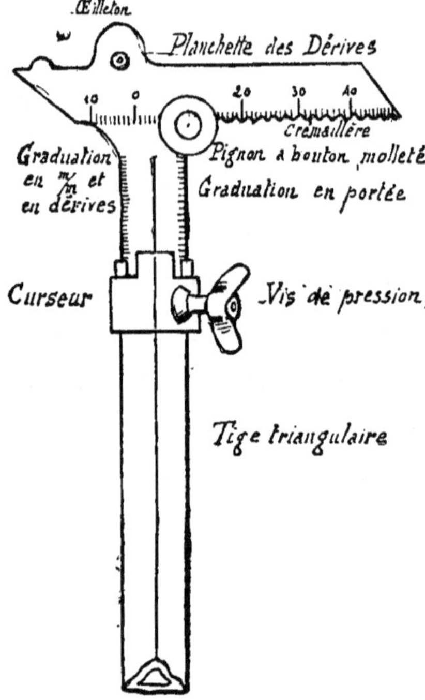

Fig. 54. — Hausse.

la différence des angles de tir et de site suivant que le but est plus haut ou plus bas que la pièce.

Pointage avec la hausse. — Pointer une pièce, c'est lui donner la direction et l'inclinaison nécessaires pour que le projectile aille frapper le but à atteindre.

Le pointage consiste donc en deux opérations.

1° Donner l'inclinaison à la pièce de manière à corriger l'effet dû à la pesanteur : c'est ce qui s'appelle donner l'angle ou la hausse ;

2° Donner la direction nécessaire pour corriger la dérivation : c'est ce qui s'appelle donner la dérive.

Dans les pièces de campagne, ces deux opérations s'exécutent généralement au moyen du même instrument nommé la hausse ; toutefois, il peut devenir nécessaire de recourir à d'autres procédés, tels que le niveau de pointage et le fil à plomb.

Hausse. — Les hausses des canons de 80 et de 90 ne diffèrent que par les graduations appropriées au tir de chaque modèle de pièces.

La hausse comprend :

1° La tige, tube triangulaire (fig. 54) en laiton, sur lequel sont tracées les graduations et portant une tête sur laquelle glisse la planchette des dérives. La tige porte trois graduations. La hausse étant placée dans son canal, la face gauche porte une graduation en millimètres jusqu'à 200 millimètres et les dérives correspondantes, c'est-à-dire le nombre de millimètres dont il faut porter l'œilleton vers l'axe de la pièce (à gauche pour le 80 et le 90) à partir du point de repère de la tête pour viser à la distance indiquée sur la hausse ; la face droite est graduée en portées, la face postérieure porte une graduation en degrés et demi-degrés jusqu'à 18ᵉ angle correspondant à 5800 mètres.

2° La planchette des dérives perpendiculaire à la tige. Elle glisse sur la tête de la hausse et porte une crémaillère mue par un pignon à bouton molleté. Une vis de pression fixe la planchette dans une position quelconque. La planchette porte un œilleton et une division en millimètres allant de o à 4 millimètres à droite de l'œilleton et de o à 1 millimètre à gauche; cette graduation passe devant un trait de repère marqué sur la tête de la hausse.

3° *Le curseur*. — Il se met sur la tige et est muni de traits de repère pour chaque graduation qui permettent de donner la hausse voulue.

Une vis de pression et un ressort permettent de fixer le curseur à la place voulue. Outre la hausse pour diriger la pièce sur le but, se trouve sur le tourillon droit le guidon formé de deux pointes très rapprochées obtenues par l'évidement circulaire d'une pièce en acier.

La ligne de mire est alors la ligne droite passant par le centre de l'œilleton de la hausse et le milieu de l'espace compris entre les pointes du guidon. Lorsque le zéro de la planchette est en coïncidence avec le trait de repère de la tige, la ligne de mire est dans un plan parallèle au plan de tir; si en outre le curseur est au o de la hausse, la ligne de mire est parallèle à l'axe du canon.

Pointage de la hausse. — Il faut donner la hausse et la dérive, puis diriger la ligne de mire ainsi obtenue sur le but.

Le hausse et la dérive sont indiquées par le capitaine et corrigées par les chefs de section; le reste de l'opération est confié aux pointeurs.

Pour donner la hausse, le pointeur amène le repère du curseur sur la division de la tige indiquée et serre la vis de pression. Il engage la hausse dans son canal, la planchette perpendiculaire à l'axe de la pièce et la met à fond en appuyant sur le curseur muni à cet effet d'un poussoir et non en appuyant sur la tête, ce qui pourrait faire varier la position du curseur ; puis il s'assure que ni le curseur ni la planchette n'ont bougé. (Pour donner la dérive, il amène la division de la planchette indiquée en face du repère au moyen du bouton molleté et serre la vis de pression.) La ligne de mire ainsi constituée, il faut la diriger sur le but : cela se fait au moyen du levier et du système de pointage, puis on tourne la manivelle de manière à amener la ligne derrière, près et au-dessous du but, on achève de donner la direction exacte et l'on termine en amenant la ligne de mire à hauteur du but. Le pointeur manœuvre la manivelle du système de pointage. Le pointeur servant manœuvre le levier de pointage à l'indication du premier. Cela est le pointage direct. Il faut remarquer que lorsque la pièce A B est pointée sur le but M, l'angle de tir M, B C $=$ angle de mire M G B, qui fait alors la ligne de mire H G M, avec la ligne de tir A C (le point M étant assez loin par rapport à la longueur de la pièce pour considérer M B et M G comme parallèles (fig. 55). Vu les faibles différences de hauteurs qui se rencontrent entre la bouche à feu et le but, on admet que pour une même distance, la trajectoire d'un projectile reste liée à la pièce et tourne avec elle comme si elle était rigide lorsque l'on tire sur des buts de hauteurs différentes. Cette hypothèse, très admissible dans les limites du tir, permet d'employer la même hausse et la même dérive pour une même distance sur des buts de hauteurs différentes, puisque l'on a ainsi le même angle de tir. Il n'en sera plus de même quand on pointera avec le niveau.

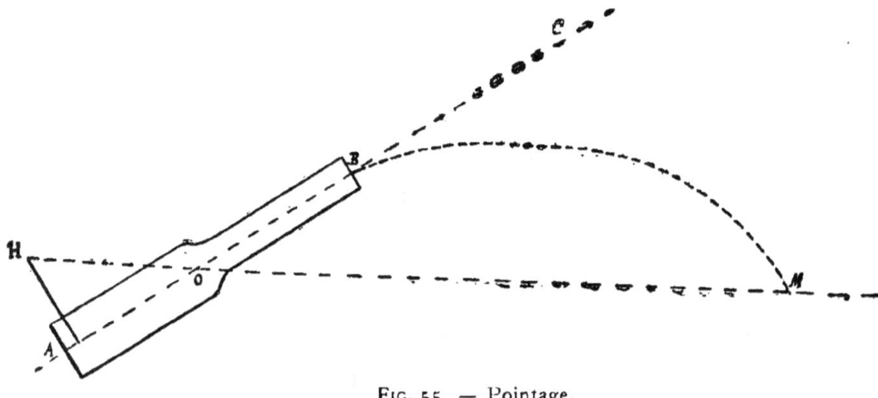

FIG. 55. — Pointage.

Pointage avec le niveau. Emploi d'un but auxiliaire. Influence de la différence du niveau des roues de l'affût. —La hausse n'est graduée que jusqu'à 5700 mètres et le curseur ne peut pas descendre au-dessous de cette dernière division. Cependant les pièces peuvent tirer au delà de cette distance; pour utiliser le tir dans ces conditions, on a recours au procédé suivant :

Pour donner la direction, on fixe les curseurs de la hausse à la dernière division, et on donne sur la planchette la dérive correspondante à la distance du but ; on dirige la ligne de mire sur le but, on a ainsi la direction. Ce procédé n'est pas théoriquement exact, la ligne de mire n'étant pas dans un plan parallèle au plan de tir, mais pratiquement, il est très suffisant et l'erreur qui en résulte n'est pas appréciable. Il faut ensuite donner l'inclinaison à la pièce ; pour cela on emploie le niveau de pointage, instrument qui sera décrit plus loin et qui permet de donner à la pièce une inclinaison voulue sur l'horizontale. Sans changer la direction de la pièce, on abaisse la culasse jusqu'à ce qu'on ait l'inclinaison voulue. Si on ne peut apprécier l'angle de site, dans le cas où le but n'est pas à hauteur de la pièce, on ne peut donner du premier coup l'inclinaison convenable ; on donne alors à la pièce une inclinaison égale à l'angle de tir et on la corrige en réglant le tir comme il sera dit plus loin. Enfin, quand on ne peut apercevoir directement le but en prolongeant la ligne de mire, si on peut néanmoins le voir en se mettant derrière la pièce debout ou sur une élévation quelconque, on emploie le procédé suivant :

Après avoir donné la première direction, on donne l'inclinaison à la pièce avec le niveau, puis on met le curseur de la hausse à la division convenable, on prend la dérive correspondante à la distance du tir, on place la hausse dans son canal, puis se portant en arrière de façon à voir le but, on fait porter à droite ou à gauche la crosse de la pièce de façon à cacher derrière un fil à plomb le but, l'œilleton et le centre des pointes du guidon ; la direction ainsi donnée, on vérifie l'inclinaison et la pièce est pointée. Ce procédé doit être évité dans le tir de campagne.

Niveau de pointage. — Le niveau de pointage se compose d'un cadre et d'un niveau à bulle d'air. Le niveau à bulle d'air porte à une extrémité une semelle de charnière traversée par un boulon de charnière qui le relie au cadre; à l'autre extrémité est un curseur portant un repère et se mouvant sur un limbe gradué formé par un des côtés du canon; une vis de pression fixe le curseur sur une division quelconque. Le limbe est gradué en degrés et 1/3 degré de telle sorte que lorsque le curseur est au o et la bulle entre ses repères, le côté inférieur du cadre est horizontal. Si on place le curseur en face d'une division du limbe et si on incline le niveau de manière à amener la bulle entre ses repères, le plan du limbe restant vertical, le côté inférieur du cadre fait avec l'horizontale l'angle indiqué par le curseur sur le limbe; or, il existe sur les culasses des pièces une petite facette plane parallèle à l'axe de la pièce et perpendiculaire au plan de tir destiné à recevoir le côté inférieur du niveau de pointage; donc pour donner à la pièce une inclinaison voulue, on amène le curseur du niveau en face de la division convenable, puis on place le côté inférieur sur la facette, la charnière du côté de la bouche, et en élevant ou abaissant la culasse, on amène la bulle entre ses repères. Pour avoir plus d'exactitude dans la lecture des angles, le curseur est muni d'un vernier.

Emploi d'un but auxiliaire. Repérage. — Dans les

circonstances du tir qui se présentent journelle-
ment, le but souvent n'est pas bien visible à travers
l'œilleton, ou est exposé à disparaître derrière le
brouillard ou la fumée, etc. : le pointage devient alors
une opération très délicate et très longue et nuit beaucoup à l'effet du tir qu'il rend lent et incertain. Pour
éviter cet inconvénient, si l'on trouve dans le voisinage
du but un point bien apparent et bien fixe, il sera
beaucoup plus facile de diriger une ligne de mire sur
ce point que sur le but. On a alors recours au procédé suivant :

On pointe sur le but avec toutes les précautions
possibles, puis sans changer la pièce, on fait glisser la
hausse dans son curseur de manière à amener la ligne
de mire à hauteur du point apparent que l'on devra
viser dorénavant ; ce point s'appelle *point de repère*. On
fait ensuite mouvoir la planchette de manière à mettre
la ligne de mire dans la direction du point : on arrive
ainsi par tâtonnements successifs à mettre le centre
de l'œilleton sur la ligne droite passant par le point à
viser et les deux pointes du guidon.

Ce résultat obtenu, on note la hausse et la dérive
correspondantes au nouveau point et on vérifie si la
pièce n'a pas bougé en reprenant les hausses et dérives primitives et voyant si la ligne de mire passe
toujours par le but.

On répartit les hausses et les dérives du point de
repère et, le coup parti, on ramène la pièce en batterie
aussi exactement que possible à la première place,

puis on vise le point de repère. Il est évident que si la pièce est remise dans la même position en visant le point de repère ou le but chacun avec la hausse et la dérive correspondantes, on donne à la pièce la même direction et la même inclinaison. Nous avons dit que le point de repère devait être pris du but, et cela pour deux motifs : 1° le point doit être dans des limites telles qu'on puisse y faire passer la ligne de mire; 2° si on ne ramène pas bien la pièce en batterie à sa première position, l'erreur est d'autant plus petite que le point de repère est plus près du but. On peut aussi prendre des points de repère en arrière; dans ce cas, on pointe en mettant l'œil au guidon et en faisant passer une ligne de mire par les deux points du guidon et un point déterminé de la planchette des dérives.

Règle à coulisse. — Dans le tir indirect, si l'on ne peut employer le repérage à la hausse, on a recours au niveau pour donner l'inclinaison après chaque corps et à la règle à coulisse pour donner la direction. La règle Voillard est basée sur ce principe que si la différence des distances de deux points fixes du sol à la pièce reste constante, la pièce reste parallèle à elle-même, et comme d'ailleurs les déplacements latéraux sont très faibles, on admet que la pièce est bien dirigée si l'affût est parallèle à sa première position. La règle Voillard se compose d'une règle à coulisse dans laquelle se meut un coulisseau que l'on peut fixer au moyen d'une vis de pression à une position donnée;

sur la règle est un curseur muni aussi d'une vis de pression. La règle est graduée en millimètres de façon à servir comme instrument de mesure et à permettre les corrections de la direction (ceci regarde surtout les pièces de siège).

Pour se servir de cette règle, on amène la tranche de la règle contre la planchette de repère d'un

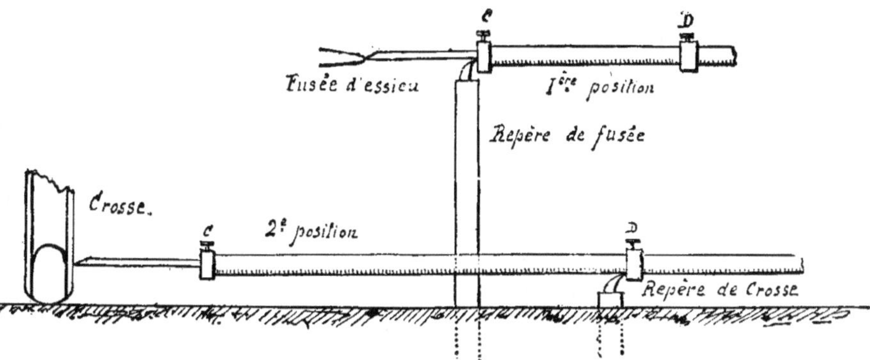

FIG. 56. — Pointage.

premier piquet à hauteur de l'essieu, puis on fait glisser le coulisseau jusqu'à ce que la pointe vienne se loger dans le trou de repère de la fusée d'essieu et on serre la vis de pression C ; puis on se reporte au deuxième repère à hauteur de la crosse, on place le coulisseau dans le repère de la crosse et on amène le curseur D contre le deuxième repère ; le curseur ne doit plus bouger, à moins de corrections dans le tir. Le coup tiré lorsque la pièce est remise en batterie, on replace la tranche de la règle sur le premier repère, on desserre la vis de pression C, on amène le coulisseau dans son repère, on s'assure que la position de la tête d'affût n'a pas changé en reportant la règle au premier repère et on arrive par tâtonnements successifs à donner la direction. On voit que la distance qui demeure constante, est précisément la différence des distances de deux points pris de l'affût aux deux repères.

Inclinaison des tourillons. — Dans tout ce que nous avons dit jusqu'ici, nous avons supposé que la tige

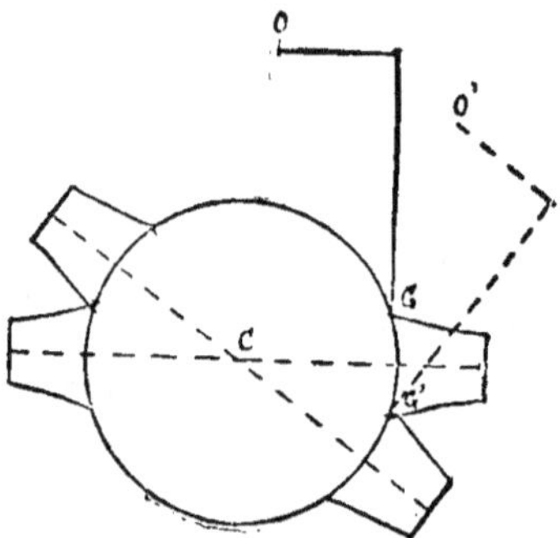

Fig. 57. — Influence de l'inclinaison des tourillons sur le pointage.

de la hausse restait toujours dans un plan parallèle au plan de tir et que les deux roues de l'affût étaient à même hauteur. Cette condition dans le tir de campagne n'est pas souvent réalisée ; toutefois, vu le peu d'inclinaison des tourillons qu'on peut laisser prendre sans la corriger à l'œil en mettant la pièce en batterie, l'erreur porte surtout sur la direction. En effet, le guidon G s'abaisse en même temps que l'œilleton O et la différence des distances verticales de O à G et de O′ à G′ est peu importante ; au contraire,

on voit l'œilleton se porter à droite ou à gauche, le
guidon variant peu, d'où il résulte qu'une différence
de hauteur des roues correspond à un déplacement
de l'œilleton du côté de la roue la plus basse et par
suite à une dérivation du projectile dans le même
sens (fig. 57). En effet, considérons la ligne de tir

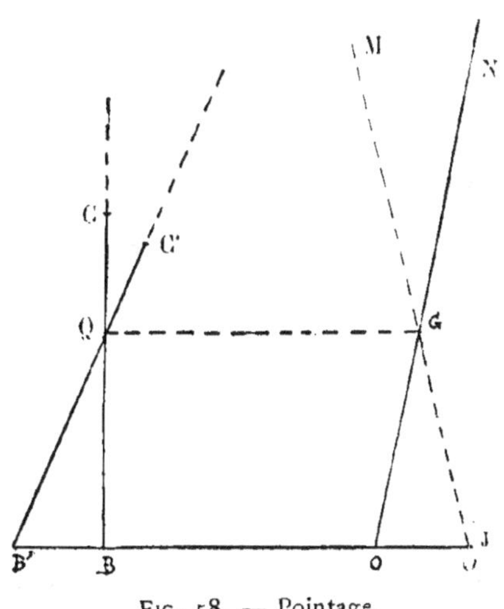

FIG. 58. — Pointage.

B C déterminée par la ligne de mire OG pointée sur
le point N : si on porte l'œilleton O en O' pour diriger
la ligne de mire O'G sur M, il faudra faire pivoter
l'affût sur ses deux roues de manière à amener le point
O' en O, le point G restant fixe ; on aura donc dé-
placé la crosse de l'affût de telle sorte que la ligne de
tir BC devienne B'C' (BOB' = OGO'), c'est-à-dire
soit dirigée à droite.

On peut donc dire d'une manière générale que
pour ramener un coup à droite ou à gauche, il faut

porter l'œilleton du côté où on veut amener le coup. Il est bien évident que quelle que soit l'inclinaison des tourillons, les conditions de tir restant les mêmes, les conditions de pointage seules sont changées.

Pour corriger cette erreur, le calcul et l'expérience ont conduit à la règle suivante :

Pour une inclinaison des tourillons de 1°, après avoir donné la dérive indiquée par le capitaine, le chef de section fait porter l'œilleton du côté de la roue la plus haute d'un nombre de millimètres égal au 1/6 de la hausse exprimée en centimètres ; la correction croît proportionnellement à l'inclinaison, pour 3° elle est trois fois plus forte que pour 10°.

Pour mesurer l'inclinaison des tourillons on applique le côté du niveau de pointage contre la tranche de la roue haute ; ce côté étant perpendiculaire à l'autre côté du niveau, en amenant la bulle entre ses repères on a l'inclinaison cherchée.

Usage des tables de tir. Manière de régler le tir. — Les tables de tir sont des tables contenant tous les renseignements nécessaires au tir des bouches à feu.

En regard des portées de 100 en 100 mètres sont les éléments de tir correspondant à ces portées.

Tables de tir du canon de 90 millimètres (modèle 1877). — Tir de plein fouet. — Charge, 1^{kg},900. — Poids du projectile, 8 kilogrammes. — Vitesse initiale, 455 mètres. — Angle de relèvement, 18′.

PORTÉES	HAUSSES	ANGLES DE TIR	ANGLES DE CHUTE	VITESSES RESTANTES	DURÉES DU TRAJET	DÉRIVATIONS	FLÈCHES MAXIMA DE LA TRAJECTOIRE	ZONES DANGEREUSES		ÉCARTS PROBABLES		
								INFANTERIE	CAVALERIE	PORTÉE	DIRECTION	HAUTEUR

Réglage du tir. — Régler le tir, c'est amener le point de chute moyen à l'endroit le plus favorable pour obtenir sur le but l'effet maximum. Il serait trop long d'entrer ici dans considérations qui conduisent suivant les cas à amener le point moyen sur le but en avant ou en arrière, il suffit d'examiner la méthode pratique de réglage du tir.

Tir percutant. — Le tir doit être réglé en portée et en direction.

Pour le réglage en portée, on cherche d'abord la hausse d'essai, puis la hausse définitive.

La distance du but étant appréciée, le capitaine indique la hausse correspondante à la distance diminuée de 100 mètres si elle est inférieure à 2000 mètres, sinon diminuée de 200, puis la dérive corrigée de l'influence du vent. Les chefs de section répètent ces indications, corrigent la dérive de l'influence de l'inclinaison des tourillons et veillent à ce que les pointeurs prennent bien leur hausse et pointent sur le but indiqué.

Le capitaine fait tirer le premier coup et observe s'il est court ; dans ce cas, il fait augmenter la hausse de la deuxième pièce seulement par 1 tour de manivelle plus loin si la distance est inférieure à 2000 mètres, 2 tours si elle est inférieure à 4000 mètres, 4 tours si elle est supérieure. A cet effet, sur la plaque de dessus de flèche sont tracées autour de la manivelle les indications, *plus loin*, *plus près*, avec des flèches donnant le sens dans lequel il faut la tourner et les divisions du cercle en 1/8 ; si l'erreur en portée du deuxième coup est dans le même sens que celle du premier, le capitaine augmente la hausse de la troisième pièce du double de la première augmentation, soit 2, 4, 8 tours de manivelle plus loin et ainsi de suite jusqu'à ce qu'il ait un coup long ; il fait alors donner à la pièce suivante la moyenne des deux hausses les plus rapprochées avec lesquelles il a obtenu un coup court et un coup long et ainsi de suite jusqu'à encadrer le but entre deux hausses différentes de tour de manivelle ; la plus petite de ces deux hausses est la hausse d'essai ; on l'obtient en admettant qu'un tour de manivelle équivaut à 7 millimètres de hausse. Le réglage eût été le même et en sens inverse si le premier coup avait été long, on eût diminué la hausse de un tour de manivelle (etc.).

Pour avoir la hausse définitive, le capitaine fait tirer six coups avec la hausse d'essai et observe le sens des erreurs en portée.

On admet que jusqu'à 3000 mètres il est préférable

d'amener le point moyen un peu en avant du but. On saura que l'on a obtenu ce résultat lorsque l'on aura 4 coups courts sur 6 au delà de 3000 mètres. On cherche à amener le point moyen sur le but, on devra donc avoir nombre égal de coups courts et longs; on arrive petit à petit au résultat en augmentant ou diminuant faiblement la hausse jusqu'à ce que l'on arrive à la proportion voulue. Toutefois, dès que l'on a la hausse d'essai, le tir peut déjà être considéré comme réglé.

Réglage de direction. — Il est confié aux chefs de section qui, après avoir transmis et corrigé la dérive, observent les coups en direction à la première salve et font, avant de repointer les pièces, déplacer l'œilleton du côté où ils veulent ramener le coup d'une quantité appréciée par la méthode suivante :

On détermine la distance du but à un point de repère voisin mesuré sur la planchette, c'est-à-dire la pièce étant pointée, on voit de combien de millimètres il faut déplacer l'œilleton pour faire passer la ligne de mire par le point de repère. Supposons par exemple que la distance du but au point de repère mesurée sur la planchette soit de 8 millimètres. le projectile tombe à gauche du but et à une distance égal à l'œil au 3/4 de la distance du but au point de repère ; il faudra corriger la dérive en portant l'œilleton à droite de 6 millimètres.

Il faut remarquer que tout ce que nous avons dit des modifications de hausse et de dérive pour le réglage du tir restent identiques lorsque les pièces sont repérées au moyen de la hausse : il faut donc que le capitaine, lorsqu'il donne la hausse d'essai, ne donne pas cette hausse en portée, mais seulement l'augmentation ou la diminution en millimètres de la hausse employée à la première salve ou en degrés si on se sert du niveau. Si la pièce est repérée au moyen de la règle Voillard, on corrige les écarts en direction en faisant mouvoir le curseur d'après la méthode employée pour faire mouvoir l'œilleton de la hausse.

Réglage du tir fusant. — Avant d'arriver à la pratique du tir fusant, il est bon d'attirer l'attention sur l'éclatement des projectiles percutants et fusants.

Dans les premiers, la fusée est mise en jeu lorsque, le projectile arrivant à terre, passe d'une vitesse très grande à une vitesse relativement faible ; le mécanisme de la fusée demande un certain temps pour fonctionner, de sorte que le projectile ricoche et éclate à 1 mètre environ du sol, lançant ses éclats suivant un cône assez ouvert. Il faut remarquer que la plupart des éclats se groupent vers la surface du cône de telle sorte que sur un but de faible épaisseur, il faut considérer deux nappes d'éclats formées par l'intersecteur du cône par le plan vertical contenant le but et le sommet du cône, une inférieure redoutable, une supérieure moins dangereuse. Ce cône est d'autant moins ouvert et d'autant plus rasant que la trajectoire est plus tendue : c'est pour cela qu'aux faibles distances on cherche à avoir le point moyen en avant du but.

Au contraire, aux grandes distances, le projectile arrive presque verticalement, perd presque toute sa vitesse, et la projection des éclats n'est plus due comme précédemment à la vitesse restante du projectile et à l'explosion de la charge intérieure, mais à cette dernière seulement : l'effet est donc plus local ; dans ce cas, on cherche à avoir le point moyen au centre du but.

Pour le tir fusant, il n'en est plus de même, le projectile doit éclater lorsqu'il descend vers la terre, mais avant de toucher. Dans les obus à balles, la charge intérieure, très faible, n'a pour effet que de briser l'enveloppe qui contient les balles ; aussi celles-ci n'obéissent qu'à leur vitesse acquise, se répartissent sur un cône plus resserré que celui des obus percutants, mais analogue, dont les deux nappes sont redoutables (les obus ordinaires fusants suivent la même loi, quoique l'action de la charge intérieure s'ajoute à la vitesse acquise). Chaque nappe a ses partisans, les uns veulent amener le point moyen de façon à utiliser la nappe inférieure, les autres veulent utiliser la supérieure, aussi n'y a-t-il pas encore de méthode de réglage du tir fusant adopté. Le comité d'artillerie a fait étudier par les brigades, tous les ans, lors des écoles à feu ; toutes ces méthodes se ressemblent généralement et donnent de bons résultats. Le principe est toujours le même. Régler le tir avec des obus percutants de façon à avoir la hausse, puis relever le tir en augmentant un peu la hausse, puisqu'on veut que le projectile éclate au-dessus de terre et à peu près à hauteur du point moyen des obus percutants, et régler l'évent à déboucher. Pour voir si le tir est réglé, les méthodes diffèrent ; les uns le jugent d'après la hauteur d'éclatement des projectiles, les autres d'après la hauteur d'éclatement et d'après la proportion des coups percutants, c'est-à-dire de projectiles rencontrant le sol avant que la fusée fusante ait fait son effet. Cette proportion est variable avec les méthodes de 1/4 de coups percutants à 1/8 et 1/2.

CHAPITRE IX

ARMES PORTATIVES EN SERVICE
DANS LE MONDE ENTIER

A cette époque où tous les gouvernements. suivant l'exemple de la France, décrètent la fabrication hâtive d'armes à répétition de petit calibre, il n'est pas sans intérêt de voir le chemin parcouru par chacun d'eux depuis 1883, époque peu éloignée, à laquelle tout ce qui touche le tir a été remis en question et discuté avec ardeur.

La guerre est dans l'air; chacun se prémunit, et l'homme, chétive créature, invente chaque jour pour sa défense de nouvelles armes, sans penser à Celui de qui vient tout secours, au grand Poète, qui, suivant l'expression de Balzac, compose au ciel les grandes pièces jouées sur la terre.

Quoi qu'il en soit, et philosophie à part, il faut, par le temps qui court, être prêt et savoir. Donc : *Indocti discant, et ament meminisse periti.*

Pour l'intelligence de ce qui va suivre, il est utile de rappeler que les armes à feu portatives peuvent se diviser en trois catégories :

1° Les armes à canon fixe;

2° Les armes à canon mobile;

3° Les armes à répétition, qui d'ailleurs peuvent être d'une des deux catégories précédentes.

Mais que de subdivisions le génie des inventeurs n'a-t-il pas créées dans ces trois grandes coupes génériques ?

C'est ainsi que les armes à canon fixe comprennent les armes à culasse glissante et les armes à culasse tournante.

Les premières se subdivisent à leur tour en armes à *verrou* et armes à *tiroir*, qui donnent naissance par ricochet : le verrou, 1° à l'*aiguille* avec le *Dreyse* allemand, le *Karl* russe, le *Carcano* italien et le modèle 66 français; 2° à la *broche* qui comprend presque tous les fusils de guerre actuels : *Berdan n° II*, russe, modèle 74, *Gras* français, *Mauser*, allemand, *Beaumont*, hollandais et *Wetterli*, italien.

Le tiroir, de son côté, n'a pas de subdivisions, il comprend l'ancien *mousqueton des cent-gardes* dû au général Treuille de Beaulieu qui vient de mourir, et le fusil *Sharps* des États-Unis.

La culasse tournante, dont nous avons parlé plus haut, peut être mobile autour d'un axe longitudinal ou autour d'un axe transversal. Dans le premier cas, elle produit toutes les *armes à barillet* : revolvers, fusil

Werndl autrichien, et aussi les armes dites *à tabatière*, comme le fusil *Enfield-Sniders* anglais de réserve, le modèle 57 *transformé* français et le *fusil de réserve hollandais*. Les armes à tabatière sont dues à la transformation au chargement par la culasse des carabines se chargeant par la bouche.

Quand la culasse mobile se meut autour d'un axe transversal, elle donne, soit une arme *à pêne* ou *à loquet*, soit une arme *à culasse tombante*, soit enfin un fusil *à rotation rétrograde*.

A la première catégorie appartiennent les systèmes : *Westley-Richard*, Portugal ; *Wœndzel*, Autriche ; *Albini* et *Tersen*, Belgique ; *Springfield*, États-Unis ; *Amsler-Milbanck*, Suisse ; *Berdan n° I*, Russie et Espagne.

La deuxième carégorie (culasse tombante) donne le *Martini-Henry* anglais, le *Peabody* roumain et le *Werder* bavarois.

A la troisième catégorie (rotation rétrograde) appartient le *Remington* et ses innombrables transformations danoises, suédoises, norvégiennes, turques, espagnoles et égyptiennes.

La deuxième grande coupe générique *à canon mobile* ne donne que des fusils de chasse ; le peu de solidité de ce système en interdit l'emploi à la guerre : on ne saurait en effet y adapter une bayonnette.

La troisième grande division comprend, nous l'avons dit, les *armes à répétition* qui sont soit *à verrou* comme le *Wetterli* suisse, le *Mauser* allemand, le *Kropatscheck* de la marine française (fig. 59) et le *Früwirth* des

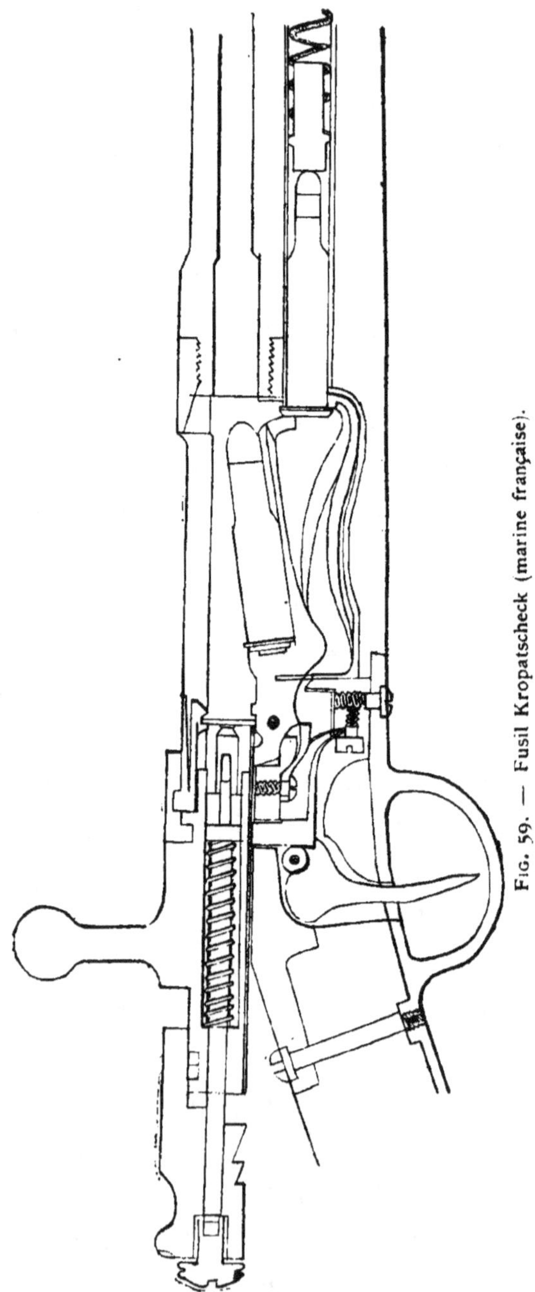

Fig. 59. — Fusil Kropatscheck (marine française).

troupes techniques autrichiennes, soit *à culasse tom-*
bante comme ces fusils de provenance américaine
nommés *Spencer* et *Winchester*. Cette dernière arme
est portée par la gendarmerie corse.

Parcourons rapidement par ordre alphabétique
les diverses puissances, et sans décrire complètement
leur matériel en fusils, signalons-en cependant les
particularités, les avantages et les inconvénients.

Allemagne. — Le *Mauser* si connu constitue l'arme
de nos voisins (fig. 60). Il est du calibre de 11 mil-

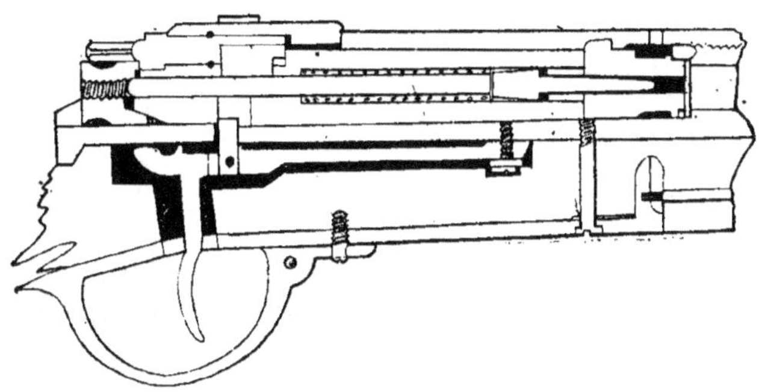

FIG. 60. — Fusil Mauser (Allemagne).

limètres et du poids de 4^{kg},500 ; sa hausse est graduée
jusqu'à 1600 avec des crans de mire mieux définis
que ceux de la nôtre ; il lance une balle de 25 grammes.
Sa détente est moins longue que celle du fusil Gras
et comporte un cran préparatoire, chose excellente
pour le tireur qui sait ainsi exactement quand va
partir le coup et n'est pas surpris par le tir. Ce fusil
possède une hausse dite *de combat* pour les tirs rapides,
elle est réglée pour 300 mètres.

Somme toute, ce fusil est égal au fusil Gras, peut-être un peu inférieur. Il ne peut pas tirer la cartouche du fusil français qui, lui, peut tirer la cartouche allemande.

En dehors de ce fusil, l'Allemagne, tourmentée des essais faits en France, essaya, en 1883, un fusil à répétition (fig. 61) qui n'est autre que le Mauser trans-

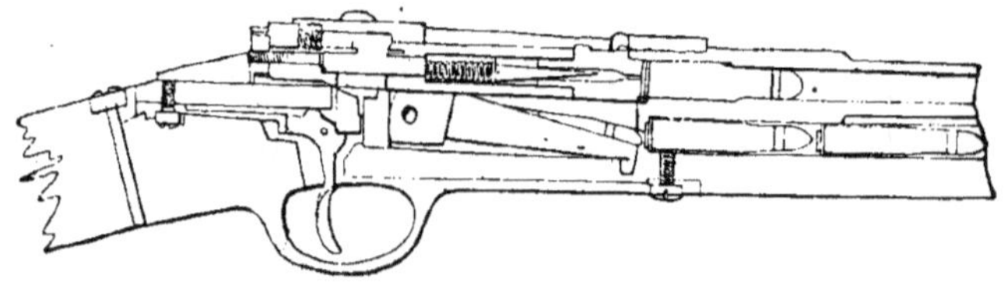

Fig. 61. — Fusil Mauser, armé à verrou et à répétition (Allemagne).

formé pour cet usage, analogue par conséquent au Kropatscheck et au Gras à répétition, mais très inférieur à ces deux armes. Les dernières manœuvres allemandes ont démontré que ce fusil, *adopté par l'Allemagne, pour tout son armement,* était des plus mauvais. Les Allemands avaient d'ailleurs hésité longtemps à transformer à répétition le Mauser, parce que sa cartouche n'a pas de couvre-amorce à cause de la faiblesse d'action du percuteur, et cela constitue un danger d'éclatement pour des cartouches renfermées dans un magasin de crosse ou de fût, par suite des heurts auxquels elles sont soumises dans le maniement d'arme.

Entre temps, et pour parer aux éventualités, les Allemands avaient adopté un chargeur *Krinka* (fig. 62), après avoir essayé et abandonné le chargeur *Lœwe,* compliqué et fragile (fig. 63).

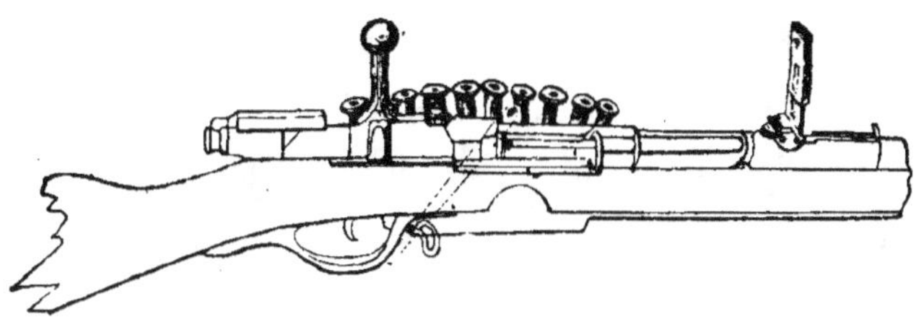

FIG. 62. — Fusil Berdan, avec le chargeur à main Krinka (Allemagne-Russie).

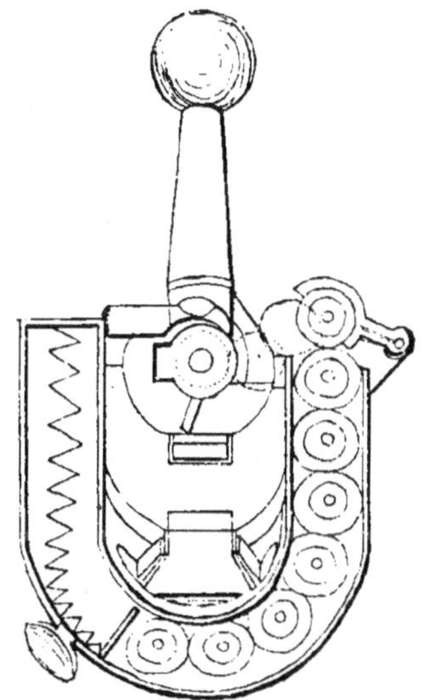

FIG. 63. — Chargeur automatique Lœwe, essayé en Allemagne.

L'Allemagne possède encore en magasin diverses armes destinées en cas d'extrême besoin à armer les réserves. Ce sont les fusils *Chassepot* pris sur nous et transformés à percuteur pour tirer la cartouche du Mauser ; les *Dreysse,* transformés par l'addition d'un obturateur plastique. Ce dernier fusil, avant l'achèvement complet du Mauser, avait été affecté au Landsturm, qui a été, pour la première fois depuis 1813, équipé et armé le 28 février 1884.

En présence de l'armement actuel de la France, l'empire d'Allemagne vient de décider en principe la confection d'un nouveau fusil à répétition de petit calibre (8^{mm}). En vue de ces calibres réduits, dont nous aurons occasion plus loin de discuter les avantages, les Allemands avaient essayé, dès 1884, les fusils à répétition *Sporel et Hœrle* de 11 millimètres, *Garbe*, de 10 millimètres, dont 120 cartouches ne pesaient pas plus que 80 du Mauser, et un fusil de 8 millimètres, dû à MM. *Bormüller, Simson* et *Leck* de Suhl.

En résumé, les Allemands en sont encore à examiner notre fusil *Lebel*, modèle 86, dont on prétend qu'ils ont pu se procurer des échantillons; ils n'ont pas encore un bon fusil, et avant qu'ils l'aient...

Multa cadunt inter calicem supremaque labra, pourrait-on répéter après Aulu-Gelle.

Angleterre. — L'Angleterre, qui était armée d'un fusil excellent au point de vue balistique, s'est vue, en face du progrès actuel, obligée de changer son armement par une modification du *Martini-Henry*, dont elle était dotée. Cette modification est due à M. Magee, contremaître à la manufacture d'Enfield. Le *Martini-Magée* est du calibre de 10^{mm},15, il tire une balle de 25 grammes, avec 5^{gr},4 de poudre dans une rayure au pas de 375 millimètres, et communique à ce projectile une vitesse de 468 mètres (fig. 64).

Un garde-main faisant partie de la monture en bois, préserve la main du tireur contre l'échauffement du fusil.

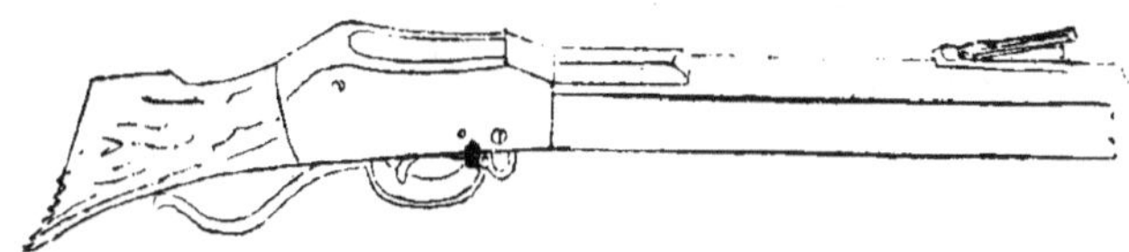

FIG. 64. — Martini-Henry (Angleterre).

La balle du Martini-Henry, qui arme encore les réserves, est beaucoup plus lourde ($31^{gr},1$). Ce fusil présente des rayures spéciales formées de cordons étroits placés aux angles d'un heptagone régulier.

Le Martini-Henry, inférieur au Mauser aux petites distances, lui est supérieur aux grandes, à cause du coefficient balistique très élevé de la balle.

Dès mars 1884, l'Angleterre a essayé le fusil à répétition Mannlicher, sous la présidence du colonel Smith. Ces études n'ont pas abouti, et cette nation est en retard.

Autriche. — Seule au monde, l'Autriche possède une arme à barillet, le fusil *Werndl*, modèle 1867, dû à Joseph Werndl, directeur d'une manufacture d'armes. C'est un excellent fusil qui succéda au Waëndzel, adopté de suite après Sadowa, et qui a été rendu bien meilleur encore en 1873, époque à laquelle l'Autriche adopta une nouvelle cartouche donnant une trajectoire très tendue. Le Werndl pèse 4^{kg},170, il est du calibre de 11 millimètres, à rayures concentriques à côtes, et la hausse est graduée jusqu'à 1575 mètres (fig. 65).

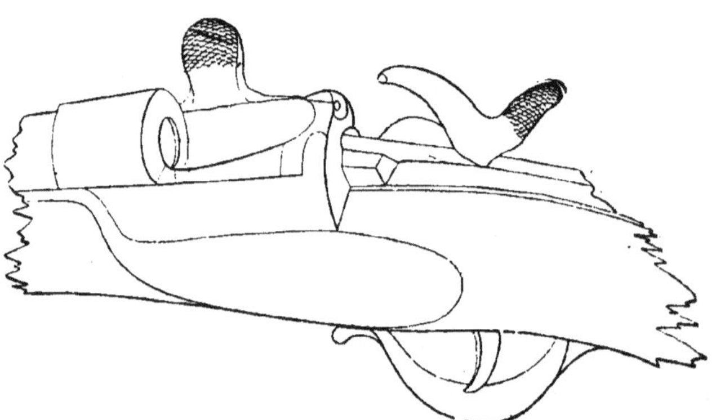

FIG. 65. — Fusil Werndl, arme à barillet (Autriche).

Les troupes techniques autrichiennes (génie et chemin de fer) sont armées depuis longtemps du fusil à répétition *Früwirth,* arme à verrou, dans laquelle une vis-arrêtoir un peu mobile donne la répétition.

L'Autriche, entraînée dans le nouveau courant d'idées, s'est mise en mesure de donner un fusil à répétition à toutes ses troupes, et a procédé depuis 1881 à de nombreux essais. Tour à tour ont été essayés : le fusil Kropatscheck dû au colonel de ce nom, directeur de l'École des cadets d'artillerie (adopté par la marine française), puis le fusil Kropatscheck-Gasser (armurier de Vienne), d'un tir moins rapide, mais d'un chargement plus facile que le précédent.

Nul n'étant prophète dans son pays, aucun de ces fusils ne fut adopté.

Les Autrichiens essayèrent encore le fusil de l'ingénieur suédois *Keiffer*, tirant vingt-quatre coups par minute, le fusil *Gustave Fückert* (de Wippert, Bohême), dont l'armé se fait automatiquement en pressant la détente, qui par là même est très longue et trop molle, grave défaut qui fit rejeter l'arme ; enfin, le fusil du lieutenant Matzenaüer, comportant un magasin chargeur fixé à la chambre par une seule vis.

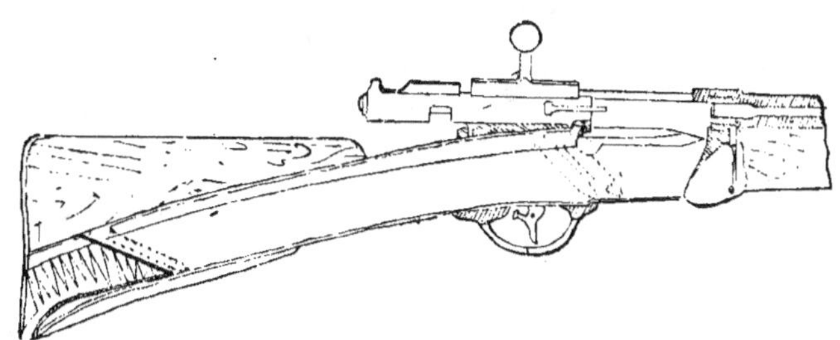

Fig. 66. — Fusil Mannlicher, arme à verrou et à répétition (Autriche).

L'Autriche s'arrêta enfin au fusil à répétition Mannlicher, de 11 millimètres, dont la fabrication fut poussée avec activité ; elle vient d'être arrêtée pour reprendre en toute hâte un *nouveau Mannlicher* à répétition, du calibre réduit de 8 millimètres, à l'exemple de la France (fig. 66).

Belgique. — Le fusil *Comblain*, de 11 millimètres, arme la Belgique. C'est un fusil à culasse tombante s'ouvrant par le jeu du levier de sous-garde, ne comportant que trois temps de charge, et dont tout le mécanisme est en fer de trempe pour l'infanterie et en bronze pour la cavalerie. La hausse du Comblain est graduée jusqu'à 1400 mètres. C'est une arme élégante et solide, qui tire la cartouche du fusil *Albini-Braëndlin*, fusil à pêne et à loquet, ancien fusil de munition belge, qui arme encore les réserves et une

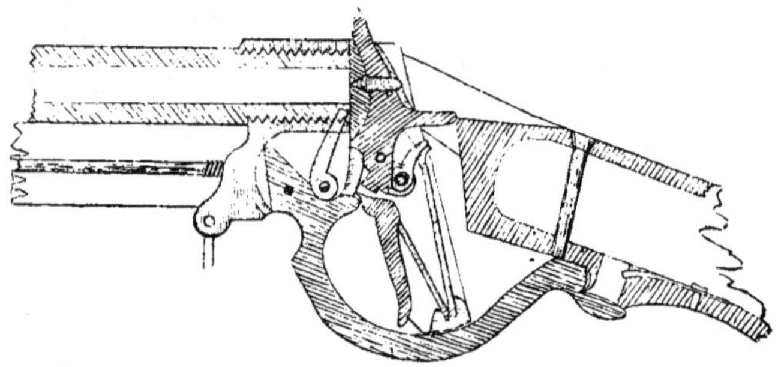

Fig. 67. — Fusil Comblain, modèle 71, arme à bloc et à tiroir (Belgique).

partie de l'armée. Sa hausse médiane est graduée à 1400 mètres et sa hausse de pointage latérale jusqu'à 2100 mètres. Le poids de l'Albini est de $4^{kg},58$, les rayures concentriques sont au pas de $0^{m},550$, et sa balle pèse 25 grammes (fig. 68).

On est en Belgique peu partisan des systèmes à répétition, et on a essayé seulement une arme à bloc (culasse tombante) due à M. *Nagant*, de Liège. Cette arme est excellente et donne sans répétition une grande vitesse de tir.

Bulgarie. — La Bulgarie est armée comme la Russie du fusil *Berdan n° II*.

Danemark. — Le très bon et très simple *Reming-*

ton modèle 71 sert aux Danois. Cette arme pèse 4^{kg},75 et tire une balle de 25 grammes dans des rayures concentriques au pas de 0^m,650.

Grèce. — Le fusil *Gras* était indiqué pour cette puissance, à qui nous l'avons fourni. Rien donc à en

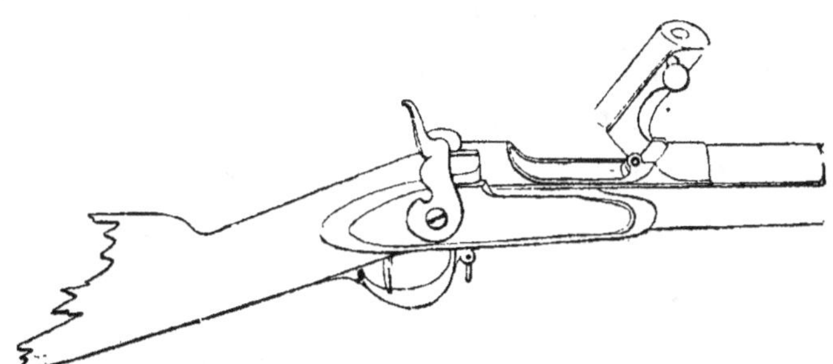

Fig. 68. — Fusil Albini-Braëndlein, arme à péne et à loquet (Belgique).

dire, il est assez connu de tous et présente comme toutes les armes à verrou les défauts de bavures, de manque de symétrie, etc. Nous n'avons pas ici à faire son procès.

Le génie et la garde nationale sont armés du Chassepot modèle 1866 et l'armement de réserve est constitué par le fusil *Milona* qui est une transformation de l'ancien fusil de munition.

Hollande. — Nous trouvons en Hollande le fusil *Beaumont*, arme qui a été mise en balance en France avec le fusil Gras. Il est du calibre de 11 millimètres, lance une balle de 25 grammes, et sa hausse qui est circulaire est graduée jusqu'à 1800 mètres.

C'est un fusil excellent, très simple et très rustique. L'armement de réserve est formé par le fusil et la carabine *Remington* tirant la même cartouche que le Beaumont.

Italie. — Une nation sœur (?) qui est armée du fusil *Wetterli*, au calibre de 10^{mm},35 et du poids de 4^{kg},100. C'est une arme à verrou analogue au *Gras;* elle lance une balle de 20 grammes et sa hausse est graduée jusqu'à 1600 mètres.

La milice territoriale est encore armée du fusil à aiguille *Carcano*, dont 600 000 exemplaires en magasin proviennent de transformation de carabine rayée au chargement par la culasse.

L'Italie a essayé et essaye des fusils à répétition *Wetterli* modifiés. Le fusil à répétition *Bertoldo* arme la marine italienne et a son magasin dans le fût

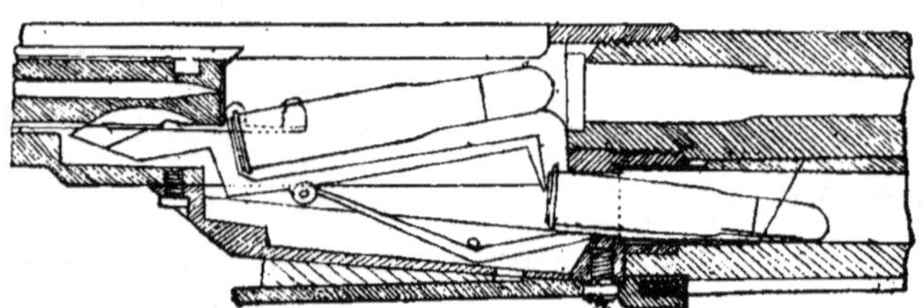

FIG. 69. — Fusil Berloldo, arme à verrou et à répétition (Italie).

(fig. 69). Le fusil *Vitali,* mis en expérience et non adopté, avait le sien dans la crosse,

Entre temps on avait essayé et distribué dans les corps des chargeurs *Krinka* à six et à douze cartouches; les résultats ont été mauvais.

L'Italie cherche, et semble devoir s'en tenir, comme arme à répétition, au fusil Bertoldo; grand bien lui fasse, nous n'avons point à le lui envier.

Norvège. — Nation appelée à se défendre sur son propre territoire, condition essentielle pour avoir un ravitaillement abondant de projectiles; la Norvège abandonne à la réserve son *Remington* modèle 71, au calibre de 12 millimètres, pour prendre le fusil à répétition *Kragg-Petersen*. La cavalerie porte la carabine *Lund*, modification et raccourcissement du *Remington*.

Portugal. — Cette nation a essayé et adopté la première un fusil à calibre réduit, système Kropatscheck, modifié par un officier portugais.

Roumanie. — C'est encore un fusil de provenance anglaise qui arme les Roumains; c'est le *Peabody*, arme à culasse tombante, analogue au *Werder* bavarois, sauf que c'est le mouvement d'abaissement d'un pontet mobile qui démasque la chambre. L'armement de réserve est constitué par un *Dreyse* à obturateur plastique.

Roumélie. — L'infanterie roumélienne est armée du fusil *Krinka* (à aiguille), vendu par la Russie, mais il est à peu près remplacé par le *Berdan n° II*.

Russie. — Le *Berdan n° II*, arme à verrou et à broche dont il vient d'être question, constitue l'armement russe. C'est un très bon fusil, au calibre de $10^{mm},66$, du poids de $4^{kg},300$, et lançant une balle de 24 grammes. Avant le Berdan n° II, la Russie avait le *Krinka*, qui était une transformation, puis le *Karl*, fusil à aiguille, puis enfin le *Berdan n° I* vendu à l'Espagne.

Comme mesure transitoire, et cherchant à éviter

ces dépenses énormes pour fusils à répétition imposées à bref délai à toute l'Europe, la Russie a adopté
un chargeur *Kremchla*.

Un fusil à répétition, d'un système analogue au
Berdan n° II a été à l'essai. Mais l'empereur vient de
déclarer qu'un fusil à répétition était inutile pour se

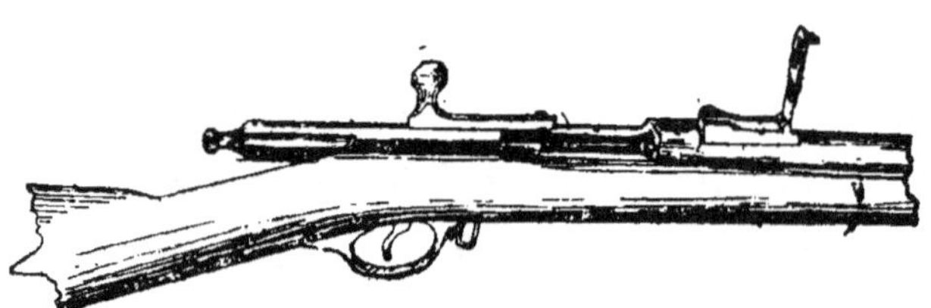

Fig 70. — Fusil Berdan II, arme à verrou (Russie).

bien battre, et le PÈRE ayant parlé, le soldat russe se
tient pour bien armé contre l'Allemand.

Serbie. — Cette puissance possède un très bon
fusil, modification intelligente du *Mauser* due à un
officier serbe. Le calibre n'est que de $10^{mm},15$, la balle
pèse 22 grammes, et la vitesse initiale est de 512 mètres. L'arme pèse $4^{kg},500$. Les quatre rayures vont en
se rétrécissant de la chambre à la bouche. La hausse
est graduée jusqu'à 2025 mètres; la position du curseur corrige la dérive pour chaque distance. Les gar-
nitures sont bronzées, la fermeture est plus simple
que celle du Mauser.

La balle de ce fusil à la portée maxima de 3250 mètres traverse encore $0^{m},20$ de terre dure.

Suède. — Armée du fusil *Remington*, modèle 1871.

au calibre de 12 millimètres. La Suède, pressée, par
la nécessité d'adopter un plus petit calibre, n'a pas
pu transformer le Remington, la maison ne valant
pas la réparation. Conservant ce fusil pour des réserves, en cas de nécessité extrême, ce pays vient de se
donner un fusil à répétition du système *Jarhmann* au
calibre de 10^{mm},15 (fig. 71). Ce fusil, qui est bon,

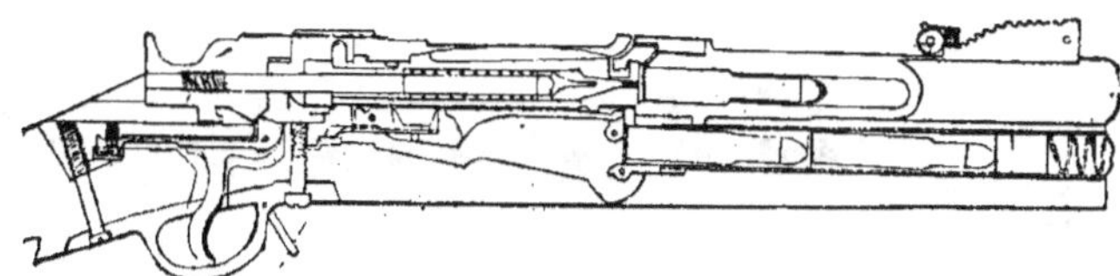

FIG. 71. — Fusil Jarhmann, arme à verrou et à répétition (Suède et Norvége).

avait été présenté à la commission de Versailles, concurremment avec le *Kropatscheck* et le *fusil Magot*.

Suisse. — De la patrie de Guillaume Tell au juste
coup d'œil, du pays où fleurissent les stands, est partie la lumière sur l'armement actuel.

Depuis longtemps déjà, la Suisse avait adopté un
fusil à répétition de calibre assez petit, le *Wetterli*,
de 10^{mm},40, lançant une balle de 20 grammes(fig. 72).
Le génie et les pontonniers ont le fusil *Peabody*.

L'armement de réserve se compose du fusil que
les Suisses avaient avant le Wetterli, l'*Amsler-Milbanck*, arme à loquet.

Les fusils de petit calibre et à répétition inventés
et essayés en Suisse tendent à se propager partout.
Les deux fusils principaux sont celui du major *Rubin*,

fusil très supérieur, essayé à Vallenstadt et adopté par la Suisse, et celui du professeur *Hébler*.

Le principe des petits calibres est facile à saisir, et on comprendra sans peine pourquoi, en dehors de la question si grave d'un bien plus grand nombre de cartouches portées par l'homme, on les a, ou on va les adopter.

FIG. 72. — Fusil Wetterli, arme à verrou et à répétition (Suisse).

Tout le monde sait que la *force vive* est celle que possède tout corps en mouvement, et que si d'un côté cette force croît en *raison directe* du poids du corps considéré, elle croît d'un autre côté *comme le carré* de la vitesse dont il est animé.

Pour obtenir un effet croissant rapidement comme intensité d'action, il y a donc lieu, non pas d'augmenter le poids de la balle, mais bien d'accroître sa vitesse.

D'autre part, on ne pouvait pas diminuer par trop le poids de la balle, les projectiles lourds conservant bien mieux leur vitesse; aussi, afin de ne pas perdre l'efficacité du tir aux grandes distances, on n'a réduit le poids de la balle que dans de très faibles proportions en l'allongeant pour lui conserver le poids que lui enlevait la réduction du calibre.

Les fusils *Rubin, Hébler* et *Lebel* satisfont bien à ces conditions. Le *Rubin* est au calibre de $7^{mm},5$, il comporte une cartouche très longue contenant de la poudre comprimée en un seul bloc sans écrasement du grain. La balle, très longue, en plomb durci à l'antimoine, est cuivrée par la galvanoplastie pour empêcher l'emplombage des rayures ; sa longueur est de quatre calibres, soit de 32 millimètres. La vitesse initiale du Rubin, de 565 mètres, est très supérieure à tout ce qu'on avait obtenu jusqu'alors, aussi l'espace dangereux était-il porté à 460 mètres, tandis que chez nous il n'était que de 315 mètres. La hausse est graduée jusqu'à 2000 mètres et le fusil fournit des ricochets d'une grande rasance à cause de la longueur de la balle.

Le fusil *Hébler* présente comme particularité une balle enveloppée dans une chemise d'acier, assez dure pour ne pas être arrachée par les rayures et cependant assez molle pour être impressionnée par elles.

On arrivera à la balle d'acier pur à ceinture de cuivre, permettant l'emploi des rayures progressives et donnant des vitesses encore plus considérables.

Ces balles en métal dur ont l'immense avantage d'entrer dans les substances qu'elles rencontrent et de les traverser, comme le ferait un clou, sans se déformer.

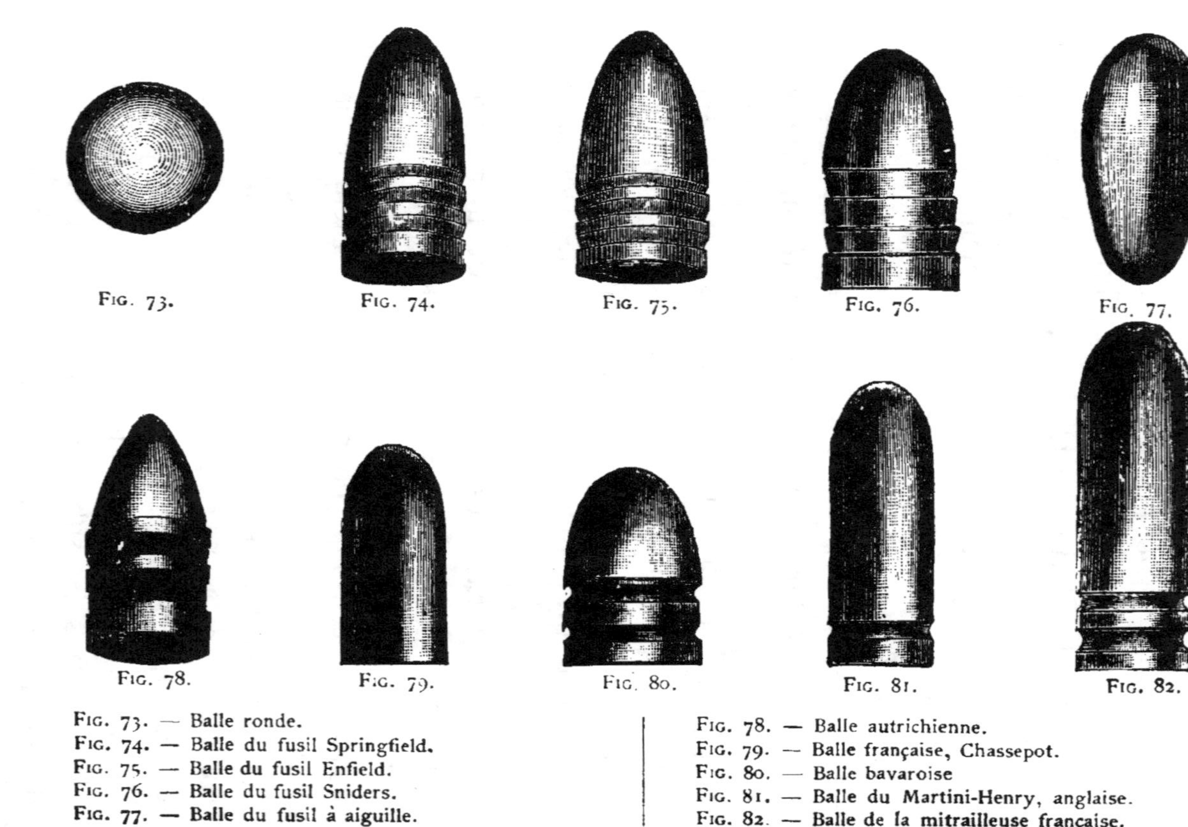

Fig. 73. — Balle ronde.
Fig. 74. — Balle du fusil Springfield.
Fig. 75. — Balle du fusil Enfield.
Fig. 76. — Balle du fusil Sniders.
Fig. 77. — Balle du fusil à aiguille.

Fig. 78. — Balle autrichienne.
Fig. 79. — Balle française, Chassepot.
Fig. 80. — Balle bavaroise.
Fig. 81. — Balle du Martini-Henry, anglaise.
Fig. 82. — Balle de la mitrailleuse française.

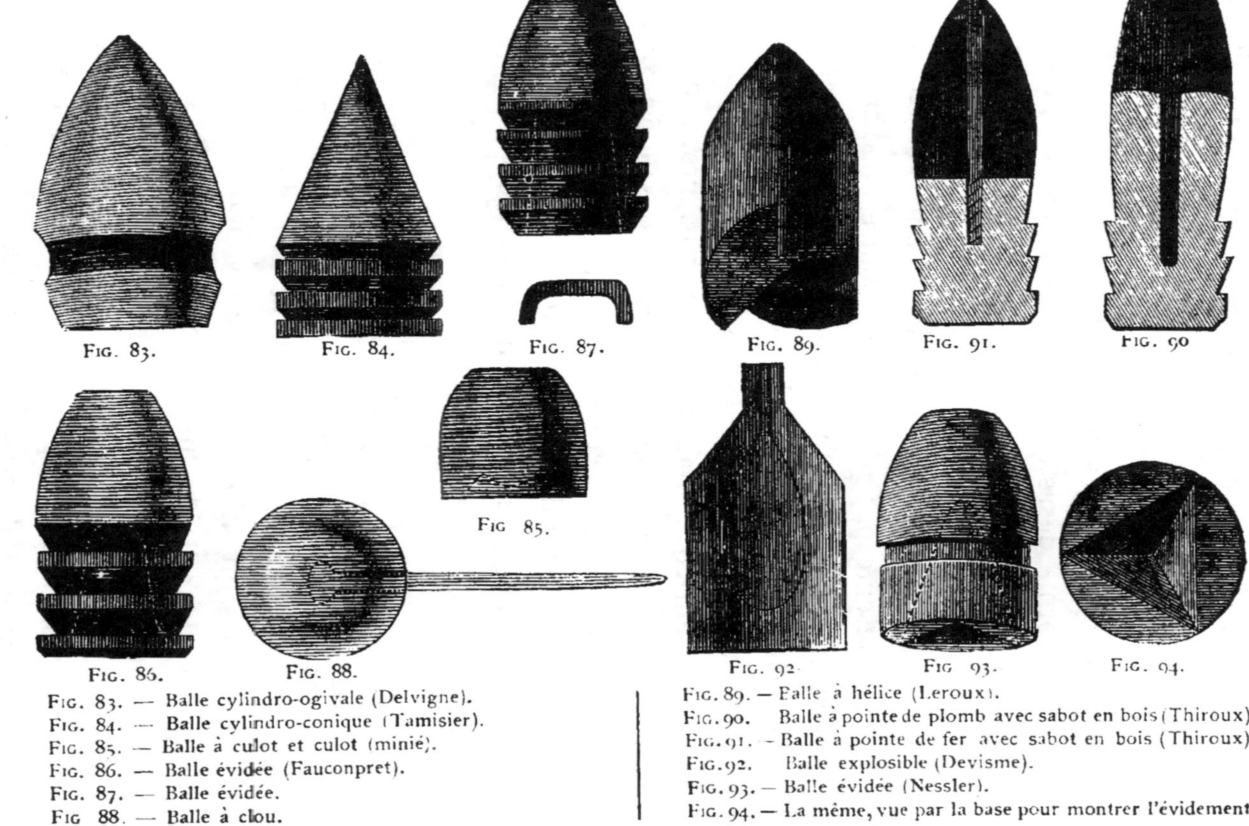

Fig. 83. Fig. 84. Fig. 87. Fig. 89. Fig. 91. Fig. 90.

Fig. 86. Fig. 85. Fig. 88. Fig. 92. Fig. 93. Fig. 94.

Fig. 83. — Balle cylindro-ogivale (Delvigne).
Fig. 84. — Balle cylindro-conique (Tamisier).
Fig. 85. — Balle à culot et culot (minié).
Fig. 86. — Balle évidée (Fauconpret).
Fig. 87. — Balle évidée.
Fig. 88. — Balle à clou.

Fig. 89. — Balle à hélice (Leroux).
Fig. 90. Balle à pointe de plomb avec sabot en bois (Thiroux).
Fig. 91. — Balle à pointe de fer avec sabot en bois (Thiroux).
Fig. 92. Balle explosible (Devisme).
Fig. 93. — Balle évidée (Nessler).
Fig. 94. — La même, vue par la base pour montrer l'évidement.

L'ancienne balle en plomb a ce défaut, qu'arrêtée par le choc à la pointe de son ogive, il s'y produit un ralentissement, tandis que la partie postérieure de la balle, conservant la même vitesse déborde en forme de champignon sur l'avant aplati.

Cette forme désastreuse pour la pénétration dans les matériaux, *où elle fait ancre*, n'est pas moins déplorable au point de vue des blessures produites, car si le trou d'entrée est relativement petit, l'orifice de sortie présente par perte de substance un diamètre considérable, grâce aux arrachements causés par le champignon postérieur de la balle.

La balle rigide vous tue aussi bien que l'ancienne, mieux peut-être, mais au moins plus proprement, consolation ultime pour les victimes. Nous ne pensons pas cependant que cette dernière qualité soit un titre suffisant au nom de *balle humanitaire* que nos voisins d'outre-Rhin se plaisent à donner aux nouvelles balles en métal dur.

Les balles et leurs effets. — On a vu page 294-295 les figures des diverses formes qu'on a données aux balles de guerre. Seule la balle actuelle du Lebel n'y figure pas, qu'on se contente de savoir qu'elle se rapproche de celle du fusil Gras et du fusil Chassepot.

Voici les effets du fusil Lebel et des balles de petit calibre à enveloppe résistante d'après les expériences faites par Chauvel, professeur à l'École de médecine militaire du Val-de-Grâce, et Nimier, en 1888. Ces expériences ont été pratiquées avec des charges réduites, à toutes les distances, depuis 2000 mètres jusqu'à bout portant.

Lésions cutanées. — Les ouvertures d'entrée sont arrondies, taillées à l'emporte-pièce, d'un diamètre parfois égal, mais plus souvent, inférieur à celui du projectile; elles sont d'autant plus petites que la vitesse est plus grande. Les ouvertures de sortie sont irrégulières, en fente, en étoile, et d'un diamètre plus variable ; mais elles sont presque toujours insuffisantes pour permettre l'exploration digitale.

Tissus fibreux. — Les perforations, fentes, déchirures, sont d'ordinaire plus petites que les ouvertures cutanées.

Nerfs, muscles, tendons. — Les nerfs, comme les tendons, échappent facilement à l'action des projectiles. Si la balle frappe un muscle perpendiculairement à la direction de ses fibres, elle y creuse un canal d'autant plus large que la distance est plus rapprochée; si elle atteint le corps charnu très obliquement, parallèlement à ses faisceaux, le trajet est étroit, tellement étroit, qu'il peut échapper aux recherches.

Vaisseaux. — Les artères et les veines sont perforées, échancrées ou coupées nettement, les bouts sectionnés restent béants dans la plaie, les tuniques divisées ne se rétractent pas sensiblement.

Os spongieux. — La balle, par pression directe, broie les tissus spongieux (sillons, gouttières, canaux); par pression latérale, elle les fait éclater, et cet éclatement se produit par des fissures radiées et concentriques, par des esquilles longitudinales, aux voisinages de la perforation et principalement au trou de sortie.

Os compacts. — La même action se traduit ici par la formation de longues fissures, aux grandes distances, sans destruction étendue du périoste, par le broiement de l'os, de la moelle, la multiplicité et la distance des esquilles à partir de 600 mètres et en deçà.

Arrêt, déformation des balles. — Dans aucune expérience, même à 1800 mètres et 200 mètres, le projectile, si grande qu'ait été la résistance, ne s'est arrêté dans les parties frappées ; dans aucune des expériences, les balles ne se sont divisées, aplaties ou même sensiblement déformées par le choc sur les os les plus résistants. A l'avenir, la chirurgie n'aura plus à se préoccuper de la recherche et de l'extraction des balles.

Comparaison avec les anciennes balles. — Comparés aux balles de plomb dur ou non essentiellement déformables, les projectiles à enveloppes résistantes du fusil Lebel ont l'avantage : *a*, se déformant à peine et exceptionnellement, de ne produire d'effets explosifs qu'aux distances très courtes, 200 mètres et en deçà ; *b*, de faire dans les parties molles des trajets rectilignes. plus étroits, moins contus ; *c*, de ne pas s'arrêter dans les chairs.

Des trajectoires plus tendues, des vitesses plus considérables seront données, n'en doutons pas, et souvenons-nous qu'il y a dix ans on eût traité de fou quiconque eût prévu et affirmé les trajectoires et les vitesses actuelles...

Turquie — Les Anglais ont vendu aux bons Turcs des *Martini-Henry* et aussi des *Enfield-Sniders* à tabatière. La Turquie possède encore une arme à répétition américaine, connue parmi les plus anciennes, le *Winchester*, avec laquelle elle s'est vaillamment défendue dans Plewna.

Il peut être intéressant maintenant de dire par une nomenclature rapide quel est l'armement des nations extra-européennes civilisées ou en voie de civilisation.

Égypte. — Toute l'armée est munie du *Remington*.

Chine. — Armée du *Remington* et de divers fusils de provenance anglaise.

Japon. — Au Japon on trouve dans l'armement : le *Chassepot*, le *Martini-Henry*, le *Sniders*, l'*Albini-Braëndlin* et le *Spencer*, arme à répétition, à bloc de culasse tombante et à magasin contenu dans la crosse. Mais les Japonais sont intelligents, vont vite et veulent ce qu'il y a de meilleur; aussi, avant peu, le Japon aura son fusil de petit calibre comme ses aînés d'Europe.

Perse. — Le fusil *Chassepot* et le fusil *Waendzel* vendu par l'Autriche, arment les sujets du schah.

Brésil. — Ce grand empire, armé depuis 1872 du *Comblain* belge modèle 1868-70, à culasse tombante et à armé automatique, a fait en Belgique une commande du *Comblain* modèle 1882, pour renouveler son armement.

Chili. — Le Chili est armé du *Comblain* modèle 1868-70 depuis 1870.

États-Unis. — La cavalerie et l'infanterie de l'Union sont armées du fusil et de la carabine *Springfield*, arme à bloc et à pêne. La marine possède le *Remington*.

On trouve aux États-Unis le fusil *Henri Winchester*, déjà nommé, mécanisme à pontet mobile, arme automatique et auget remontant. La commission d'essai, instituée en 1879, a examiné plus de vingt-cinq modèles différents d'armes à répétition. Signalons une nouveauté parmi toutes ces inventions.

L'*oncle Sam* perfectionne les grandes et les petites choses, et une nouvelle cartouche dont on dit

FIG. 95. — Cartouche Whiltemore.

merveille est née sous ses doigts industrieux (fig. 95). Originale, à coup sûr, car elle est en bois, la nouvelle cartouche se compose d'un cylindre de bois auquel la balle est reliée. Ce cylindre est percé suivant son axe d'un trou de 2 millimètres de diamètre, et suivant des directions normales à ce même axe, de cinq autres trous de 6^{mm},5 de diamètre.

Ces trous renferment la composition fusante qui

remplace la poudre dans cette nouvelle cartouche. pâte dont le secret n'est pas dévoilé.

Pas d'échauffement de l'arme, moins d'encrassement et de recul, nul besoin d'extracteur puisque le bloc de bois file avec la balle, grande portée. tels sont les avantages de la nouvelle cartouche, au dire de l'honorable colonel *Whiltemore,* son inventeur.

Citons encore le fusil *William Trabue,* parmi les meilleurs ;

Le fusil *Hotschkiss,* arme à verrou et à répétition (fig. 96).

En résumé, on voit la tendance de toutes les puissances à transformer leur armement en armes à répétition de petit calibre, malgré les raisons données par les gens compétents ennemis de ce système. Ces raisons sont les suivantes : une grande dépense par la transformation de l'armement ; une *tirerie* et un gaspillage considérable des munitions résultant d'un tir *en pluie* qui effraye plus les soldats novices qu'elle ne leur fait de mal sérieux. Témoin les Russes qui ont enlevé *Plewna* à la bayonnette, malgré les Winchester à répétition des Turcs. Payant d'ailleurs cher leur succès, ces mêmes Russes avaient l'habitude d'appeler *zone de la mort* l'espace compris entre les ouvrages attaqués et une ligne concentrique située à 300 mètres en avant. Une dernière raison est celle-ci : Une arme à *bloc (fusil Nagant,* de Liège, par exemple) à chargement successif tire aussi vite qu'une arme à répétition *à verrou* pendant la première minute et plus vite pendant la deuxième et la troisième minute ; or, toutes les armes à répétition sont à verrou, sauf le Winchester et le Spencer.

Malgré toutes ces bonnes raisons, il est certain que si une puissance change son armement pour adopter le petit calibre et la répétition, toutes l'imiteront et que pas une ne voudra rester vis-à-vis des autres

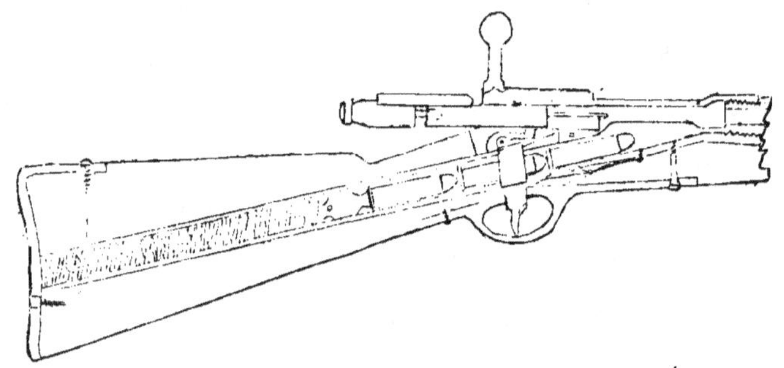

Fig. 96. — Fusil Hotschkiss, arme à verrou et à répétition (États-Unis).

dans un état d'infériorité même morale. C'est ce que nous avons constaté en étudiant l'armement de toutes les nations de l'Europe. Et la France, nous dira-t-on ?

France. — Nous avons un fusil très supérieur à tout ce qui a été fait, arme tirant, sans fumée et avec peu de bruit, un projectile rigide sur une trajectoire si tendue qu'elle dispense de hausse jusqu'à 600 mètres.

Qui sait d'ailleurs si nous ne verrons pas d'autres progrès ? J'en sais, et des plus étonnants, dignes du génie inventif des officiers de notre pays, et c'est le cas de répéter après Lemierre, qui faisait souvent des vers pouvant passer à la postérité :

> Croire tout inventé est une erreur profonde,
> C'est prendre l'horizon pour les bornes du monde.

ARTILLERIES ÉTRANGÈRES

ARMEMENT EN CANONS DES DIVERSES PUISSANCES DE L'EUROPE

Savoir le fort et le faible de ses voisins amis ou ennemis, voilà le sceau de la vraie prudence.

La première par ordre alphabétique et aussi pour de plus graves raisons, l'Allemagne, doit nous occuper.

ALLEMAGNE

Canons à grande puissance en acier, mortiers et canons de siège en bronze mandriné, voilà la note caractéristique.

Pour renforcer les tubes, on ne fait pas usage de frettes multiples, mais d'une frette unique embrassant toute la partie du canon devant supporter de gros efforts; cette frette prend le nom de *jaquette*. Elle est aussi employée pour les pièces de gros calibre, mais dans ce cas elle est renforcée par des frettes.

La fermeture de canons allemands est obtenue au

moyen d'un coin simple cylindro-prismatique et d'un obturateur Broadwell, sorte d'anneau en cuivre mince qui vient se mouler au départ du coup contre la pièce de fermeture, de manière à empêcher toute fuite de gaz.

Les rayures employées sont, au contraire des nôtres, à pas constant ; elles sont de plus cunéiformes, pour obtenir un forcement progressif. Les Allemands ayant primitivement un obus à chemise de plomb n'ont pu adopter la rayure progressive. Depuis, l'obus a été changé par l'adaptation en 1876 de l'obus Uchatius, à ceinture de cuivre, mais la rayure est restée ce qu'elle était.

Nous connaissons la fusée allemande qui s'arme par la force centrifuge.

Un canon de 78^{mm},5 est la pièce légère pour le service de la cavalerie ; un canon de 88 millimètres constitue la pièce lourde, mais ces deux canons ont la même longueur, la même largeur aux tourillons et le même affût en tôle d'acier à bords repliés. L'affût du 88 porte de chaque côté de la pièce des sièges avec dossiers en fil de fer et supports élastiques en caoutchouc.

La conduite des voitures est assez difficile, à cause du placement élevé de la cheville ouvrière, ce qui oblige le conducteur de placer sur sa jambe un garde-jambe en tôle.

Les pièces portent un frein de marche et un frein de recul à patins tous les deux indépendants l'un de l'autre.

Les attelages sont à six chevaux ; les deux chevaux d'arrière tirent sur palonniers, ceux de devant sur les traits de ceux du milieu qui tirent sur une fausse volée. Une paire de grandes guides permet au conducteur d'arrière de diriger les chevaux du milieu, au cas où le conducteur viendrait à manquer.

Ces bouches à feu tirent un obus ordinaire à anneaux, un shrapnel à tube central et une boîte à mitraille. L'obus incendiaire est un obus ordinaire dans lequel une partie de la charge est remplacée par un cylindre incendiaire analogue à ceux qui sont en en service en France.

Les fusées qui arment les projectiles dont nous venons de parler sont, ou percutantes, modèle 1880 et 1882, et analogues au nôtres, ou fusantes à cadran et à double effet, modèle 1873. Une partie de ces fusées n'est mise en place qu'au moment du tir.

Les pièces allemandes de siège sont :

Canon de 9 centimètres, en bronze mandriné, fermeture à coin cylindro-prismatique. modèle 1872 ;

Canon de 12 centimètres, en bronze mandriné. coin cylindro-prismatique, modèle 1873 ;

Canon de 15 centimètres, court, en bronze mandriné, fermeture à double coin, modèle 1870 ;

Canon court de 21 centimètres, en bronze mandriné ;

Mortier de 9 centimètres, en bronze. fermeture à vis ;

Mortier de 15 centimètres, en bronze, fermeture à vis ;

Mortier de 21 centimètres ;

Mortier rayé de 24 centimètres, en acier (en expérience).

L'artillerie de place comprend :

Canon de 12 centimètres, en bronze, à fermeture à coin prismatique, modèle 1873 ;

Canon de 15 centimètres, en bronze, à coin, modèle 1864 ;

Canon de 15 centimètres long, en acier, à coin, modèle 1873 ;

Mortiers lisses de 15, de 23, de 28 centimètres, en bronze.

ANGLETERRE

Campagne. — Canons de 9 livres (76^{mm}), de 16 livres (91^{mm}), en acier et fer forgé (système Fraser), se chargeant par la culasse.

Les Anglais ont adopté en 1882 un canon de 13 livres (76^{mm}), se chargeant par la culasse et destiné à remplacer le canon de 9 livres.

De même, on a décidé, en principe, que le canon de 16 livres serait remplacé par un canon de 22 livres se chargeant par la culasse, fermeture par une vis à filets interrompus, avec console à charnière. Obturateur Noble, coupelle en acier appliquée contre la tranche extérieure de la vis de culasse. Rayures multiples et à pas constant.

Projectiles. — Obus ordinaire, shrapnel système

Boxer, boîte à mitraille. Ils ont deux couronnes d'ail-
lettes en bronze pour les pièces se chargeant par la
bouche, et un *gas-check* ou culot expansif en cuivre
fixé à la base du projectile et produisant le forcement
pour les pièces se chargeant par la culasse.

Poudre à gros grain.

Fusée percutante, système Armstrong; fusée fusante en bois analogue à nos fusées en bois pour les
bombes, avec un détonateur au besoin.

Affûts, avant-trains et caissons en fer. Sièges d'essieu; sabots d'enrayage.

Le sous-verge est placé entre deux bras de limonière, de telle sorte qu'on peut atteler un, deux ou
trois chevaux de front.

Siège, place et côte. — Canons de 7 à 17 pouces,
pesant de 7 à 100 tonnes, système Fraser ou Armstrong, se chargeant par la bouche. Canons de 6 à
12 pouces se chargeant par la culasse.

Mitrailleuses Gatling et Nordenfelt, grande variété
d'affûts métalliques à éclipse; freins à lames hydrauliques, etc., etc.

Personnel. — Un corps unique : le *Royal Artil-
lery*, comptant 2 brigades à cheval, 4 brigades
de campagne, 11 divisions territoriales de place
(32 batteries à cheval et 79 batteries montées, dont
un certain nombre aux Indes). Les batteries sont à
6 pièces.

Campagne. — Deux canons de 8 et de 9 centimètres, réellement 75 et 87 millimètres, en bronze mandriné (Uchatius), avec fermeture à coin plat et obturateur Broadwell en cuivre. Lumière perpendiculaire à l'axe du canon. Rayures à pas constant. Canons aussi précis que les nôtres, mais donnant une vitesse initiale moindre et par suite une portée moins considérable sous le même angle de tir.

Projectiles. — A cordons de cuivre, 2 à l'avant, 2 à l'arrière.

Obus à double paroi (à anneaux) (Uchatius), shrapnel contenant des balles en plomb reliées par du soufre fondu autour d'un tube central en cuivre, faisant communiquer la fusée avec la chambre à poudre située à la partie inférieure de l'obus; boîtes à mitraille; obus incendiaires. Fusée percutante, système Kraitz. analogue à celui de la fusée Budin. Fusée à temps, à cadran analogue à la fusée prussienne, mais munie d'une goupille de sûreté, qu'on arrache au moment du tir. Poudres à gros grains.

Affûts métalliques distincts pour chaque calibre, sièges d'essieu; roues de petit diamètre à moyeu métallique; coffres s'ouvrant par devant ou par derrière, avec dessus rembourré pour les batteries montées.

Attelage à 6 chevaux, à palonnier et à volée devant.

Les batteries à cheval sont à 6 pièces et les batteries montées à 8 pièces en temps de guerre. Le service du canon de 9 centimètres exige 8 servants; celui de 8 centimètres, 7 seulement, plus 3 gardes-chevaux dans les batteries à cheval.

Siège, place et côte. — Ancien matériel en fonte de 12 et 15 centimètres, et mortiers de 17 et 21 centimètres, tous se chargeant par la culasse.

Nouveau matériel : en bronze mandriné de 12 et 15 centimètres, canon court de 18 centimètres et mortier de 21 centimètres (à l'essai), canon court de 15 centimètres et mortiers de 9 et de 15 centimètres (à l'étude), mortier de 15 centimètres en fonte (à l'étude).

Pour le service des côtes, il existe en plus un canon de 28 centimètres (à l'essai) en bronze mandriné et des canons Krupp de 24 et de 28 centimètres en acier fretté.

Personnel. — Treize régiments, un par corps d'armée, fournissant à la fois l'artillerie divisionnaire, commandée par le colonel, et l'artillerie de corps, commandée par le lieutenant-colonel. Chaque corps d'armée comprend trois divisions d'infanterie auxquelles correspondent trois divisions d'artillerie divisionnaire. Chaque régiment comprend treize batteries sur le pied de paix et quinze sur le pied de guerre, plus une batterie de montagne, qui se dédouble en cas de guerre. Douze bataillons d'artillerie de forteresse à six compagnies.

L'artillerie peut donc mettre sur pied :

133 batteries lourdes actives, à 8 pièces;

26 batteries lourdes de réserve, à 8 pièces;

26 batteries légères actives à 8 pièces;

10 batteries à cheval, à 6 pièces;

Soit 195 batteries à 1540 bouches à feu; plus 26 batteries de montagne à 4 pièces.

Total : 221 batteries à 1644 bouches à feu.

Le matériel et les munitions sont fabriqués dans les établissements de l'artillerie sous la direction d'un personnel technique.

BELGIQUE

Canons de campagne du système Krupp, à coin cylindro-prismatique.

Organisation copiée sur celle de l'armée d'Allemagne.

Au total, 4 régiments de campagne et 3 régiments de siège, comptant 4 batteries à cheval, 36 batteries montées et 54 compagnies à pied.

ESPAGNE

Canons de 8 et de 9 centimètres en acier ou en bronze mandriné; fermeture à coin; obturateur Broadwell.

Obus à anneaux avec 4 cordons de cuivre; obus à balles avec tube central; boîte à mitraille.

9 régiments de campagne, dont 3 de position, 5 montés et 1 à cheval. 3 régiments de montagne, 10 bataillons d'artillerie à pied, comprenant 52 compagnies. Chaque régiment comprend 5 batteries à 6 pièces et 1 cadre de colonnes de munitions.

HOLLANDE

Canons de campagne système Krupp, à coin plat ou cylindro-prismatique. 3 régiments montés comprenant 18 batteries; 1 corps à cheval de 3 batteries.

4 régiments d'artillerie de forteresse de 10 compagnies chacun.

ITALIE

Campagne. — Un excellent canon de 9 centimètres, un peu plus précis que le nôtre, mais portant moins loin sous le même angle de tir.

Un canon de 7 inférieur.

Tous les deux en acier ou en bronze mandriné.

Fermeture à coin avec anneau Broadwell en acier.

Projectiles. — A quatre cordons de cuivre; obus à double paroi (à anneaux); shrapnel à tube central et balles en plomb durci maintenues par de la résine fondue; boîtes à mitraille.

Fusées analogues aux fusées prussiennes.

Affûts métalliques; sièges d'essieu, freins à patins. Caissons en bois et en fer.

Réunion des trains à suspension ou à contre-appui suivant les besoins; palonniers.

Siège, place et côte. — Canons de siège et place de 12, 15 et 19 centimètres (à l'étude), en bronze mandriné, en acier ou en fonte frettée; obusiers de 15 centimètres en fonte, fermeture à vis, obturateur de Bange; mortiers rayés de 9, 15 et 24 centimètres (à l'essai); canons de côte de 24, 32 et 45 centimètres; obusiers de 24 et de 28 centimètres (à l'étude), en fonte frettée avec fermeture à vis et coupole obturatrice en acier.

Affûts de siège très élevés et affûts de côte avec châssis en fer et freins hydrauliques.

Personnel. — 12 régiments à 10 batteries montées réparties entre 3 brigades, dont 2 attachées aux 2 divisions et l'autre au corps d'armée; plus 3 compagnies au train et au dépôt, plus 2 brigades à cheval à 2 batteries chacune, 2 brigades d'artillerie de montagne à 4 batteries et 5 régiments d'artillerie de forteresse à 12 compagnies, formant 3 brigades à 4 compagnies, plus un dépôt (loi du 18 juillet 1882).

En temps de guerre les batteries montées sont à 8 pièces et les batteries à cheval à 6, ainsi que les batteries de montagne.

Toutes les batteries sont attelées à 6 chevaux, sauf quelques batteries légères qui sont à 4.

La milice mobile (deuxième ligne) formera en cas

de mobilisation 58 batteries et 33 compagnies de forteresse ; enfin la milice territoriale formera 100 compagnies de forteresse.

L'Italie peut donc mettre sur pied :

120 batteries montées de première ligne ;

4 batteries à cheval de première ligne ;

8 batteries de montagne de première ligne.

Total : 132 batteries de 1932 canons.

54 batteries montées de deuxième ligne :

4 batteries de montagne de deuxième ligne.

Total : 196 batteries de 1488 canons en tout.

L'artillerie construit tout le matériel de guerre.

RUSSIE

Campagne. — Canon d'artillerie à cheval (87^{mm}).

Canon léger (87^{mm}) et canon de batterie (187^{mm}),
moins précis que les nôtres. En acier fretté, fermeture
à coin (système d'Oboukhow ou système Krupp).
Le système d'Oboukhow est particulier à la Russie.
L'âme est formée par un tube en acier indépendant
du corps du canon et placé à froid à l'aide d'une
presse hydraulique.

On peut facilement enlever ce tube et le remplacer
par un autre quand il est endommagé.

On essaye également des canons démontables se
composant du tube intérieur, d'une culasse et d'une
volée, renforcées par des frettes et reliées par une
frette-écrou.

Projectiles. — A ceinture de cuivre. Obus à anneaux, shrapnel analogue au shrapnel autrichien; boîte à mitraille.

Poudre à gros grains.

Affûts et caissons en fer, sièges d'essieu avec ressorts en caoutchouc pour l'artillerie montée. Caissons suspendus. Coffres s'ouvrant par devant ou par derrière. Attelage à 6 chevaux avec palonniers et volée de devant. Réunion des trains à contre-appui.

Siège, place et côte. — Canons de 42 lignes (107^{mm}), 6 pouces (152^{mm}), 16 pouces et 8 pouces (ce dernier démontable), et mortiers de 34 lignes 86 millimètres), 8 pouces (203^{mm}) et 9 pouces (229^{mm}) (ce dernier démontable), en acier fretté. Coin cylindro-prismatique).

Mitrailleuse Gattling. — Affûts de siège exhaussés et métalliques; coin de recul.

Affûts de côte à frein hydraulique pour les nouveaux modèles.

Personnel. — Pas d'artillerie de corps.

Une brigade de 6 batteries montées à 8 pièces pour chaque division d'infanterie, comprenant 2 batteries lourdes et 3 légères (2 batteries légères sont remplacées par 2 batteries de montagne dans 7 brigades sur 48).

Par division de cavalerie, 2 batteries à cheval à 6 pièces (régulières ou cosaques).

Les 24 brigades de réserve comprennent chacune en temps de guerre 1 batterie lourde et 3 légères.

Au total, sur le pied de guerre la Russie possède en Europe 113 batteries montées actives et 94 de réserve, 66 batteries à cheval et 14 de montagne. Ce qui donne un total de 3356 bouches à feu de campagne et 112 de montagne. Il y a de plus un certain nombre de batteries appartenant à l'armée d'Asie.

L'artillerie de forteresse comprend 52 bataillons formant 208 compagnies. Il existe de plus dans le Caucase et en Asie un certain nombre de compagnies indépendantes.

SUISSE

Canons de campagne de 8 et de 10 centimètres en acier, fermeture à coin et anneau obturateur Broadwell en acier. Anciens canons en bronze de 6 et de 8 centimètres.

Personnel. — 24 régiments d'artillerie de campagne et 1 d'artillerie de montagne à 2 batteries par régiment; plus, 4 divisions d'artillerie de position pour l'armée de première ligne ou élite comprenant en tout 10 compagnies. La landwehr fournit en outre 8 batteries de campagne et 5 divisions d'artillerie de position comprenant en tout 15 compagnies.

FIN

TABLE DES MATIÈRES

TABLE DES MATIÈRES

CHAPITRE PREMIER. — Métaux a canon.   1
Fonte et usinage des pièces, 1. — Formes à donner aux pièces, 10.

CHAPITRE II. — Matériel en service (canons et affûts). . .   29

CHAPITRE III. — Projectiles actuels.   89

CHAPITRE IV. — Artifices de transmission du feu (étoupilles et fusées).   122

CHAPITRE V. — Poudres en service (fabrication et nomenclature).   143

CHAPITRE VI. — Organisation et service de l'artillerie. . .   187

CHAPITRE VII. — Matériel créé par l'industrie privée française.   200
Les Forges et Chantiers de la Méditerranée, 202. — Bouches à Feu, système Canet, 208. — Munitions, 212. — Affûts pour le service à bord, 216. — Nouveaux affûts, 226. — Affûts à éclipse, 229. — Matériel de campagne, 231. — Matériel de montagne, 235. — Canon à tir rapide, 241. — Canon lance-torpilles, 246 — Affûts, 249.

CHAPITRE VIII. — Tir des bouches a feu.   253

CHAPITRE IX. — Armes portatives en service dans le monde entier.   275
Allemagne, 279. — Angleterre, 282. — Autriche, 283. — Belgique, 285. — Bulgarie, 286. — Danemark, 286. — Grèce, 287. — Hollande, 287. — Italie, 288. — Norvège, Portugal, Roumanie, Roumélie, Russie, 289. — Serbie, 290. — Suède, Suisse, 291. — Diverses formes données aux balles, 294. — Effets des balles, 296. — Turquie, Égypte. Chine, Japon, Perse, Brésil, 299. — Chili, Etats-Unis, 300. — France, 302.

ARTILLERIES ÉTRANGÈRES. — Armement en canons des diverses puissances.   303
Allemagne, 303. — Angleterre, 306. — Autriche-Hongrie, 308. — Belgique, Espagne, 310. — Hollande, Italie, 311. — Russie, 313. — Suisse, 315.

FIN DE LA TABLE DES MATIÈRES

LYON. — IMPRIMERIE PITRAT AÎNÉ, RUE GENTIL, 4.